呼和浩特地区
图书馆概况

郝亭娥 主编
佐 娜 张伟丽 副主编

远方出版社

图书在版编目(CIP)数据

呼和浩特地区图书馆概况 / 郝亭娥主编. —呼和浩特：远方出版社, 2019.12
ISBN 978-7-5555-1407-7

Ⅰ.①呼… Ⅱ.①郝… Ⅲ.①市级图书馆–概况–呼和浩特 Ⅳ.①G259.252.2

中国版本图书馆 CIP 数据核字(2019)第 297816 号

呼和浩特地区图书馆概况
HUHEHAOTE DIQU TUSHUGUAN GAIKUANG

主　　编	郝亭娥
副主编	佐　娜　张伟丽
责任编辑	董美鲜　奥丽雅
责任校对	心　妍
封面设计	圣堂彩印
版式设计	圣堂彩印
出版发行	远方出版社
社　　址	呼和浩特市乌兰察布东路 666 号　邮编 010010
电　　话	(0471)2236473 总编室　2236460 发行部
经　　销	新华书店
印　　刷	呼和浩特市圣堂彩印有限责任公司
开　　本	170mm×240mm　1/16
字　　数	325 千
印　　张	25.875
版　　次	2019 年 12 月第 1 版
印　　次	2020 年 5 月第 1 次印刷
印　　数	1—800 册
标准书号	ISBN 978-7-5555-1407-7
定　　价	98.00 元

如发现印装质量问题,请与出版社联系调换

编 委 会

主　编　郝亭娥

副主编　佐　娜　张伟丽

编　委（按姓氏笔画为序）

　　　　　姜　林　贾丽卿　董惠萱

特邀撰稿人（按姓氏笔画为序）

　　　　　王　宇　王飞跃　孙　震　李春阳

　　　　　宋　飞　庞彩云　香　春　郭　斌

课题组集体合影

序

《呼和浩特地区图书馆概况》是2016年内蒙古自治区高等学校"图书情报技术与文献资源建设"科研课题成果之一。该课题组由呼和浩特职业学院图书馆的郝亭娥等6人组成,她们历时3年,深入呼和浩特地区各种类型的34所图书馆进行实地走访、调研,采用问卷调查、文献分析、实地考察、深度访谈等多种方法,在大量一手资料的基础上编纂《呼和浩特地区图书馆概况》一书。该书的正式出版,是呼和浩特地区图书馆界的一件大喜事,它是呼和浩特地区图书馆事业研究的重要成果,为后人进一步研究该地区图书馆事业的发展留下了极为翔实的图文资料。

通读《呼和浩特地区图书馆概况》书稿后,我认为此书具有以下几个特点:一、资料丰富翔实,数据真实可信。该书所有数据、图文均来自各图书馆官方资料及课题组成员亲自调研采访所得。出版前,课题组成员与受访单位多次核实定稿。内容包括各图书馆基本情况(历史沿革、馆舍情况、人员结构等),馆藏建设情况(纸质、电子图书数量和现代设备等),图书馆服务开展情况(基础服务、举办活动、特色服务等),科研成果和所获荣誉,以及各图书馆近十年来的变化。不仅有翔实的文字介绍,还有真实的图片记录,将呼和浩特地区图书馆的基本概况展现在读者面前,对研究呼和浩特地区图书馆的历史、现状具有较高的参考价值。

二、结构严谨,条理清晰。本书在介绍呼和浩特地区图书馆事业史略后,就公共图书馆、本科院校图书馆、高职院校图书馆、专业图书馆等进行了分述。分述时,先概述该系统图书馆情况,再对每个具体的图书馆进行详细介绍(包括基本情况、馆藏建设、读者服务、科研成果和所获荣誉等),最后对该系统图书馆做总结性的综合论述。三、紧扣时代脉搏,突出改革特色,体现创新意识。书中,以现今最热议的智慧图书馆为依托,结合呼和浩特地区图书馆现状,指出该地区图书馆变革的方向。为此,课题组不远万里特地前往广州进行实地考察,将具有智慧图书馆雏形的广州图书馆作为本地区图书馆改革的参考案例,介绍给呼和浩特地区图书馆界,此做法很有新意。

课题组成员在呼和浩特职业学院图书馆工作,她们在不影响本职工作的前提下,边工作、边调研,出色地完成了调研材料的整理、汇总、分析、研究等任务,其精神值得称赞。另外,她们不是"拿来主义",简单地进行"材料汇编",而是对材料进行认真分析、研究,并大胆地提出独到见解,这是值得充分肯定的。

《呼和浩特地区图书馆概况》一书中,个别图书馆的科研成果不全,个别事实和数据仍需进一步推敲。

全书阅后,我的心情久久不能平静,为自治区图书馆事业学术研究科研队伍后继有人而高兴。我愿为呼和浩特职业学院图书馆的郝亭娥等6位女同行喝彩。她们在任务紧、时间短、困难多的情况下,按时出色地完成了《呼和浩特地区图书馆概况》一书,为自治区图书馆学术殿堂又添一硕果!

2019年1月3日于呼和浩特

前　言

呼和浩特市是内蒙古自治区的首府，是重要的政治、经济、文化、教育中心，它的文化发展水平代表着内蒙古自治区文化发展的最优态势。而图书馆的好坏是衡量一个地区是否先进的标杆之一，也是探测一个地区文化底蕴的戒尺。因此，开展针对整个呼和浩特地区图书馆历史和现状的研究，对于了解内蒙古的文化事业有非常重要的作用。现在，我国越来越重视文化事业的发展和社区文化的建设。在第十二届全国人民代表大会第三次会议上，李克强总理强调："让人民群众享有更多文化发展成果。文化是民族的精神命脉和创造源泉。要践行社会主义核心价值观，弘扬中华优秀传统文化。繁荣发展哲学社会科学，发展文学艺术、新闻出版、广播影视、档案等事业，重视文物、非物质文化遗产保护。提供更多优秀文艺作品，倡导全民阅读，建设书香社会。"目前，对呼和浩特地区图书馆的研究大部分集中于图书馆服务创新的实用性探究方面，缺少一个针对全市范围内图书馆的全面、详细的研究成果，这也是内蒙古地区图书馆研究工作中一个很大的欠缺。

《呼和浩特地区图书馆概况》一书是内蒙古自治区高等学校

呼和浩特地区图书馆概况

科学研究项目课题成果之一。本项目自2016年开始,对呼和浩特地区各类型图书馆进行了广泛的采访调研。通过对各类型图书馆的馆舍、办馆理念、人员构成、经费配比、藏书量、借阅量、设备、服务开展、科研能力等情况的实地调研,课题组分析出近十年呼和浩特地区图书馆的发展走势,总结目前呼和浩特地区图书馆的发展概况。在此调查研究的基础上,课题组编成《呼和浩特地区图书馆概况》一书,作为本项目的课题成果。本书的出版将填补呼和浩特地区图书馆整体研究方面的空白,为今后呼和浩特地区、内蒙古自治区乃至全国的图书馆普查工作提供有效的数据,为全区图书馆事业的发展提供有力的保障,为构建书香社会打下坚实的基础。

课题组采用文献分析、实地考察、问卷调查、深度访谈等多种方法相结合的形式,自2016年起,历时3年,走访了呼和浩特地区4种类型共34所图书馆,对每一个图书馆的历史沿革、发展经历、基本概况、文献建设、人员配备、读者服务、特色创新、自动化建设、个性化发展等多方面进行调查研究。调研的图书馆有:公共图书馆11所,即内蒙古自治区图书馆、呼和浩特市图书馆、玉泉区图书馆、回民区图书馆、新城区图书馆、赛罕区图书馆、托克托县图书馆、和林格尔县图书馆、武川县图书馆、土默特左旗图书馆、清水河县图书馆;本科院校图书馆11所,即内蒙古大学图书馆、内蒙古师范大学图书馆、内蒙古农业大学图书馆、内蒙古工业大学图书馆、内蒙古财经大学图书馆、内蒙古医科大学图书馆、呼和浩特民族学院图书馆、内蒙古艺术学院图书馆、内蒙古大学创业学院图书馆、内蒙古师范大学鸿德学院图书馆、内蒙古师范大学青年政治学院图书馆;高职院校图书馆8所,即呼和浩特职业学院图书馆、内蒙古机电职业技术学院图书馆、内蒙古电子信息职业技术学院图书馆、内蒙古商贸职业学院图书馆、内蒙古化工职业学院图书馆、内蒙古建筑职业技术学院图书馆、内蒙古警察职业学院图书馆、内蒙古体育职业学院图书馆；专业图书馆4所，即内蒙古社会科学院图书馆、内蒙古自治区人民医院图书馆、内蒙古党校图书馆、呼和浩特市佛学图书馆。本书全面、细致地展现了呼和浩特地区图书馆近十年的发展情况，为图书馆研究工作提供了真实有效的参考资料。

本书分为十大部分六个篇章，分别为：序，由内蒙古自治区图书馆研究馆员常作然先生撰写；前言，阐述研究目的、调研方法、调研过程、人员分配等情况；第一章内蒙古地区图书馆历史篇，简单回顾了内蒙古地区图书馆的发展过程和重大历史事件；第二章公共图书馆篇，分别介绍了公共图书馆的定义及职能、呼和浩特地区公共图书馆的概况以及对其现状的对比分析；第三章本科院校图书馆篇，分别介绍了本科院校图书馆的定义及职能、呼和浩特地区本科院校图书馆的概况以及对其现状的对比分析；第四章高职院校图书馆篇，分别介绍了高职院校图书馆的定义及职能、呼和浩特地区高职院校图书馆的概况以及对其现状的对比分析；第五章专业图书馆篇，分别介绍了专业图书馆的定义及职能、呼和浩特地区专业图书馆的概况以及对其现状的对比分析；第六章呼和浩特地区图书馆改革篇，分别介绍了图书馆改革概况、未来图书馆发展方向——智慧图书馆，以及改革参考案例——广州图书馆概况；后记，记录了课题组的调研过程，并对帮助本项目顺利完成的各图书馆及个人表示衷心的感谢；参考资料，通过横向、纵向两方面的对比，清晰地展示了呼和浩特地区各类型图书馆的发展轨迹。

本书具有以下特点：第一，数据真实可信。所有数据均来自各图书馆官方资料及调研采访提供。本书出版前，课题组成员与受访单位多次核实定稿，文中的数据可作为呼和浩特地区图书馆发展的重要参考资料。第二，理论联系实际。本书编委均为图书馆工作人员，熟悉图书馆的日常工作情况，客观上为本书的撰写奠定了良好的基础。第二到六章既有一般的理论阐述，又紧密结合图书馆的实际情况，并且对比分析了每种类型图书馆的现状，增强了本书的实用性。第三，紧扣时代脉搏。本书以现今最热议的智慧图书馆为依托，结合呼和浩特地区图书馆现状，指出该地区图书馆变革的方向。为此，课题组不远万里特地前往广州，对具有智慧图书馆雏形的广州图书馆进行实地考察，并将其作为呼和浩特地区图书馆改革的参考案例。

本书编写工作由课题组成员承担，分工如下：郝亭娥负责策划、草拟大纲和统稿，同时撰写了第一章、第二章、第三章、第四章中的4所图书馆概况；佐娜负责第二章、第四章、第五章中的7所图书馆概况，以及第六章图书馆改革及案例部分；张伟丽负责第二章、第三章、第四章、第五章中的6所图书馆概况；姜林负责第二章、第三章、第五章中的7所图书馆概况；贾丽卿负责第二章、第三章、第四章中的5所图书馆概况；董惠萱负责第二章、第三章、第四章中的5所图书馆概况以及第六章的智慧图书馆部分。此外，本书特邀业内人士进行撰稿及校稿，名单如下：王宇（呼和浩特市图书馆）、王飞跃（内蒙古财经大学图书馆）、孙震（内蒙古医科大学图书馆）、李春阳（内蒙古自治区图书馆）、宋飞（内蒙古工业大学图书馆）、庞彩云（内蒙古党校图书馆）、香春

（内蒙古师范大学图书馆）、郭斌（内蒙古化工职业学院图书馆）。

  本书是集体智慧的结晶，也是课题组成员的第一份科研成果。由于时间仓促，水平有限，多人执笔，一定有不少缺憾，课题组全体成员恳切地期盼读者不吝批评指正。

编委会

2019 年 1 月

目 录

第一章 内蒙古地区图书馆历史篇 ······················· 1
　内蒙古地区图书馆事业史略 ······················· 1
第二章 公共图书馆篇 ······················· 15
　第一节 公共图书馆简介 ······················· 15
　第二节 呼和浩特地区公共图书馆 ······················· 20
　　内蒙古自治区图书馆 ······················· 20
　　呼和浩特市图书馆 ······················· 35
　　呼和浩特市玉泉区图书馆 ······················· 47
　　呼和浩特市回民区图书馆 ······················· 56
　　呼和浩特市新城区图书馆 ······················· 62
　　呼和浩特市赛罕区图书馆 ······················· 69
　　托克托县图书馆 ······················· 75
　　和林格尔县图书馆 ······················· 81
　　武川县图书馆 ······················· 86
　　土默特左旗图书馆 ······················· 94
　　清水河县图书馆 ······················· 100
　第三节 呼和浩特地区公共图书馆现状分析 ······················· 105

呼和浩特地区图书馆概况

第三章 本科院校图书馆篇 ·············· 115
第一节 本科院校图书馆简介 ·············· 115
第二节 呼和浩特地区本科院校图书馆 ·············· 124
  内蒙古大学图书馆 ·············· 124
  内蒙古师范大学图书馆 ·············· 138
  内蒙古农业大学图书馆 ·············· 148
  内蒙古工业大学图书馆 ·············· 155
  内蒙古财经大学图书馆 ·············· 167
  内蒙古医科大学图书馆 ·············· 184
  呼和浩特民族学院图书馆 ·············· 193
  内蒙古艺术学院图书馆 ·············· 199
  内蒙古大学创业学院图书馆 ·············· 203
  内蒙古师范大学鸿德学院图书馆 ·············· 207
  内蒙古师范大学青年政治学院图书馆 ·············· 214
第三节 呼和浩特地区本科院校图书馆现状分析 ·············· 220

第四章 高职院校图书馆篇 ·············· 237
第一节 高职院校图书馆简介 ·············· 237
第二节 呼和浩特地区高职院校图书馆 ·············· 242
  呼和浩特职业学院图书馆 ·············· 242
  内蒙古机电职业技术学院图书馆 ·············· 250
  内蒙古电子信息职业技术学院图书馆 ·············· 257
  内蒙古商贸职业学院图书馆 ·············· 263
  内蒙古化工职业学院图书馆 ·············· 266
  内蒙古建筑职业技术学院图书馆 ·············· 273
  内蒙古警察职业学院图书馆 ·············· 281

内蒙古体育职业学院图书馆 …………………………………… 285
　　第三节　呼和浩特地区高职院校图书馆现状分析 ………… 290
第五章　专业图书馆篇 ……………………………………………… 312
　　第一节　专业图书馆简介 …………………………………… 312
　　第二节　呼和浩特地区专业图书馆 ………………………… 318
　　内蒙古社会科学院图书馆 …………………………………… 318
　　内蒙古自治区人民医院图书馆 ……………………………… 326
　　内蒙古党校图书馆 …………………………………………… 333
　　呼和浩特市佛学图书馆 ……………………………………… 342
　　第三节　呼和浩特地区专业图书馆现状分析 ……………… 345
第六章　呼和浩特地区图书馆改革篇 …………………………… 351
　　第一节　图书馆的变革之路 ………………………………… 351
　　第二节　未来发展方向——智慧图书馆 …………………… 365
　　第三节　参考案例——广州图书馆 ………………………… 372

后记 …………………………………………………………………… 392

参考文献 ……………………………………………………………… 394

第一章　内蒙古地区图书馆历史篇

内蒙古地区图书馆事业史略

内蒙古自治区位于我国北部边疆,地域辽阔、物产丰富、历史悠久,是我国5个少数民族自治区之一。呼和浩特市(原归绥市)于1954年被定为内蒙古自治区首府,成为自治区政治、经济、文化、教育中心,其文化发展水平代表着自治区文化发展的最优态势。而图书馆的发展水平则是一个地区文化底蕴是否先进的具体体现之一。因此,研究呼和浩特地区图书馆历史,要以内蒙古地区图书馆历史为基础和参考。

一、图书馆历史

图书馆是搜集、整理、收藏图书资料以供人们阅览、参考的机构,承担着保存人类文化遗产、开发信息资源、参与社会教育等职能。早在公元前3000年,巴比伦的神庙中就收藏有刻在胶泥板上的各类记载。据《在辞典中出现的"图书馆"》记载,"图书馆"一词最初于1877年在日本文献中出现;而最早出现在我国文献,是1894年《拟设简便图书馆说》(《教育世界》第62期)一文中。

我国的图书馆历史悠久。河南安阳小屯村殷墟出土的大量甲骨文,是具有严密文字规律的古代文字。公元前11世纪至前8世纪，处于奴隶制社会的商、周王朝，已有担任文化事务的史官和宗教事务的卜人、贞人。他们把占卜时间、占卜者姓名、占卜结果等卜辞刻于甲骨上，形成早期的文献。既有文献又有专门史官对这些文献进行收集、积累、整理和储藏，是古代典籍收藏的雏形。

西周至春秋时期，史官增多，有专司文件起草与发布、典籍管理与提供检阅利用的史官。先秦文献记载有策府、天府、盟府以及室、周室、藏室等称呼，可能是分别收藏文献的处所，由史官管理。应该说，战国以前的这种藏书室就是中国图书馆的起源。

这些藏书室起初并不称作"图书馆"，而是称为"府""阁""观""台""殿""院""堂""斋""楼"等。如西周的盟府，两汉的石渠阁、东观和兰台，隋朝的观文殿，宋朝的崇文院，明代的澹生堂，清朝的四库全书七阁等。

中国近代最早的省级图书馆为 1904 年创办的湖北省图书馆。

二、内蒙古地区图书馆事业发展史

1.寺院藏书

13 世纪初至 19 世纪末，中国古代四大藏书体系的寺院藏书是内蒙古地区藏书的主体。寺院藏书是伴随着藏传佛教在内蒙古地区的传播和发展，寺院的兴建以及藏文、蒙古文佛教典籍的翻译出版而发展起来的。内蒙古地区的寺院修建发展于明代，至清朝中叶达到鼎盛。清代中期，内蒙古地区的寺院有 1800 余座，僧侣人数有 15 万之多。据统计，清朝末年的 1300 余座寺院中，共收藏有藏文《甘珠尔》约 1000 部，藏文《丹珠尔》约 500 部，蒙古文《甘珠尔》20 余部，蒙古文《丹珠尔》10 余部。寺院藏书还包括大量的藏文、蒙古文单行本佛教经典和寺院活佛僧侣的个人藏书。这些珍贵的文化遗产，对研究蒙古学各学科的历史成就具有重要的学术价值，构成了内蒙古地区古代藏书体系的主体，是内蒙古图书馆事业的重要组成部分。

2.王府藏书

内蒙古地区的王府藏书既具有私人藏书的性质,又具有一定的官府藏书性质。元代时期,有明确记载、生平事迹可考、藏书数千卷以上的藏书家有127人,其中出身于世宦贵族之家的蒙古族藏书家有10人。王府有卓索图盟土默特右旗忠信府、喀喇沁右旗贡王府、阿拉善旗达王府、苏尼特右旗德王府等。这些王府书房藏有丰富的蒙古文、汉文、满文书籍和文书档案资料,家庙中藏有藏文、蒙古文佛学经籍,具有数量大、种类多、特色鲜明等特点。20世纪前半叶,内蒙古地区社会动荡,王公贵族衰落,王府所藏书籍大多损毁散失,民族文化遭到重创,导致至今无法查清内蒙古地区王府藏书的历史概貌。现存的少量珍贵手稿、手迹、名家书画等分别珍藏在内蒙古社会科学院图书馆、喀喇沁博物馆、内蒙古图书馆等处。

3.书院藏书

书院是我国古代特有的一种教育组织。由于读书讲学的需要,书院中大多建有藏书室。书院藏书始于唐代,历经宋、元、明、清,是我国古代四大藏书系统中最后形成的。据《内蒙古教育史志资料》第一辑记载,内蒙古地区的书院建立始于清代中后期,如1778年,赤峰书院,位于赤峰县文庙处;1869年,育才书院,位于萨拉齐县;1872年,绥远城将军定安创建的长白书院(1879年更名为启秀书院);1884年,兴华书院,位于多伦县;1886年,归绥道安详创建的归化城古丰书院;同年,归化城启运书院(其前身是创建于1735年的土默特官学,1886年改名为启运书院)。这一时期的书院数量少、规模小、时间短、设备简陋,经费来源主要依靠借款、捐助和放贷生息。各书院以考课为主,具有一定的民族

3

特点和地域特色。20世纪初期,这些书院多改建成近代中、小学堂,原有藏书成为近代学校图书馆(室)的藏书。内蒙古图书馆、内蒙古师范大学图书馆收藏有长白书院的古籍。

三、内蒙古近代以来图书馆发展史

在五千年的中华文明史中,图书馆是中国文化史上一道亮丽的风景线,从古代的藏书楼到现代的图书馆,风雨兼程地走过了几千年。20世纪的中国图书馆事业虽说是一段十分短暂的历史,但在这百年历史中,却始终贯穿着社会的动荡与变革,充满着图书馆事业的兴衰与荣辱,它前进的每一步都渗透着图书馆人的心血与汗水,洋溢着中国图书馆人的精神与梦想。

1.内蒙古地区近代图书馆发展史

20世纪上半叶,是内蒙古图书馆事业兴起的重要时期。1905年,清政府设立学部,主管全国教育事业和图书馆事业,制定开办图书馆的章程。1910年,颁布《京师图书馆及各省图书馆通行章程》,这是我国第一部图书馆法规,直接促进了内蒙古近代图书馆事业的发展。

1902年10月,喀喇沁右旗札萨克郡王贡桑诺尔布创建崇正学堂图书馆,这是内蒙古地区第一所具有近代图书馆特征的学校图书馆,可以说是内蒙古近代图书馆事业的发端。当时,崇正学堂图书馆的藏书包括蒙汉文旧籍、新书及报刊,并广泛搜集各类图书积极进行藏书建设。1908年11月,归化城副都统三多在旧城小东街文昌庙内创办了归化城图书馆,这是内蒙古呼和浩特地区第一所公共图书馆。归化城图书馆有房屋10间,藏有经、史、子、集4类古籍14400余卷,还有各类图书、画报、挂图和报纸等,并制定了章程,配有专职工作人员。1915年,中华民国政府颁布了《图书馆规程》和《庸俗图书馆规程》,之后多次制定、颁布了图书馆条例、章程、规定等,明确规定了图书馆的类型、名称、管理体制、人员、经费、藏书及阅览条件等。不仅使图书馆建设有法可依,而且对图书馆事业的发展起到了一定的促进作用。1925年,归化城图书馆改名为绥远区立图书馆,并附设第一阅报所;1929年,改称绥远省立图书馆;1934年,改组省立图书馆。至1936年6月,绥远省立图书馆有馆舍6间,工作人员8人,馆藏图书51215册。该馆是内蒙古图书馆事业史上的一个里程碑,也是内蒙古地区图书馆事业形成的标志和基础。

随着社会秩序的稳定及财政收入的增加,内蒙古地区图书馆事业得到了迅速发展,其间先后建立了省级公共图书馆3所,盟级图书馆1所,县级图书馆39所,乡级图书馆47所。这一时期的学校图书馆在理论管理、技术方法和藏书建设等方面也有了较快发展,图书馆(室)的数量仅次于公共图书馆。其他类型图书馆也得到初步发展,如1918年成立的绥远市共和医院、1923年建立的归绥市立公教医院、1937年建立的厚和医院的图书馆(室)也都有了少量医学藏书。这些图书馆(室)学习和借鉴国内外图书馆管理理论和技术方法,采用《杜威十进分类法》编制卡片式、书本式目录。

20世纪40年代,内蒙古地区有寺院1422座,僧侣6万人。鉴于寺院藏书的相对封闭性和稳定性,寺院藏书基本得到保护,是这一时期图书馆事业的重要组成部分。

20世纪上半叶是内蒙古地区图书馆事业的开创时期,从整体来看,近代公共图书馆、学校图书馆和寺院藏书共同构成了内蒙古地区图书馆事业的新格局。

2.内蒙古地区现代图书馆发展史

自1947年5月1日内蒙古自治区成立以来,内蒙古图书馆

呼和浩特地区图书馆概况

事业在70多年里经历了从无到有、从小到大、跌宕起伏的发展历程。特别是中共十一届三中全会以来，自治区图书馆事业发生了深刻变化，取得了巨大成效。依照我国现代社会不同时期的发展情况，内蒙古现代图书馆事业大致分为4个发展阶段。

（1）初建时期（1947—1957）

随着内蒙古经济建设和文化教育事业的发展，图书馆事业也在有步骤、有重点地进行着，图书馆规模逐渐扩大，数量也大为增加。只是寺院藏书在1947年至1949年初的东部地区土地改革运动中遭受到第一次浩劫，损失惨重。

内蒙古图书馆的前身是于1950年5月筹建、10月迁入归绥市新城鼓楼的绥远省人民图书馆，当时有工作人员8名，藏书31653册。1954年5月1日，改名为内蒙古自治区图书馆，工作人员增加到24人。1957年3月，位于呼和浩特市人民公园内的内蒙古图书馆楼竣工并投入使用，新馆建筑面积2830平方米，藏书37万册，工作人员29名。

1958年，全区已建立公共图书馆17所，其中自治区级图书馆1所、盟市图书馆10所、旗县图书馆6所。作为基层图书馆的延伸，全区旗县文化馆图书馆（室）到1957年已发展到100个。公共图书馆面向广大群众开放，在加强图书流通、提高读者文化水平、活跃群众文化生活方面起到了积极作用。

1952年5月，内蒙古历史上第一个正规高等院校内蒙古师范学院成立，内蒙古师范学院图书馆也随之创建，藏书7000多册，馆舍面积100多平方米，工作人员3人。1952年11月，内蒙古畜牧兽医学院图书馆成立，藏书1万余册，馆舍面积400平方米，后扩大到1500平方米，工作人员3人。1956年5月，内蒙古医学院图书馆成立，藏书1.4万余册，馆舍面积600平方米，工作人员10人。12月,教育部召开全国高等学校图书馆工作会议,会议审定、颁布的《中华人民共和国高等学校图书馆试行条例(草案)》,明确了高等学校图书馆的性质、任务和作用,推动了自治区高等学校图书馆事业的发展。1957年10月14日,内蒙古大学图书馆成立,藏书17.42万册,馆舍面积2000平方米,工作人员20人。这4所高校图书馆的建立,奠定了内蒙古高校图书馆事业的基础,揭开了内蒙古高校图书馆事业的新篇章。

内蒙古科研院所图书馆事业基本上是从无到有逐步发展起来的。1953年5月建立的内蒙古自治区蒙古语文研究会图书资料室,是自治区科研系统中最早建立的图书资料室,有工作人员2人。1957年5月,在研究会基础上成立了厅级编制的内蒙古历史语言文学研究所,并将图书资料室改称图书资料编译室。1956年3月,建立内蒙古农业科学研究所图书情报室,其前身为清朝末年的归绥农林实验场。其他系统的图书馆在这一时期也有了一定的发展。1955年7月,中华全国总工会在北京召开第一次全国工会图书馆工作会议,会议颁布的《中华全国总工会关于工会图书馆工作的规定》,明确了工会图书馆的性质及工作任务,有力地促进了自治区工会图书馆的发展。至1955年,藏书在500册以上的工会图书馆(室)有150个,藏书189693册;流动图书箱689个,藏书89840册。1948年11月,在乌兰浩特创建的内蒙古党校图书室藏书已有6万多册。1952年,内蒙古党校迁至归绥市,其图书馆也得到进一步发展;1956年,内蒙古党校图书馆馆舍面积为300平方米,藏书9万多册,工作人员2至3人。内蒙古医院图书馆在1947年11月建馆初期,藏书仅有1000册,1957年时已有1万多册。

(2)巩固发展时期(1958—1965)

这一时期的内蒙古图书馆事业在曲折的进程中总体上仍在

呼和浩特地区图书馆概况

原有基础上继续发展。1958年,自治区图书馆事业的发展受到挫折,其特点是发展过快过急、不切实际。1958年至1960年期间,内蒙古高校图书馆由原来的4所猛增至20所,新建的高校图书馆基础设施不足,书刊资料残缺不全,业务工作质量低劣,管理秩序混乱,无法适应学校教学、科研工作的要求。一些公共图书馆片面强调为基层工农业服务,忽视了为生产科研服务,提出了过高的发展读者、流通图书、建立农村牧区图书室的"指标",图书馆的发展出现了盲目性。

1961年春,在国家"调整、巩固、充实、提高"八字方针的指导下,自治区图书馆事业重新走上健康发展的道路。各系统图书馆竭力克服各种困难和历史因素的影响,在各级领导的重视下,各馆文献资源建设有了较大发展。内蒙古图书馆、内蒙古社会科学院图书馆、内蒙古大学图书馆和内蒙古师范学院图书馆等,搜集和整理了大量珍贵的蒙古文、汉文古籍和中华民国时期的出版物。其中,蒙古文古籍为10425种,占同期全国蒙古文古籍收藏总量13100册的80%;汉文古籍42万册,占同期全区汉文古籍收藏总量2.7万余种、50万册的84%。这就奠定了内蒙古地区图书馆馆藏特色文献的基础,充分体现了民族地区图书馆文献资源建设的特点。同时,建立了较为规范的基础业务工作流程和具有一定规模的读者服务体系,使图书馆整体工作水平上了一个新台阶。

至1965年底,自治区内以图书馆建制保留下来的三级公共图书馆共有12所,其中自治区级图书馆1所,盟市级图书馆7所,旗县级图书馆4所,藏书总量近100万册。1962年,县级文化馆调整为80个。20所高校图书馆经过调整、撤销、合并为9所,馆舍总面积为12750平方米,藏书总量181.6万册,工作人员140余人,系所资料室60多个。1958年,内蒙古历史语言文学研究所图书资料编译室归属中国科学院内蒙古科学分院图书馆管理。1962年初,中国科学院内蒙古科学分院图书馆建制撤销,恢复了内蒙古历史语言文学研究所图书资料编译室建制,已有藏书18万册,工作人员17人,它是内蒙古社会科学院图书馆的前身。自治区的科研院所图书馆和科技情报单位,主要建于20世纪50年代中后期。1958年11月,建立内蒙古自治区科学技术情报研究所。截至1965年底,全区科技情报机构共有50个,专职科技情报工作人员近200人。

经过这一时期的建设,内蒙古自治区图书馆事业为今后的发展奠定了坚实的物质基础,积累了宝贵的工作经验,可称为内蒙古自治区图书馆事业的第一个"黄金时期"。

(3)停滞及恢复发展时期(1966—1977)

1966年5月至1976年10月的"文化大革命",使在艰难曲折中发展起来的内蒙古图书馆事业遭到严重干扰和破坏。第一,图书馆的性质、任务、服务对象等改变了,重点为工农兵服务,弱化了为教学科研单位服务功能。第二,图书馆多年积累的管理经验和行之有效的各项规章制度,被污蔑为"管、卡、压",致使图书馆出现无章可循、管理混乱的局面。第三,图书馆入藏的古今中外书刊受到禁锢,有的甚至被焚烧。寺院图书馆藏书则遭到第二次浩劫。第四,藏书建设遭到破坏,采购外文书刊被诬为"洋奴哲学"遭到批判,高校、科研院所图书馆等长期订购的外文书刊,被迫中断订购达数年之久。第五,图书馆业务干部不能从事正常的业务工作,专业队伍受到损害,多数图书馆关闭长达五六年。第六,图书馆事业的规模有所缩减,特别是工会图书馆、党校图书馆、中小学图书馆多数被关闭、合并或撤销。第七,自治区图书馆学函授专业教育和专业培训活动停止并中断数年。

呼和浩特地区图书馆概况

"文化大革命"后期,各系统图书馆工作得到了一定程度的恢复和发展,并逐步恢复了图书借阅和其他服务工作。1965年,全区有公共图书馆12所。1971年以来,随着各高校招收的工农兵学员入校,高校图书馆工作得以恢复。1971年12月,恢复重建包头师范专科学校图书馆。1974年,内蒙古科委成立后,恢复了内蒙古科技情报研究所。随着自治区有关厅局恢复工作以及当时社会生产对科技情报的需要,全区的科研院所图书馆(室)和科技情报机构得以逐步恢复。1976年7月,新建哲里木农牧学院图书馆(1978年12月,改为哲里木畜牧学院图书馆)。至1976年底,组建8个专业厅局级专业情报站,49个科技情报网,盟市、旗县也相继建立了一批情报网。专职科技情报机构已有70多个,工作人员500余人。

(4) 全面发展时期(1978年至今)

党的十一届三中全会以来,中国进入社会主义现代化建设新时期,内蒙古图书馆事业得到了迅速发展。1978年底,全区各级公共图书馆共有36所,其中自治区级图书馆1所,盟市级图书馆7所,旗县级图书馆28所,藏书总量为150余万册(件),工作人员599人。至1985年底,全区各级公共图书馆93所,其中55所新建图书馆。据2002年统计,全区已有108所公共图书馆,馆舍面积13万平方米,藏书总量693.6万册,工作人员1794人。据2005年统计,自治区共有公共图书馆112所,其中自治区级图书馆1所,盟市级图书馆12所,旗县级图书馆97所,少儿图书馆2所。

内蒙古高校图书馆的建筑面积不断扩大,设施大为改善。同时,积极引进图书馆学专业人才,利用现代化技术手段,通过技术研发、资源建设、信息服务等方式,实现文献信息资源共建、共知、共享。1981年12月,全区普通高校图书馆有16所,馆舍总面积为22000平方米,馆藏文献总量为346.6万册,工作人员为392人。1999年,通过重建、合并,自治区16所普通高校图书馆馆舍总面积为90394平方米,馆藏文献总量为626万册,工作人员712人,计算机241台。截至2007年底,馆舍总面积为22万平方米,馆藏文献总量1420万册,工作人员1026人。

这一时期,内蒙古科研院所图书馆在迅速恢复整顿和重建的基础上有了很大发展。1979年2月,成立内蒙古社会科学院图书馆,是自治区最大的社会科学专业图书馆,特别是在蒙古学文献资源建设及其开发利用研究、文献保护、读者服务以及图书馆学研究等方面,在国内外社会科学科研系统图书馆中具有重要地位。截至1989年,除内蒙古社会科学院图书馆外,全区有县处级以上社会科学研究机构图书资料室50个。

与此同时,其他系统图书馆也有了迅速发展。随着20世纪80年代党校教育的发展,内蒙古地区党校系统图书馆进入一个较稳定、繁荣的发展阶段。以内蒙古党校图书馆为中心,建立了一个由12个盟市级党校图书馆、10多所大型企业党校图书馆和近100所旗县级党校图书馆(室)组成的党校图书馆系统网。据不完全统计,截至2000年,全区党校图书馆(室)馆舍总面积为3万多平方米,馆藏文献总量为280万册(件),工作人员260多人,年读者5万多人次。此外,全区共有旗县级以上医院图书馆(室)380余所。

四、2006年至今,呼和浩特地区图书馆事业发展

近年来,图书馆事业迎来了前所未有的发展机遇。数字图书馆、智慧图书馆等新型图书馆随着时代的发展应运而生。呼和浩特地区各类型图书馆也发生了翻天覆地的变化。本书所采访调研

呼和浩特地区图书馆概况

的呼和浩特地区34所图书馆,可以说是这一时期各类图书馆发展变化的一个缩影。

1.公共图书馆

2014年,国家公共文化服务体系示范区创建工作开启。呼和浩特市积极响应国家政策,集中力量筹备创建示范区,并将国家公共文化服务体系示范区创建列为2015—2017年重点工作,被市委、市政府列入攻坚克难项目。为此,呼和浩特市加大创建力度,对各级公共图书馆给予高度重视和大力支持,整体提升了各级公共图书馆的发展水平和服务效能,推动呼和浩特地区公共图书馆事业发展跃上了新台阶。截至2018年底,呼和浩特地区共有公共图书馆11所,其中自治区级图书馆1所,市级图书馆1所,县(区)级图书馆9所,馆舍总面积为8.1万平方米,馆藏文献总量为732.05万册(件),工作人员303人(其中内蒙古自治区图书馆人员增加至163人)。各级公共图书馆在办馆水平、馆舍建筑及环境改善、馆藏资源建设、信息化建设、读者服务水平等方面均取得显著发展,呼和浩特地区公共图书馆事业进入蓬勃发展的新时期。

2.高校图书馆(本科及高职院校图书馆)

在国家政策的指引下,内蒙古地区的高等教育呈现前所未有的发展态势,教育质量和办学水平有了较大提高。呼和浩特市作为自治区的重要高等教育集中地,目前共有本科院校11所,公办高职院校8所,为自治区的经济高速发展、社会文明进步和民族繁荣富强提供了强有力的人才、科技和智力支持。

至2018年,呼和浩特地区本科院校图书馆馆舍总面积约23万平方米,馆藏纸质文献总量约1381万册(件)、电子图书767万册,工作人员644人。各类本科院校图书馆馆舍建筑面积不断扩大,办馆条件得到较大改善,自动化服务水平不断提高。图书馆通过人才培养、参加学术会议、积极引进具有图书馆学专业与信息技术专业背景人才等方式使各馆在读者服务水平和科学研究方面有了较大进步,很多学术成果获得了国内外同行的肯定。

至调研日为止,本书所列8所公办高职院校图书馆馆舍总面积约15.8万平方米,馆藏纸质文献总量为331.9万册,工作人员共146人。十余年来,各高职院校图书馆从传统型逐步迈向现代化,管理更加科学、专业,从以"书"为中心转变到以"人"为中心,"读者第一、服务育人"已成为图书馆界的共识。自动化、网络化、创新服务全面开展,纸质资源建设与电子资源建设双管齐下,高职院校图书馆呈现良好的发展态势。与此同时,高职院校图书馆正在积极探索创新读者服务,努力寻找吸引读者的多种途径,包括定期开展读书月活动、社团服务、建立图书馆公众号、举办各类校园文化大赛等,部分馆已收到较好的成效。

3.专业图书馆

课题组走访了呼和浩特地区具有代表性的4所专业类型图书馆,分别是:内蒙古社会科学院图书馆、内蒙古人民医院图书馆、内蒙古党校图书馆、呼和浩特市佛学图书馆。至调研日止,4所专业图书馆馆舍总面积7133.4平方米,馆藏纸质文献总量为58万册,专职工作人员共36人。

目前,呼和浩特地区专业图书馆正在努力扩大自己的服务方式,吸引读者了解图书馆、走近图书馆。专业图书馆围绕其特色和专长为读者做相应的科普和趣味活动,发挥了图书馆的积极性和主动性,为读者创造了更良好的阅读条件、更舒适的阅读环境,收到了较好的效果,获得了广大读者的好评。

图书馆的存在形态必须与社会发展相适应,只有与时俱进,才是求生存、求发展的唯一途径。随着图书馆社会地位的提高以及民众对精神文化生活的渴求,图书馆事业定将拥有广阔的发展空间。在数字化、信息化、网络化高速发展的社会环境下,相信呼和浩特地区各类型图书馆会越办越好,更好地发挥其文化阵地的作用,为读者提供更便捷、更优质的服务。

第二章 公共图书馆篇

第一节 公共图书馆简介

一、公共图书馆概述

1.公共图书馆的定义

1949年,为促进全球范围内公共图书馆的发展,联合国教科文组织(UNESCO)颁布了《公共图书馆宣言》,并于1982年、1994年做了修订。《公共图书馆宣言》的诞生,意义重大、影响深远,堪称图书馆史上最为重要的经典权威文献。它的出现为当代公共图书馆的发展指明了方向,是规范、指导公共图书馆的原则和方针。在《公共图书馆宣言》中,对公共图书馆做了这样的定义:"公共图书馆是由社区,如地方、地区或国家政府,或者一些其他社区组织支持和资助的机构,它通过提供一系列资源和服务来满足人们对知识、信息和形象思维作品的需求,社区所有成员都有享受其服务的权利,而不受种族、国籍、年龄、性别、宗教信仰、语言、能力、经济和就业状况或教育程度的限制。"

1974年,由国际标准化组织颁布了"ISO2789-1974(E)国际图书馆统计标准",其中将"公共图书馆"概括为:那些免费或只收少量费用为一个团体或一定区域的人口公众服务的图书馆,它们可以为一般群众服务,或为专门类别的用户,例如儿童、军人、医院患者、囚犯、工人和雇员等服务。2012年,我国颁布了《公共图书馆服务规范》,指出:公共图书馆是由各级人民政府投资兴办,或由社会力量捐资兴办的向社会公众开放的图书馆,是具有文献信息资源收集、整理、存储、传播、研究和服务等功能的公益性公共文化与社会教育设施。与专业图书馆、高校图书馆不同,公共图书馆是面向所有居民提供文献资源、公共信息及教育的场所。

2.公共图书馆的职能

公共图书馆的职能是指它所具有的作用和功能。公共图书馆作为社会重要的公共文化机构,其职能由自身属性和社会属性共同决定。在历史演进过程中,部分职能也随着社会发展而不断变化。公共图书馆的职能可归纳为基本职能和社会职能两大类。

公共图书馆的基本职能是指图书馆在社会发展变化中恒定不变的一些职能,既不随时间、地域、人种、民族等因素变化,也不随技术和时代的更迭而改变。概括而言,就是收集、整理文献信息资源并为读者提供使用,任何公共图书馆都必须具备这三项基本职能。

公共图书馆的社会职能是指以基本职能为基础,受经济、文化、环境等因素影响,随着社会发展而不断变化的职能。古时,图书馆的社会职能主要是保存人类文化遗产,重藏轻用是其显著特点;随着工业革命的兴起与扩展,到了近代,由于全民文化水平的提高和教育的普及,图书馆担负起社会教育的职能;当代,随着科学技术的迅速发展,社会经济、生活水平逐步提高,知识技术的更新频率越来越快,人们对精神文化的需求也越来越强烈,图书馆又被赋予了开发智力资源、传递科学信息的职能。总结下来,如今图书馆的社会职能主要包括:保存人类文化遗产、开展社会教育、均等传递文化信息、开发智力资源、休闲娱乐、服务地方文化等。

公共图书馆的社会职能在历史的长河中不断变化演进,经历了从保存人类文化遗产的单一功能向教育、文化、政治、社会等多元功能的转变过程,其间部分职能在消失,部分职能在扩大,而更多的新职能不断涌现。公共图书馆积极响应时代变化,努力契合政治、经济、社会发展的需求,不断发展壮大,如今已成为民众日常生活中不可或缺的重要组成部分。

二、我国公共图书馆发展现状

党的十一届三中全会以来,在党和政府的高度重视下,我国公共图书馆事业进入崭新的发展阶段,图书馆数量明显增加,建筑面积、馆藏文献数量稳步增长,信息化水平明显改善,读者服务工作覆盖到城镇社区和农村基层。一个包含省级、地市级和县(区)级公共图书馆的公共文化服务网络已经基本形成,我国的公共图书馆事业展现出迅猛发展的良好态势。

1.机构数量不断增加。截至2016年,我国公共图书馆共计3153个,比2015年增加14个,其中省级公共图书馆39个,地市级公共图书馆369个,县(区)级公共图书馆2744个。依全国行政区划,公共图书馆已基本实现全覆盖。同时,通过《中国图书馆年鉴》历年统计数据对比可以看出,2011年至2016年我国公共图书馆建设取得了较大发展,从机构总数上来看,呈逐年上涨的趋势,且自2012年以来涨势较为平稳,年均增长19个。

2.财政投入稳步增加。公共图书馆的财政投入由2007年的39.5亿元增长至2016年的141.57亿元,增长了3.58倍,其中专项购书经费由2007年的7.83亿元增加至2016年的21.6亿元。与此同时,截至2016年底,全国县级以上公共图书馆的实际使用房屋建筑面积已从2007年的741.4万平方米增长到2016年的1424.3万平方米,增长了1.9倍(见表1)。

呼和浩特地区图书馆概况

表1 我国公共图书馆近十年变化情况

年份	机构数(个)	财政拨款(万元)	总藏量(万册、件)	新增藏量购置费(万元)	阅览室座席数(万个)	实际使用房屋建筑面积(万平方米)	总流通人次(万人次)
2007	2799	395441	52053	78262	52.7	741.4	26103
2008	2820	477616	55064	83832	55.4	780.0	28141
2009	2850	550808	58521	104404	60.2	850.3	32167
2010	2884	583685	61726	111093	63.1	900.4	32823
2011	2952	756357	63896	141477	68.1	994.9	37423
2012	3076	934890	68827	147785	73.5	1058.4	43437
2013	3112	1070575	74896	165959	81.0	1158.5	49232
2014	3117	1137210	79092	170133	85.6	1231.6	53036
2015	3139	1270354	83844	197468	91.1	1301.5	58892
2016	3153	1415668	90163	216020	98.6	1424.3	66037

资料来源:《中国图书馆年鉴2017》

3.馆藏文献资源日益丰富。随着公共图书馆购书经费的不断增加,文献资源总藏量也得到了迅速增长。2016年,全国公共图书馆文献总藏量为90163万册(件),比2007年增长73%。人均拥有藏书量也逐年提升,由2014年的0.58册(件)增长至2016年的0.65册(件)。电子图书总量超过纸质图书,其中纸质文献6978.59万册(件),电子图书88797.59万册(件)。

4.信息化服务水平显著提升。随着国家高度重视以及信息化技术的强力推动,公共图书馆的信息化水平显著提升,信息化建设发展迅速。2016年,全国公共图书馆共有计算机21.2万台,其中供读者使用的电子阅览室终端数为13.5万台。同时,全国公共图书馆从业人员数量稳中有升。2016年,共有从业人员57208人,比上年增加786人,平均每个公共图书馆18人。

5.读者服务工作进步较快。2011年1月,文化部、财政部下发《关于推进全国美术馆、公共图书馆、文化馆(站)免费开放工作的意见》,全面开展免费开放工作。这使图书馆服务的普及化程度迈上一个新台阶。2016年,全国公共图书馆总流通人次为66037万,比2010年增长101%。与此同时,年发放借书证数量、年图书外借册次、年组织各类读者活动次数(包括举办讲座、展览、培训班)也逐年增多。

2018年1月1日,我国第一部图书馆专门法——《公共图书馆法》正式施行,这是党的十九大之后出台的第一部文化领域方面的重要法律。《公共图书馆法》用法律的权威和力量构筑起我国公共图书馆管理、运行、服务的基本制度体系,对于进一步健全我国文化法律制度、促进公共图书馆事业发展、保障人民群众基本文化权益具有重要意义,标志着我国公共图书馆事业发展开启了新篇章。

三、呼和浩特地区公共图书馆篇概述

2016年10月,课题组成员调研了呼和浩特市图书馆,之后分别走访了呼和浩特市各级公共图书馆共计11所。其中,自治区级为内蒙古自治区图书馆,市级为呼和浩特市图书馆,县(区)级包括:玉泉区图书馆、回民区图书馆、新城区图书馆、赛罕区图书馆、托克托县图书馆、和林格尔县图书馆、武川县图书馆、土默特左旗图书馆、清水河县图书馆。

本章旨在通过分别概述11所图书馆的基本情况、馆藏建设情况、服务开展情况、科研成果、所获荣誉以及各馆近十年的变化,让读者对各馆的发展历史及现状等有所了解,并由此对目前呼和浩特地区公共图书馆的整体状况有所认识,以供读者参考。

呼和浩特地区图书馆概况

第二节 呼和浩特地区公共图书馆

内蒙古自治区图书馆

一、图书馆基本情况

1.历史沿革

内蒙古自治区图书馆（以下简称：内蒙古图书馆）是自治区最早建立的公共图书馆，其发展历史可上溯到清光绪三十四年（1908年）11月归化城副都统三多在旧城小东街文昌庙内创办的"归化城图书馆"。1925年，归化城图书馆改名为"绥远区立图书馆"；1929年，改称"绥远省立图书馆"。日寇侵占期间，蒙古文化馆改为蒙古文化研究所，并于1942年迁往张家口。1945年，由于战乱，蒙古文化研究所的藏书损失过半。1947年4月，绥远省政府将残余图书运回归绥，于11月4日恢复省立图书馆。1949年8月，省立图书馆迁入省立国民教育馆旧址，成为绥远省社会教育推行委员会管辖下的图书馆。

1950年5月，根据绥远省文教厅指示，在绥远省社会教育推行委员会的基础上筹建省图书馆。先在工人文化宫后的小院开办了一个图书室，同年10月，该室迁至新城鼓楼，正式命名为"绥远省人民图书馆"。1957年，内蒙古自治区成立十周年之际，于呼和浩特市人民公园内建成建筑面积 2830 平方米的图书馆馆舍,设计藏书容量 30 万册。该馆舍于 1957 年 3 月竣工并投入使用,在庆祝内蒙古自治区成立十周年之日,由时任内蒙古自治区人民政府主席乌兰夫亲自剪彩开馆。

1965 年 12 月,内蒙古科学技术图书馆并入内蒙古图书馆,成为内蒙古图书馆科技部。1984 年 5 月,又将科技部交给内蒙古科委。此时,内蒙古图书馆进入了一个全面发展的时期,藏书量由中华人民共和国成立初期的 3 万余册增加到 140 万余册,远远超过了馆舍原来设计的藏书容量。

由于馆藏文献超出馆舍容量,1985 年内蒙古自治区人民政府决定新建内蒙古图书馆。新馆位于呼和浩特市乌兰察布西路,占地 2.8 万平方米,总建筑面积 2 万平方米。1995 年 4 月 8 日,新馆建设破土动工;1997 年 7 月 8 日,竣工;1998 年 5 月 28 日,正式开馆,接待读者。新馆开放后,每年接待读者 50 万余人次,已成为自治区最大的功能齐全、设施先进的公共图书馆,受到社会各界广泛关注。2008 年 1 月,内蒙古图书馆改扩建工程正式启动,历时近两年,于 2009 年 10 月 1 日土建工程完工,并尝试开放接待读者。2010 年 5 月 1 日,扩建后的内蒙古图书馆正式开放。馆舍面积 3 万多平方米,为读者提供了大型阅览室和休闲区,彻底改变了传统图书馆的借阅方式,使读者和图书之间实现零距离接触。2014 年,实施"馆外服务设施建设工程""少年儿童图书馆改造工程""古籍特藏库改造工程"。工程实施后,馆舍总面积增加至 3.5 万平方米。

图1 内蒙古图书馆外景

2.馆舍情况

现在的内蒙古图书馆位于呼和浩特市乌兰察布西路34号,总面积3.5万平方米,共分4层,有12个阅览室。一层为少儿图书馆、残障人图书馆,收藏有少儿图书及盲文图书;二层为报刊、老年、外文阅览室,收藏有报纸、刊物、外文读物;三层为第一、二、三、四阅览室,收藏有中文读物;西侧楼三层为电子阅览室,可查询图书馆购买的各种数据库;四层为蒙古文阅览室、民族地方文献、工具书库,分别收藏有蒙古文图书、少数民族地方特色图书、工具书等。古籍部门收藏有珍贵古籍。

近年,内蒙古图书馆的图书流通量为普通文献30万/年,电子文献200.78万/年,馆外流动点15.23万/年。读者川流不息,儿童馆、成人阅览区、自习区等每日都坐满了读者。内蒙古图书馆是内蒙古地区进馆人数最多、借阅量最大、最受读者喜爱的公共图书馆。2017年,全国公共图书馆评估,内蒙古图书馆以其先进的理念、完善的设备、全面的图书馆藏、优质的服务和丰富多彩的各类活动,被评定为国家一级公共图书馆,成为在全国都处于领先地位的图书馆。

3.人员结构

目前,内蒙古图书馆共有在编职工160人,其中正高级职称6人,副高级职称69人,中级职称33人,初级职称44人;博士2人,硕士15人,本科81人,大专51人,大专以下学历11人。相较其他公共图书馆而言,内蒙古图书馆在编人员在年龄层次、学历层次、职称层次方面较为均衡。

近年来,内蒙古图书馆特别注重对年轻馆员的引进和培养,多次申请招聘图书馆学及相关专业人员,积极开展图书馆老员工及新员工的岗位专业培训。特别是新入馆的图书馆员和志愿者,在投入本岗工作之前都要接受专门的职业教育和岗前培训,通过分阶段的培训计划,提升馆员的职业素养及专业知识。此外,还派青年馆员外出学习、交流、参加全国会议等。通过"走出去",开阔馆员的眼界,把先进的理念和服务活动带回馆内,实时更新服务,提升读者的来馆体验。

内蒙古图书馆还特别注重与其他国家、地区图书馆的联合及合作,派送图书馆文献专家、技术人员到国外图书馆进行文献调研、业务考察及交流合作。例如,与蒙古国国家图书馆建立稳定的交流合作关系,内蒙古图书馆提供专业技术人员和相关技术,为蒙古国国家图书馆数字化加工其馆藏汉文文献。两馆互派专业技术人员到对方图书馆实地参与文献研究工作,迅速提高了专业技术员的研究水平。

二、图书馆馆藏建设情况

内蒙古图书馆馆藏文献丰富。截至2017年6月,馆藏文献总量5860281册,其中纸质文献总量2820281册(其中汉文古籍172913册,民族古籍47087册),电子文献总量3040000册。馆藏

呼和浩特地区图书馆概况

珍品包括海内外孤本《绥远通志稿》，满文《几何原本》，藏文《甘珠尔经》，蒙、藏文《丹珠尔经》等珍稀地方文献和特色文献。其中馆藏45种古籍已入选《国家珍贵古籍名录》。这些古籍不仅具有很高的文献价值而且具有很高的艺术价值，有着丰富的装帧形式和写本类型。例如，有些佛教典籍是由朱砂、金、银、铜、珍珠、珊瑚、绿松石等珍贵矿物质书写，如三珍、五珍、七珍、九珍写本；部分佛教典籍的夹板上还镶嵌有金、银、珍珠、珊瑚、绿松石、蓝晶石、海螺、红铜、钢（蒙古语音译）等珍贵材料。这些古籍艳丽多彩，极为珍贵，一方面彰显了内蒙古图书馆馆藏文献的价值，另一方面又加大了对古籍的保护难度，对古籍的保护条件提出了更大的挑战。

除上述文献资源，图书馆还为读者提供丰富的数字资源。目前，内蒙古图书馆网络信息采集数据108.27T，自建数据资源23T，购买数据库20个，购买《内蒙古日报》《内蒙古晨报》《内蒙古商报》《北方新报》《北方周末报》《北方经济报》《呼和浩特日报》《呼和浩特晚报》《包头日报》《包头晚报》《乌海日报》《呼伦贝尔日报》《满洲里日报》《赤峰日报》《通辽日报》《鄂尔多斯日报》《阿拉善日报》等电子报刊。自建数据库16个，有蒙古族文化艺术资源库、内蒙古农牧业实用技术资源库、内蒙古草原风情旅游资源库、内蒙古三少民族多媒体资源库、内蒙古红色革命资源库、草原文化名人作品集等多个文化专题数字资源库。

除了纸质及电子资源，内蒙古图书馆还配备了多台先进的电子设备，包括：电子图书借阅机，馆内8台，分馆5台；检索机9台；读报机4台；自助借还机，馆内12台，分馆5台；自助办证机，馆内4台，分馆2台；门禁系统12套；24小时自助图书馆4个。馆内的纸质资源使用RFID技术，读者通过检索系统就可知所需图书的层标、架标,以此快速定位图书,大大缩减了读者的借阅时间。

三、图书馆服务开展情况

内蒙古图书馆作为呼和浩特地区最大、设备最先进的公共图书馆,为广大读者提供丰富多样的服务。这些服务大致可以分为三大类:基本服务、日常活动、特色服务。

1. 基本服务

内蒙古图书馆的基本服务以图书查询、图书借还、报刊查阅、电子资源查询、24小时自助图书馆、自习等服务为主。主要包括:馆藏书目查询、阅览;汉文图书借阅;报刊阅览;各类数字资源的检索、查询;因特网;馆藏蒙古文书目查询、借阅;工具书查询;古籍阅览;民族地方文献阅览;少年儿童图书借阅;残障人图书借阅;音乐影视体验;24小时自助图书馆;24小时街区图书馆以及数字体验等服务。

图书馆开馆时间:汉文第一、二、三、四图书借阅室,星期一上午闭馆学习,14:30—18:30开放;星期二至星期日8:30—18:30。二楼西侧报纸阅览室、三楼东侧期刊阅览室,星期一上午闭馆学习,14:30—18:30开放;星期二至星期日8:30—18:30。西侧楼三楼电子阅览室,星期一上午闭馆学习,14:30—18:30开放;星期二至星期日8:30—18:30。四楼东侧蒙古文书刊阅览室,星期一上午闭馆学习,14:30—18:30开放,星期二至星期日8:30—11:50,14:30—18:30。四楼西侧工具书阅览室,星期一上午闭馆学习,14:30—18:30开放;星期二至星期日8:30—18:30。少年儿童图书馆,星期一上午闭馆学习,14:30—18:30开放;星期二到星期日8:30—18:30;残疾人图书馆,星期一上午闭馆学习,14:30—18:30开放;星期二到星期日8:30—18:30;音乐影视体验室,星期一上午闭馆学习，14:30—18:30开放；星期二到星期日8:30—18:30。24小时自助图书馆、24小时街区图书馆，全天24小时开放。

2.读者活动

为了丰富广大读者的文化需求，建立书香内蒙古，内蒙古图书馆会举办多种读者活动，其中已经形成规模的活动有"雷蒙读书会""诺敏沙图——读友会""心之声——为盲人说电影""法制大讲堂""心理讲座"以及《诺玛额尔敦》少儿蒙古语诗歌朗诵赛等。随着这些活动的推进，已在广大读者中产生了不小的反响。此外，图书馆每周都举办不同形式的讲座及展览，据调研，仅2016年就举办活动103场，其中讲座19场，展览11场，培训4次，其余活动69场。近期讲座包括鲍鹏山《孟子：人格、人性与道德》、陈燮君《大数据时代的思维方式》、单霁翔《把壮美的紫禁城完整交给下一个六百年》、李云雷《中国当代文学的前沿问题》、孙玉明《〈红楼梦〉的是与非》、王蒙《〈红楼梦〉中的文学案例》等多个系列。还有"当成长遇到艺术"儿童书画联展，李峰个人摄影作品展，《翰墨》青年书画家作品展，第三届呼和浩特市残疾人和残疾人工作者书法、绘画、摄影、手工艺品展，九雅堂画廊——唐卡展等多项艺术展览。近年来，内蒙古图书馆积极举办各种类型的文化活动，为广大市民建立了一个充满文化氛围和知识源泉的场所。

3.特色服务

（1）少儿服务

内蒙古图书馆的少年儿童图书馆是特色馆，该馆的馆舍设计、设备的多样性以及活动的丰富性都处于全国数一数二的位置。少年儿童图书馆与残障人图书馆分别位于图书馆一楼两侧，与成人阅览区域分开，形成一块独立的空间。少年儿童图书馆动静结合,有多个分区,主要包括阅览区和体验区。阅览区有蒙古文阅览区、汉文阅览区、3D打印室、舞蹈室、琴房、练歌房、放映厅及幼影星空体验区。在这个空间内,家长陪着孩子一起畅享亲子阅读的快乐时光。工作日时这里也热闹非凡,几乎每个小座位上都能看到孩子的身影,有的在用蒙古语朗读,有的在用汉语讲故事,整个阅览区都是一片生机勃勃的阅读景象。绕过该空间进入体验区,则是另外一番活跃的场景,孩子们愉快地嬉笑玩耍,还有小朋友正推着小车体验销售纯净水的工作。在这个体验区内有建筑工地、小小超市、小小医院、小小海关、小小邮局、小小咖啡馆等多个独立的体验空间,孩子们可以在家长的陪同下尝试各种职业,体验工作带来的新鲜感、满足感和成就感,为孩子们埋下要努力工作、创造人生价值的理念。

除此之外,少年儿童图书馆还举办了多种多样的兴趣活动,如小画笔、画世界、同声演绎传承文化等。在馆内中心位置有一片专门的活动区域,每日都安排不同的少儿活动,如听故事讲故事、知识竞赛、朗诵比赛等,极大地丰富了孩子们的业余生活。

图 2~3　少年儿童图书馆内部

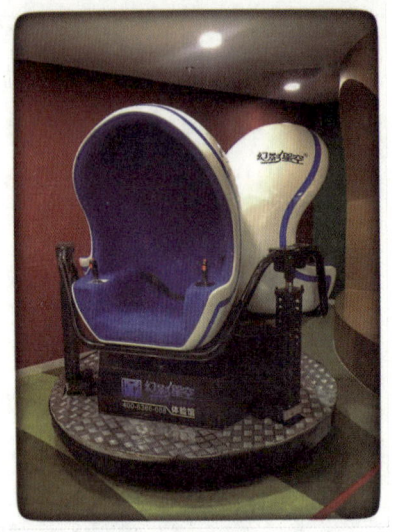

图 4~7　少年儿童图书馆内部

（2）彩云服务

"彩云服务"是内蒙古图书馆开创的新型服务模式，一经开展就引来了读者和媒体的好评及热烈参与。与此同时，这种将购书权交给读者的创举也引发了图书馆界的热烈讨论。最初开展此项服务是因为 2012 年莫言获得诺贝尔文学奖，带动了其作品的借阅量，大量读者前来借书，图书馆面临着复本量不足和品种不全的窘境。因此，图书馆向读者许诺，凡是莫言的作品，读者想借而图书馆没有的就可以从书店直接购买，账单由图书馆支付，读者只需在规定的借书期限内将书还到内蒙古图书馆即可。之后,慢慢推广到图书馆全部图书种类,逐步实行图书采购权下放到读者的工作。经过一段时间,内蒙古图书馆总结经验和教训,推出了"彩云服务计划",运用云服务理念,打造"云图书馆"。通过与各出版发行机构搭建云平台,将图书馆和出版发行机构的资源与服务集成整合,扩充了资源总数,并提供联合编目、资源共享、图书外借等一系列基于动态数据的云服务,让图书馆和各出版发行机构成为"云图书馆"的服务终端,直接为读者服务。据调研,彩云服务的购书经费占图书馆总采书经费的60%,只要按照图书馆颁布的十项采书规则,书籍的种类全由读者的喜好决定。读者可以在任何地方的任何书店直接下单借书,这不仅极大地满足了广大读者的文化需求,同时也促进了机构间互惠互利和资源的共建共享。

截至目前,内蒙古图书馆的新书借阅率达到了全世界罕见的100%流通数据。此项创新服务还受到美国图书馆协会(ALA)的充分肯定。2016年6月,该项服务荣获美国图书馆协会"国际图书馆创新项目主席大奖",这也成为中国图书馆界令人骄傲的荣耀。

(3)数字文化走进蒙古包

"数字文化走进蒙古包"工程是内蒙古图书馆结合自治区特有的人文地理环境,针对生活在边远农村牧区、无法获取网络数字信息服务的基层农牧民,为解决公共数字文化服务"末梢梗阻"而实施的一项服务创新工程。该项工程充分利用互联网、无线Wi-Fi网络,通过智能手机、平板电脑、笔记本电脑等移动服务终端,为基层农牧民提供不受时空制约的24小时全天候蒙汉双语公共数字文化服务,有效破解了基层尤其是偏远农牧区共享文化资源受限的难题,打通了农村牧区公共文化服务的"最后一公里",在全国率先实现了数字文化服务"人人通"。这一技术的运用推广,将成为远离城镇的近 800 万基层农牧民获取网络信息和网络知识的途径。

该工程自 2012 年 8 月启动以来,已在全区 11 个盟市的 35 个旗县开展试点工作,共建设 242 个一级数字加油站、2 个二级数字加油站、1450 个移动数字加油站,服务农牧民达 300 万余人,为农牧民提供了大量农牧业养殖种植技术和大家喜闻乐见的文化艺术方面的蒙汉文电子图书和视频资料。

该项工程的实施,引起了内蒙古自治区党委、政府的高度重视。2014 年,自治区政府将"数字文化走进蒙古包"写入自治区政府农村牧区综合改革示范试点实施方案,明确指出要大力推进"数字文化走进蒙古包"惠民工程。自治区党委将"数字文化走进蒙古包"写入农村工作 1 号文件。文化部全国公共文化发展中心在内蒙古举办"数字文化走进蒙古包"全国现场交流会议,总结和推广"数字文化走进蒙古包"项目经验,将这一成熟的服务模式在我国 9 个边疆和 9 个海疆省(区)全面实施推广。

经过不懈努力,这项服务不仅获得了农牧民的喜爱,还收获了各界的肯定。2015 年,"数字文化走进蒙古包"工程获文化部"科技创新奖"和自治区

图 8 数字文化走进蒙古包 App 页面

"第五批草原英才创新人才团队奖";2016年,获自治区党委宣传部"工作创新奖";2018年6月,获美国图书馆协会"国际图书馆创新项目主席大奖",这是继"彩云服务"荣获美国图书馆协会"国际图书馆创新项目主席大奖"之后再次获此殊荣。这也是美国图书馆协会迄今为止唯一一次颁给一个图书馆两次此项大奖。

(4)古籍保护服务

内蒙古图书馆是自治区藏有古籍最多的地方。现藏汉文古籍1万余种、20余万册;蒙古文古籍2000余种、1万余册;满文古籍200余种、3000余册;藏文古籍500余种、1万余册。建馆之初,内蒙古图书馆的全部古籍加起来仅几万册,经过几十年的搜集和接收达到了今天的规模。近年来,内蒙古图书馆成立了古籍部、蒙古文部、民族与地方文献部分别负责汉文古籍、少数民族古籍及地方文献的整理与研究工作。2007年底,内蒙古自治区古籍保护中心成立后,内蒙古图书馆成为文化部公布的全国首批51家重点古籍保护单位之一。古籍部、蒙古文部、民族与地方文献部在原有工作基础上,结合馆藏古籍特色在古籍普查、编目、整理等方面都取得了显著的成果,形成了良好的工作态势。内蒙古图书馆古籍保护中心完全按照国家标

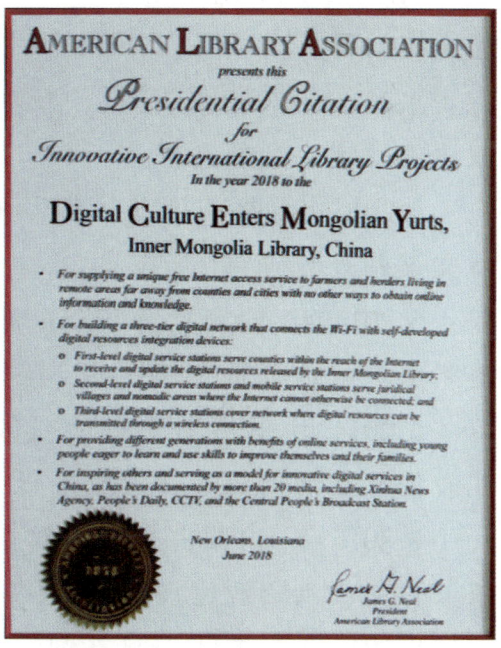

图9 "数字文化走进蒙古包"获得美国图书馆协会"国际图书馆创新项目主席大奖"

准建设,馆内可以修复古籍,市民也可带着自家古籍进行修复,但目前还不提供寄存服务。读者凭读者证就可以前来阅览古籍。目前正在计划建设古籍展览室,将部分珍贵古籍进行展览,让市民了解古籍之美。

四、科研成果

内蒙古图书馆凭着先进的理念、专业的技术和不懈的努力,完成了图书馆界的多项创举,在科研方面更是不甘人后,运用馆内丰富的文献资源,取得了丰硕的科研成果。部分成果如下:

1.2014年,内蒙古自治区社科联科研课题——内蒙古旧日文文献资料的整理与研发。成果:内蒙古图书馆馆藏日文书籍目录。

2.2014年,内蒙古社会科学研究课题——蒙汉双语图书馆管理系统的研发。成果:内蒙古图书馆蒙古文公益服务管理平台。

3.2014年,文化部科技创新项目立项——内蒙古自治区蒙汉双语资源统一管理平台。

4.2014年,赤峰市社会科学研究课题——赤峰市现存清朝圣旨文书调查与研究。

5.2014年,国家社科基金一般项目——中国境内濒危蒙古语地名保护与抢救研究。

6.2014年,国家社科基金西部项目——伪满时期日本在兴安四省的调查活动及其文献成果研究。

7.2015年,内蒙古自治区教育厅科研项目——民族高校图书馆蒙古文文献资源建设与创新服务研究。

8.2015年,文化部科技创新项目立项——"数字文化走进蒙古包"。

9.2015年,国家社会科学基金西部项目——内蒙古地方志特色日文旧籍整理与研究。

10.2015 年,国家社会科学基金重大项目——蒙古文《大藏经》文化价值体系研究。

11.2016 年,内蒙古民委科研项目——汉蒙对照图书馆学情报学名词术语词典。

12.2016 年,中图学会科研项目——"微信公众平台链接蒙古包与图书馆"阅读推广研究。

13.2016 年,国家社科基金一般项目——东洋文库所藏镶白旗蒙古都统衙门档案译注与研究。

14.自主研发的数字文化走进蒙古包 App 和彩云服务 App 均获得软件专利号。

五、所获荣誉

有付出就有回报,内蒙古图书馆的努力得到了国内外图书馆界及读者的一致好评,并获得了多项大奖。近年部分荣誉如下:

1.2014 年,内蒙古图书馆(全国古籍保护内蒙古分中心)被授予"全国古籍保护工作先进单位"。

2.2015 年,内蒙古图书馆"数字文化走进蒙古包"项目荣获自治区 2015 年度第五批"草原英才工程产业创新人才团队"奖。

3.内蒙古图书馆馆长李晓秋被授予"2015 年中国图书馆榜样人物"。

4.2016 年,内蒙古图书馆"彩云服务"和"数字文化走进蒙古包"荣获"全区宣传思想文化工作创新奖"。

5.2016 年,"彩云服务"荣获美国图书馆协会"国际图书馆创新项目主席大奖"。

6.2018 年,"数字文化走进蒙古包"工程荣获美国图书馆协会、"国际图书馆创新项目主席大奖"。

六、图书馆近十年的变化

在近十年的发展中,内蒙古图书馆迅速崛起,从自治区的杰出公共图书馆成长为全国范围内的杰出代表,两次获得的国际级荣誉就是最好的证明。在馆舍面积的扩大、设备的更新、服务的全面、资源的丰富以及理念的转变方面都取得了飞跃式的进展。馆舍面积增加1.5万平方米,数据库扩充90T,馆藏资源增加150万册,开创了"数字文化走进蒙古包""彩云服务"等创新服务,通过丰富多彩的文化娱乐活动,为广大群众的业余生活提供更多休闲方式。

十年前,内蒙古图书馆还是一个着重于提供基础阅览服务、学生自习、市民文化活动的阅览空间。如今,它已经成为创新服务、贴近百姓、提供丰富文化灵感以及让民众展示自我的多功能平台。这巨大变化的背后是内蒙古图书馆不断追求新事物、不断学习进步的进取精神。相信秉承卓越、追求信念的内蒙古图书馆会越来越好,为广大读者提供更便捷、更智能、更贴心的文化服务。

注:以上数据截至2017年7月,均由被采访单位提供。

第二章 公共图书馆篇

呼和浩特市图书馆

一、图书馆基本情况

1.历史沿革

呼和浩特市图书馆筹建于1956年5月，馆址位于呼和浩特市玉泉区大南街25号，系一处四合院，面积248平方米。同年9月12日，正式向读者开放。1958年，内蒙古图书馆划归呼和浩特市文化局领导，呼和浩特市图书馆与内蒙古图书馆合并。1959年，内蒙古图书馆派人负责呼和浩特市图书馆工作，设借阅、采编、辅导3个组。1960年，采编、辅导和儿童借阅工作纳入内蒙古图书馆。当时，虽保留了呼和浩特市图书馆名称，但馆内人员由内蒙古图书馆统一调配，呼和浩特市图书馆只是内蒙古图书馆的一个成人图书外借和报刊阅览机构。

1961年，内蒙古图书馆重新划归内蒙古文化局领导，呼和浩特市图书馆恢复了原机构设置。1962年，呼和浩特市文化局决定将呼和浩特市文化馆、呼和浩特市图书馆和呼和浩特市展览馆合并，对内一套班子，对外仍保留各自单位名称，由文化馆馆长负责。1963年，三馆分设，各自独立开展工作。1966年，图书馆辅导工作中断，外借、阅览工作时断时续，采编持续到1968年6月。1968年8月，图书馆被文化系统群众组织"文艺井冈山总部"接管，图书全部搬入呼和浩特青年晋剧团暂存。

1969年，呼和浩特市图书馆与呼和浩特市文化馆、昭君墓管理所、呼和浩特市少年之家合并,称呼和浩特市文化馆图书组,业务工作停滞。1970年初,全馆下放农村劳动,馆藏图书损失严重。1971年,旧馆拆除,图书组搬到文化宫街7号(原少年之家)院内。同年10月1日,根据国务院41号文件"恢复图书馆业务工作"的精神,图书组重新向读者开放。1973年,呼和浩特市政府拨款在中山东路14号新建图书馆。1976年,新馆落成,恢复"呼和浩特市图书馆"名称,并于当年4月正式开馆。1985年,呼和浩特市政府再次拨款筹建呼和浩特市图书馆新馆(在公园东路14号)。新馆于1990年底竣工,并投入使用。经过一段时间的搬迁、整理,1992年1月28日对外开放。2016年,图书馆进行了整体装修改造,新增了新书借阅室、24小时自助图书馆并更新了相应的硬件设施。

图10 呼和浩特市图书馆外貌

2.馆舍情况

图书馆现址位于呼和浩特市公园东路14号,占地面积3500

平方米，建筑面积8000平方米，其中少儿部占地面积200多平方米，分上下两层。图书馆与市体委、市展览馆和青城公园相邻，环境优雅、交通便利。现设流通部、期刊部、阅览部、采编部、自学部、少儿部、计算机部、业务办公室、共享工程支中心等，设有外借处、阅览室15个，阅览席位450个。全年365天开馆，为社会提供文献借阅、信息咨询、讲座论坛、展览交流等全方位、多层次的文化信息服务，是呼和浩特市重要的知识信息枢纽和精神文明建设基地。

一直以来，呼和浩特市图书馆秉承"读者第一、服务至上"的理念，积极探索图书馆服务新模式，不断拓展服务领域，丰富服务内容，提升服务层次。2011年开始实施免费开放，在不断加大免费开放力度的同时，以创新精神加强文化服务建设，以品牌带发展，打造"书香呼和浩特"、青城讲坛、春节文化庙会等系列活动。呼和浩特市图书馆致力于打造全民阅读推广活动，包括公共图书馆服务宣传周、图书流动服务站、世界读书日等，加强信息发布和宣传力度，吸引更多市民走进图书馆，让书香溢满青城，让阅读成为一种习惯。

呼和浩特市图书馆重视发挥中心图书馆职能，积极推进全市公共图书馆体系建设，通过"呼市公共图书馆计算机信息服务网络"（图书一卡通）构建互联、共享、便捷的全市公共图书馆服务体系。利用"共享工程"实现数字信息服务，推进城乡公共文化一体化，发起建立"呼和浩特市图书馆联盟"。承担对全市9个旗县区图书馆的业务指导与开展协作协调工作，促进了呼和浩特市公共图书馆体系的整体发展，实现了全市图书馆的通借通还（除回民区图书馆外）。呼和浩特市图书馆利用"文化共享工程"和"图书馆联盟"实现文化信息资源在首府地区共建共享。通过网络及通借通还的方式,为读者提供信息资源的全方位利用,使读者能够方便阅读、公平阅读,让公共文化成果普惠于民。

呼和浩特市图书馆在夯实基础业务、做强品牌服务的同时,着力推进全市图书馆服务体系建设,有效发挥中心图书馆的引领辐射作用,致力于成为首府先进文化的辐射源,学习型城市的发源地,市民学习休闲的目的地和文化大区的重要标志。

3.人员结构

呼和浩特市图书馆现有在职职工62人,其中具有图书情报专业背景的2人;研究生1人,本科生20人,专科生34人;高级职称18人,中级职称30人,其余为初级职称;少数民族语言背景专技

图11 呼和浩特市图书馆
24小时自助图书馆

人员2人;长期志愿者队伍4人;男性21人,女性41人。

图书馆每年都会对员工进行相关的学习和培训,平均每年外出学习8次左右,业务培训3次左右,总计20余人次参加,包括全国公共图书馆年会、全国及地方业务交流会议等。同时每年进行馆内学习培训10次左右,大约300人次参加。

二、图书馆馆藏建设情况

1.纸质资源

呼和浩特市图书馆现有藏书40万册(卷),订阅全国各类报纸杂志近400种,少儿馆藏书23400册,期刊150余种,蒙古语语

言文献6000册,尤以呼和浩特市地方志和古籍收藏最富特色。书籍类型主要以通俗读物、期刊和科普等大众书籍为主,并收集与当地地方特色有关的书籍和资讯。呼和浩特市图书馆藏有极具本地特色的地方志2500册,古籍线装图书13253册,其中《四库全书》1500册,《大藏经》21册,《古兰经》2册。现有收藏最早的古籍线装图书为明代胡正言的饾版套印本《十竹斋画谱》。

20世纪80年代到2013年,呼和浩特市图书馆的文献资源建设费为每年20万元。经过图书馆近几年的发展和努力,2014年之后,呼和浩特市图书馆的文献资料购置费达到每年50万元,确保了图书馆文献资源的可持续发展和平稳提高。

呼和浩特市图书馆设置了全市首家视障碍阅读室,为特殊群体提供阅读服务,保障特殊群体的文化权益。目前,视障碍阅读室有盲文图书100余册,大字本图书100多本,还专门购进了放大仪、智能阅读器等设备,供视障碍读者阅读和使用。据了解,中国盲人图书馆已经与呼和浩特市图书馆签订协议,准备在呼和浩特市图书馆建立分馆,增加盲文图书和视障碍阅读设备,预计每年可增加盲文图书300余册,将有效保障特殊群体的基本文化权益。

图12 新书阅览室

图13 新书阅览室

2.电子资源

在稳步建设纸质文献资源的同时,呼和浩特市图书馆大力发展与本馆服务相关的电子文献资源,拥有电子文献2万册,电子阅览室免费开放,并相继购买了e线图情、碧虚网、POCO电子杂志、维普考试资源系统、新东方多媒体资源库等电子资源供广大读者学习和下载,方便广大用户进行相关信息的检索和查询。呼和浩特市图书馆建设有自己完善的网站,导航清晰,服务全面,并开通了自己的官方微信、微博,及时向广大用户进行信息推送。图书馆通过新设备开展升级阅读服务、自助服务及移动服务。实现馆内免费Wi-Fi全覆盖,除设有馆藏目录检索机、电子读报触屏机、自助借还机等设备外,还设立24小时自助图书馆,为读者提供全方位、轻松、快捷的文献获取服务。网络资源的普及和推广,大大缩减了图书馆地域的局限性,极大地优化了馆藏资源的利用率。

除了购买的电子资源和数据库,呼和浩特市图书馆还建立了自己的特色数据库,包括青城记忆、呼和浩特市地方文献数据库和呼和浩特非物质文化遗产数据库。青城记忆,收集了与青城相关的各专题讲座,有助于了解呼和浩特的文化和历史。呼和浩特市地方文献数据库,收集整合了呼和浩特地区的地方文献,包括视听文献和科研成果,给地

图14 电子阅览室

方文化的研究提供了极大的便利,同时有效地保护了珍贵的地方文献。呼和浩特非物质文化遗产数据库,收集了呼和浩特地区的传统戏剧、传统音乐、传统舞蹈、民间文学、曲艺、传统体育、游艺与竞技、传统技艺、传统医药、传统美术、民俗等非物质文化遗产,以视频的形式呈现,直观且打动人心。

表2 呼和浩特市图书馆文献资源分布图

楼层	部门	阅览室名称	文献类型
一楼	少儿部	少儿阅览室	少儿图书、期刊
	流通部	文学艺术图书外借处	文学艺术类图书
二楼	期刊部	过期刊物阅览室	过期期刊
		期刊阅览室	最新期刊
		报纸阅览室	最新报纸
	阅览部	古籍阅览室	古籍线装书
	流通部	自然科学图书外借处	自然科学类图书
三楼	流通部	新书阅览室	各类型新近出版图书
		社会科学图书外借处	社会科学类图书
	阅览部	本土作家图书阅览室	本土地区文学作品
		港台阅览室	港台地区出版物
		地方文献阅览室	内蒙古地区文献资料
		蒙古文阅览室	蒙古文图书、期刊
		工具书阅览室	各门类工具书
	期刊部	过期报纸阅览室	过期报纸

三、图书馆服务开展情况

近几年,呼和浩特市图书馆大力提升读者服务能力,不断拓展服务创新的深度和广度,稳步开展基本服务,加强个性化和创新服务。图书馆借助新媒体和新技术,不断拓展服务空间,探索不同的服务模式,开展形式多样的延伸服务,深入开展自助服

呼和浩特地区图书馆概况

务,不断完善服务品牌,推广全民阅读和少儿阅读,得到了广大读者的大力支持和喜爱。

1.基础服务

呼和浩特市图书馆开展面向全市居民普遍均等的借阅服务,实行全年免费开放。各阅览室开放时间:8:30—12:00,15:00—18:00;自学部开放时间:8:30—12:00,15:00—22:00。2014年至2016年,每年的借阅量分别为9821次、10904次、12873次(截至2016年10月),实现了借还数量的逐年稳步增长。

开展24小时自助图书馆和24小时街区图书馆,通过24小时自助服务机完成办证和借还程序,并在呼和浩特市第十四中学设立24小时自助分馆。24小时图书馆的推出,打破了传统图书馆在阅读时间和空间上的限制,使阅读更便捷。馆内配置了触摸屏和借阅机,同时通过微信、微博积极开展基于手机、平板电脑等新媒体的服务,以技术创新服务,用服务带动发展。

呼和浩特市图书馆发挥中心图书馆职能,积极推进全市公共图书馆体系建设,实现呼和浩特地区公共图书馆之间的通借通还。大力开展流动服务,全市范围内共设有35个流动点,包括小学、中学、医院、社区、监狱、戒毒所等多个场所,其中呼和浩特市戒毒所的图书流动站与呼和浩特市图书馆总机房网络接通,实现了在线阅读服务。2013年和2014年流动图书分别为2000册和2600册,2015年和2016年增加到10100册和11800册。

呼和浩特市图书馆深入开展政府公开信息服务,在电子阅览室设置政府信息查阅点,方便读者群众查阅政府信息。信息包括教育局、公安局、科技局、工商行政管理局、食品药品监督管理局、建设委员会、经济和信息化委员会等多个方面,并进行专人管理,定期更新。

2.读者活动

呼和浩特市图书馆深入开展了一系列主题活动和相关公益性活动。其中,"雷蒙健康小屋"和"青城文化讲坛"系列活动比较有代表性。"雷蒙健康小屋"从百姓最关注的健康问题出发,邀请权威医生进行专题讲座,为人民群众答疑解惑,话题贴近生活,服务深入人心。"青城文化讲坛"邀请呼和浩特市知名专家开展文化讲座。一个谈健康一个讲文化,互相补充,相得益彰,受到了广大读者的欢迎和喜爱。

图15 雷蒙健康讲座宣传展板

除此之外,图书馆不定期举办相应的主题活动,如围绕公共图书馆服务宣传周开展的"阅读,从图书馆出发"系列主题活动,纪念长征胜利80周年专题讲座等。

同时,呼和浩特市图书馆充分发挥了信息服务职能,"搬进两会",满足"两会"代表、委员的信息需求。在市"两会"期间进驻现场,利用本馆的馆藏书刊、电子图书、数据库等资源,通过设置信息咨询台、专用书架、自助办证机、自助借还机、打印机、复印机以及编印信息专题资料等形式,为参加市"两会"的代表及委员提供文献信息咨询服务。

少儿服务方面,呼和浩特市图书馆的少儿阅读服务积极、健康、有序开展,每到周末及寒暑假少儿部总是座无虚席。图书馆

图 16　少儿部

不定期举办少儿活动，如组织少儿读者参加知识竞赛"欢乐儿童·虫虫王国七星小卫士"、优秀少儿影片展播，以及儿童节组织少儿读者参加创意DIY非遗剪纸活动等。

四、图书馆近十年的变化

呼和浩特市图书馆跟随时代潮流，顺应时代发展，各方面均发生了显著变化。馆舍设备方面，2015年进行了一次全馆翻新，将之前借阅总台改造成新书阅览室，新增了电子书借阅机10台，检索机3台，读报机2台，自助借还机9台，自助办证机6台，门禁系统2套，24小时自助图书馆1个，管理更加高效，更方便读者利用。呼和浩特市图书馆计划于2017年进行二期馆舍改造，改造后的馆舍将更加便捷。

这十年中，图书馆实现了网络普及，建立了电子阅览室，网络宽带达250M，实现了全馆Wi-Fi全覆盖，相继购买了一系列电子资源，同时开通了微信、微博，让读者足不出户就可以享受到图书馆的资源。在文献资源资金投入上，图书馆实现了20万元/年到50万元/年的跨越，保障了文献资源的可持续建设。在服务方面，图书馆从日常休息到现在的全年不闭馆和24小时自助图书馆，更大地满足了读者休闲时利用图书馆的需要。从以前没有读者活动到现在定期开展品牌化系列讲座，不定期举行公益活动、展览和阅读推广等，读者活动越来越丰富，范围越来越广泛。为了引导和壮大新的读者群，呼和浩特市图书馆采取多种阅读方式，使首府的读书氛围也日渐浓厚。在流动服务方面，图书馆顺应国家号召，开设图书馆流动站，从一开始的几个发展到现在的30多个，并且越来越规范化和正式化，更好地体现了公共图书馆惠泽全民的精神内涵。

呼和浩特市图书馆近十年的变化是喜人的，是图书馆人不断努力、不断进步的结果。一个城市的文明程度关系着我们每一个人，而读书不仅可以提升个人的文化素质和修养，同时还可以带动整个城市提高发展水平。为市民点亮一盏阅读的灯，为社会增加一份文明，是图书馆不断努力的追求。

2016年末，图书馆进行了大规模的全馆改造和内部装修，将原有的"房间"式分隔阅览区全部打通，扩展成开放式的整体空间，实现了阅览空间的极大扩展及读者借阅体验的进一步提升。全新改造后的图书馆于2017年5月15日正式开馆。

图17 改造后的图书馆大厅

图18 改造后的图书馆

图19 读报区

图20 新书阅览室

图21 阅览区

图22 休闲阅读区

图23 图书馆咖啡厅

注：以上数据截至2016年10月，均由被采访单位提供。

呼和浩特市玉泉区图书馆

一、图书馆基本情况

1.历史沿革

玉泉区图书馆最早成立于1979年,原址在大西街4号,为玉泉区周边读者提供图书、报纸阅览服务。由于城区改造,1992年之后馆址屡次搬迁,馆舍面积均不超过200平方米,馆舍简陋,馆藏资源匮乏,管理结构简单,更像是社区图书资料室。由于场地有限,日常服务仅限于图书阅览,其他读者服务活动无法开展。直到2014年8月,在玉泉区政府的扶持下,拨款建立新馆。新馆位于玉泉区滨河南路,周边社区居民众多。图书馆于2016年8月5日试开放,8月13日正式开馆,主要侧重于全区少年儿童读书及活动项目,从此迎来了玉泉区图书馆的崭新篇章。

图24 玉泉区图书馆外景

2.馆舍情况

玉泉区图书馆作为区级图书馆，承担了玉泉区的文化倡导、传播工作，除了总馆之外，还在部分村庄建立了草原书屋，并入驻玉泉区青城驿站成立了爱心公益书吧。

（1）玉泉区图书馆总馆。总馆位于玉泉区滨河南路，面积3000平方米，共3层，包括成人书库、少儿书库、自习空间3个阅览区域。一层设有成人书库2间、自习室1间、电子阅览室1间（目前尚未开放）、视障阅览室1间（目前尚未开放）；二层设有少儿馆，包括少儿书库、少儿活动及展示场所；三层设有多功能厅。在目前开放的3个阅览室内，共设有100个席位，读者可在开馆期间来此阅览图书或自习。

目前，少儿馆是玉泉区图书馆创建公共文化示范区公共图书馆的一大亮点工程，是培养少年儿童动手能力及多项综合能力的实用性图书阅览空间，也是极具少儿趣味性、知识性的活动场所。少儿馆内设有五大主题馆，包括海洋馆、国学馆、科技馆、草原馆和逐梦舞台演绎中心。各馆的装潢、设备、图书、服饰、活动都根据其主题打造，并定期邀请老师开设相应基础课程，让少年儿童在游戏的同时汲取相应的科学文化知识；逐梦舞台让孩子们放飞梦想、展示才艺，加深彼此间的交流和友谊，倾听能力和展示能力也能得到同步提升。

读者在少儿馆期间，必须遵守图书馆的各项规定。凡进馆阅读及参加活动的小读者，存包后脱鞋或穿戴少儿馆提供的一次性鞋套后方可进入，未满12周岁的孩子必须由家长陪同。在馆内，服务的细致周到随处可见。例如，儿童洗手间水池设计较低，方便儿童洗手、清洁；儿童洗手间门口放置有多双拖鞋，方便家长和儿童读者穿鞋如厕等。

图25　玉泉区图书馆少儿馆内部

（2）玉泉区青城驿站爱心公益书吧。2017年5月2日，为创建国家公共文化服务体系示范区，进一步开展图书馆免费开放工作，充分发挥图书馆职能作用，玉泉区图书馆爱心公益书吧入驻青城驿站，首批投入图书225本。青城驿站位于玉泉区大盛魁南、呼和浩特烧卖第一街西口的青城驿站城市服务综合体。青城驿站面积为113平方米，上下两层木质复式结构，内有公共卫生间、阅览室、母婴室、超市、咖啡屋、便民充电、自动取款机等诸多符合现代化都市人需求的便民设施，旨在满足市民、游客出行的各类要求。同时，其现代时尚的外观也成为玉泉区一道亮丽的风景线。

此外，为了满足玉泉区广大读者的需求，图书馆预计于2018年在玉泉区3个社区内设置分馆，包括石东路街道办事处富丽社区、大南街街道办事处小西街社区、鄂尔多斯路街道办事处华宇社区。

3. 人员机构

近年来，玉泉区图书馆吸纳了多位青年图书馆员，馆员人数总量从原来的5人增加到9人。馆内工作人员全部为本科学历，其中图书馆相关专业人员3人；中级职称2人，初级职称1人。未来，通过图书馆资源的扩充和活动的增加，图书馆也将招聘更多的年轻馆员为图书馆注入更多新鲜活力。

二、图书馆馆藏建设情况

目前，玉泉区图书馆馆藏纸质文献总量为106500余册，以国内外儿童绘本为主，电子文献2000

图26 青城驿站书吧内部

册。2016年搬迁新馆后，积极购入新书，从原有的2万册图书增至4.6万册。2017年，再次购买新书6万册，已全部加工完毕准备入馆上架，下半年准备再投经费购5万册图书，届时馆藏纸质文献量将超过15万册。除此之外，玉泉区图书馆投入大量经费添置了一批电子阅读设备，包括：歌德电子图书借阅机4台，其中馆内2台，玉泉区青城驿站2台；自助借还机1台，放置于玉泉区青城驿站；少儿娱乐学习一体机1台，智能机器人1台；门禁系统共5套，馆内2套，未来3个分馆各1套。截至采访之日，馆内还未配备检索机、读报机、自助办证机等设备，预计在经费充足时，将逐步完备这些电子设备。

目前，玉泉区图书馆的图书编目全部外包，图书馆将馆员的工作重心从日常编目工作中解放出来，鼓励他们发挥自身智慧，投身于图书馆的日常运转与活动的开展工作中。

三、图书馆服务开展情况

1.基本服务

玉泉区图书馆的基础性服务包括成人图书借还、儿童图书借还、提供自习空间、微信服务推广、免费Wi-Fi全覆盖以及为居民提供展览场地等。虽然2016年8月才开馆,但近两年的借阅量已有1000册左右/年。为了满足成人读者手机阅读的习惯,图书馆引进了歌德电子图书借阅设备并命名为"云借阅"服务。读者在电子借阅机上选定自己喜欢的图书后,使用手机扫描"云借阅"触摸屏或书刊上的二维码,就可以将此书下载阅读。"云借阅"的电子图书总量达到2000册,每月定期更新,保证读者的阅读需求得以满足。

玉泉区图书馆一周6天免费开放,星期四闭馆学习,星期二、五两天集中办理借书证。开放时间:阅览室,8:30—12:00,14:30—17:30;自习室,8:00—18:00。读者可以在开馆时间段进行免费的读书借阅和自习活动。玉泉区图书馆为周边民众带来了书香玉泉的文化氛围,成人和儿童都有了读书、娱乐的文化场所。很多家长周末带着孩子来到这里,读读故事,了解国学经典,同住一区的民众相互之间有了更多更紧密的交流。

2. 日常活动

玉泉区图书馆新馆虽然开馆不到两年,但非常注重与广大读者的交流,在2017年上半年开展了一系列读者活动。2017年3月5日,在图书馆三楼多功能厅举办"学雷锋精神"践行中国梦雷锋事迹图片展,展览活动共展出图片30余幅,并播放影片,重点讲述雷锋的主要事迹,图文并茂、形象直观地再现雷锋同志大公无私、助人为乐的一生。该展览旨在弘扬和传承雷锋精神,深化学雷锋活动,用生动的画面、珍贵的史料,真实再现半个世纪前雷锋同志全心全意为人民服务的宝贵品质。

2017年4月20日,为创建国家公共文化服务体系示范区,进一步开展图书馆免费开放工作,玉泉区图书馆在玉泉区文体旅游广电局的领导下共同走进玉泉区沟子板小学为孩子们发放免

图27 学雷锋精神读者活动

费借阅证,欢迎孩子们到玉泉区图书馆学习、娱乐。

2017年4月27日,为创建国家公共文化服务体系示范区,进一步推进广大人民群众养成多读书、好读书、读好书的习惯,玉泉区文体旅游广电局与凤翮·筑梦书屋在七彩城五楼凯诺星空影城共同举办"凤翮星空·书香筑梦"读书会。参加书友会的人们不仅能享受读书的快乐,小读者们还能在筑梦书屋内体验AR娱乐、3D打印等多个高科技项目。书屋还设置了多个阅读共享区,让前来参加阅读的人们体验一个不一样的、鲜活的、充满科技感的读书活动,享受科技带来的阅读快乐。

通过上述活动,不仅让广大读者了解新馆,更让广大读者走进了图书馆,为日后玉泉区图书馆的读者服务工作奠定了坚实的基础,也为整个玉泉区的文化娱乐事业点燃了一把火。玉泉区图书馆馆员表示,未来图书馆将开展更多的读者服务,吸引读者来馆学习、娱乐,增强互动关系,把图书馆办成读者的第二个家园。

图28~29 沟子板小学免费办证借书活动

图 30~31 "凤翱星空·书香筑梦"读书会

3.特色服务

近几年,玉泉区图书馆正在努力打造属于本馆的特色服务项目,目前已完成机器人服务、武警支队流动图书馆服务等项目。具体情况如下:

(1)机器人服务。作为以少儿馆为特色的区级公共图书馆,为了吸引儿童读者的注意力,在玉泉区委、政府的大力支持下,玉泉区图书馆引进了机器人"小胖"。"小胖"是全市图书馆中首台智能机器人导读设备,可以自动识别读者语音内容,进行对答和回应。"小胖"可以给小朋友讲故事、唱歌、跳舞,也可以根据读者的需求,连接互联网查阅海量信息,还能播放音乐、电影、视频等,并能直接播报最新的新闻、资讯、影讯、书讯等内容。只要读者有需要,"小胖"就会自动识别并为读者服务,甚至还可以把播放内容投影到附近的墙面,让画面变大。它拥有真人发音系统,"大脑"里存储了图书馆热点问题、常用借阅图书流程及开馆时间等,读者可以用普通话与它交流。由此,玉泉区图书馆成为全市提供导读机器人服务的第一家,是探索"互联网+"服务模式的创新之举,值得其他图书馆学习。

（2）流动图书站。玉泉区图书馆积极发挥公共图书馆功能,与武警内蒙古总队合作建立了5个流动图书站,包括:武警内蒙古总队第一支队十六中队、武警内蒙古总队第一支队十七中队、武警内蒙古总队第一支队十八中队、武警内蒙古总队第一支队十九中队、武警内蒙古总队第一支队二十中队。通过流动图书站的形式丰富了武警官兵的部队生活。

除此之外,为了更好地为广大社区读者服务,玉泉区图书馆正联系各乡镇着手建立乡镇分馆,希望将信息知识传播到相对偏僻的乡镇读者手中。

四、图书馆近十年的变化

近十年来,玉泉区图书馆的变化可谓是翻天覆地,在馆址的搬迁、馆舍的面积、人员的增加、图书资源的总量、读者服务的方向、科技设备的利用、活动的开展等诸多方面都有巨大的提升。首先,馆址从原先的不定期搬迁,到最终确定在滨河南路居民聚集处,保证了图书馆服务的正常运行。其次,馆舍面积从最初的不到 200 平方米,增加到 3000 平方米,图书馆员也从最初的 5 人增加至 9 人。

图 32　机器人"小胖"

在区政府的大力扶持下,玉泉区图书馆获得了足够的场地和设备来设置书库和少儿特色馆舍,创建了让人眼前一亮的社区少儿文化活动场所。服务的对象也从单一的成人读者,转变为各个年龄层次的全部读者,特别是少儿馆的建设,给全区的少年儿童提供了免费读书和娱乐

第二章 公共图书馆篇

的空间,也解决了家长们的难题。在区政府的大力支持下,新馆开馆后购置了大量图书资料,馆藏量在原有2万册的基础上连翻了两倍,并且还在按计划持续购买。为了跟上时代潮流,图书馆购买了最新的电子科技产品,包括歌德电子图书借阅机、自助借还机、智能机器人、视频播放器等设备,给读者提供更加便捷的借阅服务。在活动方面,玉泉区图书馆更是开拓思路,努力创新,仅在2017年上半年就开展读者活动4次,并且每次都有不同的主题,帮助读者了解玉泉区图书馆的服务内容和使用方式,加深与读者之间的交流。总之,在这十年间,玉泉区图书馆不断努力改善自身的服务条件,紧跟时代潮流和读者需求,立志将自身打造成一所读者喜欢的、需要的区级公共图书馆。

注:以上数据截至2017年5月,均由被采访单位提供。

呼和浩特地区图书馆概况

呼和浩特市回民区图书馆

一、图书馆基本情况

1.历史沿革

呼和浩特市回民区图书馆始建于1979年,最早的图书馆仅是文化馆的一个小阅览室,面积仅30多平方米,缺少专业设备和人员,馆藏文献只有200册,报刊和杂志也没几份,但由于地理位置优越,前来看书读报的读者络绎不绝,很多读者甚至在没有开馆的时候就在门口守候等待。图书馆特别重视少儿阅读,创办了寒暑假的少儿读书活动、流动读书箱,节假日开展猜灯谜活动等,深受广大市民读者的支持和喜爱。在各级政府的大力支持下,图书馆有专门的购书经费,馆藏文献量稳步增长,每年递增新书1000余册,后图书馆面临拆迁,工作处于停滞状态,到拆迁时,馆藏文献量累计1万余册。后图书馆迁至回民区金桥大楼五楼,到1993年,图书总量增加到15000余本,定购报纸20多种,杂志30多种。

2004年,金桥大楼拆迁,图书馆迁至回民区政府院内呼钢旧仓库二楼办公,因条件所限没有对外开放。2008年,政府决定对回民区图书馆进行重建,将原回民区国税局改建为回民区图书馆。重建的图书馆位于通道南街174号新家利大厦四楼,建筑面积300平方米,于2009年5月正式开馆,同时增加了网络图书室。重建的图书馆运营了几年之后于2014年搬到通道街88号,位于该楼三、四层,总面积 660 平方米。2017 年末开馆运行,配备了自助借还机、办证机等新设备。现用馆舍是在回民区委、政府的大力支持和上级主管部门的精心指导下,于 2018 年重新规划的新馆,紧邻回民区政府,地理位置优越。新馆于 2018 年装修完成并对读者开放。

图 33　回民区图书馆外貌

2.馆舍情况

回民区图书馆新馆位于呼和浩特市回民区新华西街 45 号,紧邻回民区政府,总面积 5000 余平方米,位于建筑大厦的一层,设置近 20 个功能区,于 2018 年 6 月 12 日开馆试运行。图书馆设有接待大厅、成人阅览室、少儿阅览室、少儿体验区、24 小时自助图书馆、蒙古文阅览室、视障阅览室、电子阅览室、多功能厅、报纸期刊室、心理咨询室、法制阅览室、打印室、自习室、展览大厅、综合办公室、采编室等相关功能区域场所。各阅览室按知识门类、读者类型、文献类型和语种分别设置,满足读者的不同需求,便于读者集中使用某一范围的文献,也便于馆员对特定读者群和特定范围文献的研究。图书馆实行图书馆管理业务自动化,通过自助借还设备及图书管理系统为读者提供图书检索、借还、资料查询、电子书刊下载等便捷服务。

少儿阅览室为少年儿童提供少儿图书、报刊等阅览、外借服务,同时分设少儿体验区,举办各类少儿活动。同时,致力于与本区学校合作,开辟少年儿童的第二课堂。

新馆以丰富的馆藏资源、静雅的阅览环境、高效的管理水平,为广大读者阅读学习提供优质的服务。坚持"读者为中心、服务为主导"的办馆理念,做好各项服务工作,不断创新,努力满足广大群众的需求,为回民区创建国家公共文化服务体系示范区贡献力量,努力打造内蒙古图书馆的优质分馆。

3.人员结构

图34 回民区图书馆大厅

图书馆现有工作人员11人,其中在编人员5人,包括馆长1人,副馆长1人,借阅室和阅览室1人,图书网络室2人;本科学历2人,大专学历3人。非在编人员6人,其中借调3人,劳务派遣1人,志愿者2人。图书馆非常注重员工的培训和学习,通过馆内培训、积极参加市里相关图书馆举行的业务培训和交流等提高员工的业务素质和能力。

二、图书馆馆藏建设情况

回民区图书馆现有馆藏图书近18万册,年订购纸质期刊95种,报纸31种。2017年,新增文献入藏量(图书和报刊合计)6574册,其中内蒙古自治区图书馆调拨到馆图书3500册。主馆借阅室藏有哲学、政治、经济、军事、文化、体育、教育、文学、艺术、历史、地理等各类社会科学图书,总馆馆藏量达11万余册,可满足广大读者学习和休闲的需要。

近几年,图书馆的设施设备得到进一步提升,配备供读者使用的电脑36台,业务用电脑4台,服务器2套,并配有相应的自助设备,其中自助办证机1台,自助借还系统4套,门禁联动系统3套,24小时自助图书馆1间,流动服务车1台。成人阅览区设置书架140节,自习室60节,少儿阅览区15节,期刊架9节,古籍部设置单面书架6节。全馆各类阅览桌62个,各类阅览室座位近500个。

图书馆大力发展纸质资源的同时,跟随时代潮流,成立自己的网站,购买数字资源供读者使用,包括汇雅电子书、贝贝国学资源库、妙趣手工坊;数据库有少儿国学库和超星读秀学术搜索,方便读者在图书馆外利用图书馆资源,获知图书馆动态。

图35 成人阅览室

图36 少儿阅览室

三、图书馆服务开展情况

1. 基础服务

新馆建成之后，图书馆的各项服务都得到了很好的体现，阅览室实行开架借阅，图书馆的环境越来越自由、开放。同时，更新了硬件设施和设备，开通了自己的网站，读者在图书馆之外也可享受图书馆的服务，检索图书馆的文献资源，获知图书馆的动态。所有图书均开架查阅，读者凭借阅卡借阅图书，还提供图书续借、预约借书、馆际互借等服务。在新馆开放不到半年的时间里，接待读者6万余人次。

开馆时间：星期一上午闭馆，13:30—17:30；星期二至星期五，8:30—17:30；星期六至星期日，8:30—18:00；节假日正常开放。每周开馆时间长达59小时。

2. 读者活动

回民区图书馆一方面延续其承办少儿阅读活动的优良传统，打造少儿品牌阅读活动，同时扩大少儿活动的外延，如举办"最美童声——呼和浩特市少年儿童诗歌朗诵大赛"回民区选拔赛、小小图书志愿者、青少年故事会、"书香回民区、阅读进校园"、"品味经典、传承国学"，以及与铁路第三小学联合主办的"阅读之旅"等活动。另一方面，积极探索创造更多的活动形式，增加许多具有

图37 图书馆服务"两会"

针对性的主题活动,如举办"把握现在、遇见大未来"公益家庭教育讲座、元宵节猜灯谜、服务"两会"系列活动,以及针对老年人的健康知识讲座等。

作为公共图书馆,回民区图书馆还开展了服务村镇的流动服务和草原书屋活动,每年进行不定期的送书下乡活动。2018年,不到半年的时间图书馆已经给回民区8个村镇送书4000余册。从2017年开始,仅一年多的时间,图书馆已经送书给少管所、回民区实验小学等多家单位,还定期向学生推荐新书,开展图书评论及阅读交流等相关活动。

四、图书馆近十年的变化

回民区图书馆经历多次搬迁,工作几经停滞,但依然坚持为读者提供最便捷的服务,举办传统活动等。搬入新馆后,在短短几个月的时间内接待读者6万余人次,收到非常好的反响。在馆舍方面,图书馆有了稳定的馆舍,馆舍面积扩大,地理位置优越,交通便利,标志醒目。在员工方面,图书馆吸收新鲜血液,增加了聘用制人员和志愿者。在馆藏方面,得到财政持续的经费投入和内蒙古自治区图书馆的帮助,极大地丰富和充实了馆藏资源。在设备方面,购买了许多新设备和自助机,增加了24小时自助图书馆,建立了图书馆的网站,提高了工作效率和用户体验,扩展了图书馆服务的时间和空间。在读者服务方面,延续传统,不断创新。回民区图书馆于2017年全国公共图书馆评估时,被评为三级馆。相信回民区图书馆在未来的日子里,利用新技术和新理念,一定会更好地为读者服务,为回民区的文化事业贡献力量。

注:以上数据截至2018年11月,均由被采访单位提供。

呼和浩特地区图书馆概况

呼和浩特市新城区图书馆

一、图书馆基本情况

1. 历史沿革

呼和浩特市新城区图书馆位于新城西街艺术厅北街星火巷20号,是新城区唯一一所公共图书馆。图书馆成立于1980年,当时是只有22平方米的一间平房,集办公、财会、采编、借阅、书库为一体,后经过不断改善办馆条件,基础设施日趋完善。2004年,图书馆迁入新城区社区中心大楼,由电子阅览室、社会科学图书外借室、自然科学图书外借室、少儿图书借阅室、学龄前儿童阅览室、报刊阅览室、工具书查阅室、地方文献查阅室、过期报刊查阅室、培训辅导室、自习室、多功能活动室、会议室等多个服务窗口组成。至此,图书馆采访、编目、流通、书目检索、电子阅览室管理等工作全部实现了自动化。

2017年,图书馆实施升级改造工程。新馆舍于2018年6月正式面向广大市民免费开放。升级改造后的图书馆,面积由原来的800平方米增加到3000平方米。同年,新城区图书馆通过了第六次全国县级以上公共图书馆评估定级,获得"国家二级公共图书馆"称号。

2. 馆舍情况

本着"书中有人、人旁有书"的设计理念,改造后的新馆环境优雅温馨、布局紧凑合理,是集报刊阅览、绿色上网、数字阅读、书咖茶吧、读者沙龙、亲子共读、视障阅览和24小时自助图书借还(装修建设中)为一体的现代化新型阅读空间。图书馆现有阅览座位120个(包括32个电子阅览机位),可同时接待读者500余人,并且配有检索机、自助借还书机、自助办证机、电子书借阅机、读报机等设备。

旧馆改造新馆舍的过程中,既考虑了各功能区的划分,又统筹了各区域间的开放融合。新馆舍主体两层建筑,一层为成人外借室(含中文社会科学图书、中文自然科学图书、工具书)、休闲阅读大厅(含读者自习区、咨询服务台、读者等待区)、电子阅览室、少儿借阅室、视障阅览室、机房;二层为多媒体室、多功能报告厅。造型新颖、简约大气的书架搭配各种盆栽绿植,现代简约的设计风格让人耳目一新,身处其中倍感舒适温馨。

图38 新城区图书馆外观

3.人员结构

图书馆设有办公室、采编部、少儿部、读者服务部、文化信息资源共享工程支中心 5 个部门。共有员工 11 人，其中馆员 6 人，助理馆员 3 人；硕士 1 人，本科 8 人，大专 2 人。

图 39　休闲阅读大厅　　　　　　图 40　休闲阅读大厅

二、图书馆馆藏建设情况

经过 30 多年的积累，新城区图书馆现有各类中外文纸质文献 15.6 万余册，其中总馆 6 万余册，各分馆、流动服务点、草原书屋总计 9.6 万册。图书馆拥有电子图书 2 万种，年订购中文纸质期刊 40 余种，报纸 50 种；拥有包括刻本、石印本、拓印本在内的线装古籍文献 189 册。2013 年，经自治区古籍专家鉴定，新城区图书馆所藏古籍内容多为史籍，其中《池北偶谈》《东华录》均为清代较为珍贵的文献；《百子全书》虽为幼儿启蒙书，但其拓印技术十分特殊。

此外，新城区图书馆非常重视少儿读物的入藏和积累，逐渐形成了呼和浩特地区公共图书馆中以少儿读物为馆藏重点的特色馆藏。目前馆藏少儿读物超过 1 万册，内容涉及文学、艺术、英语、数学、科普等多个领域，基本能够满足少儿的阅读需求。随着阅览环境的改善和少儿绘本类图书数量的不断增加，越来越多的家长喜欢带孩子走进图书馆，新城区图书馆正逐渐成为各年龄段少儿学习成长的天地。笔者在调研过程中通过采访少儿阅览室的家长们,了解到新城区图书馆由于紧邻北垣街小学,每天放学后图书馆都是座无虚席,几乎全是小读者。据图书馆方面统计,目前每天接待少儿读者近500人,借还图书200多册。

图41 少儿借阅室

随着信息网络技术的广泛影响,图书馆近年在加大纸质资源建设力度的同时不断加强数字资源的建设步伐。现拥有博看期刊数字资源库、读秀学术搜集资源库、贝贝国学少儿国学、五车电子书数字资源库等,拥有15TB存储空间,配备4台服务器。

三、图书馆服务开展情况

一楼各阅览室(区)开放时间:星期一,12:00—18:00;星期二至星期日,9:00—18:00。二楼多媒体室及多功能报告厅随各项临时读者活动安排而开放。近年来,新城区图书馆在工作人员数量有限的情况下,积极认真做好基础读者服务,同时不断开拓新的服务领域,拓展服务项目,积极发挥公共图书馆的公共文化服务功能。

1.全民阅读活动丰富多彩,全力打造书香新城

作为新城区唯一的公共图书馆,新城区图书馆通过不懈的努力践行着信息保障、文化传播、培养阅读习惯、提高信息素养、保障社会和谐的使命。2014年至今,新城区图书馆成功举办5届以

呼和浩特地区图书馆概况

"青山圣水美好家园,书香新城传递文明"为主题的全民阅读季活动。"全民阅读季"期间,图书馆广泛开展各类阅读推广、阅读交流和阅读辅导活动,与草原书屋、社区图书室、文化共享工程基层服务站、数字书屋等平台建设相结合,通过举办公益性讲座、组织读书朗诵、开展征文评比和故事会比赛,以及各类教育培训等读者活动,积极营造"多读书、读好书、善读书"的社会风气。如今,连续5年打造的"全民阅读季"已成为提升新城区广大群众文明素质和城乡文明程度的重要工作载体,成为新城区的品牌文化活动。2018年4月,"青山圣水美好家园,书香新城传递文明"全民阅读系列活动荣获内蒙古自治区新闻出版广电局"2017草原阅读季全民阅读优秀项目"。

2.延伸服务触角,大力加强基层文化建设

截至2018年11月,新城区图书馆已建成包括保合少镇在内的14个文化共享工程基层服务站(点)和29个草原书屋以及18个数字书屋,在新城区内逐渐形成数字服务全覆盖。馆外流动服务满足多形态阅读需求,先后建成包括医院、农村、社区在内的6个馆外流通点和5个小学流动图书站。每年开展送书下乡活动,精选各类图书赠送草原书屋和社区图书室,并把馆内优秀的数字资源制作成光盘送给各基层服务站,补充了基层图书室和文化共享工程服务站(点)的文化资源。

四、所获荣誉

新城区图书馆于1999年和2013年分别获得文化部颁发的"国家三级公共图书馆"和"全国公共电子阅览室示范点"荣誉称号。先后被评为"自治区文化信息资源共享工程示范县级支中心一等奖"、"2011—2012年度自治区十佳图书馆"、"自治区图书馆学会2011—2014年度先进集体"、2015年自治区"草原阅读季"先进集体、"第三届自治区服务基层服务农牧民先进集体"、"2015草原阅读季——全民阅读先进集体"、2016年自治区第三届全区服务农牧民服务基层文化建设先进集体、"2016年度十佳示范草原书屋"、全国文化信息资源共享工程内蒙古自治区中心"公共数字文化服务先进集体"、内蒙古自治区图书馆学会"2016—2017年度先进集体"。"青山圣水美好家园,书香新城传递文明"全民阅读系列活动荣获内蒙古自治区新闻出版广电局 "2017草原阅读季全民阅读优秀项目"。

五、图书馆近十年的变化

新城区图书馆自建馆至今曾数度搬迁易址,历经几代图书馆人的辛勤努力和付出才有了今天面貌全新、软硬件配套设施齐备的新馆舍。改造后的图书馆,在馆舍建筑、阅览环境、馆藏资源、信息化建设、读者利用等方面均得到较大提升和改善。在馆舍建筑及布局方面,改造后的图书馆建筑面积是原来的近4倍,馆舍整体建筑布局秉承现代公共图书馆的全新设计理念,坚持开放灵活、融汇互通的空间设计原则,摒除传统的各阅览室完全独立分区的方式,将读者体验和感受放在第一位。

在阅览环境方面,成人阅览区内的书架、阅览座椅、阅览桌、沙发等以大气优雅的配色搭配柔和温暖的灯光让整体阅览环境温馨舒适,随处可见的绿植以及造型新颖独特的书架让读者置身其中不愿离去,图书馆切实将"读者第一"的理念贯穿于馆内服务的各个细节。

在馆藏资源建设方面,近十年,图书馆积极加大资源建设力度,坚持精而不缺的藏书目标,不仅全力确保藏书数量,更在质量上严格把关,能满足广大民众的需求。

在信息化建设方面,2016年,图书馆工作人员将馆藏图书全

呼和浩特地区图书馆概况

部进行回溯建库,完成了馆藏数据录入工作,并将蒙科立图书管理系统升级为图创图书管理系统,为之后的"呼和浩特市公共图书馆联盟"10个成员馆通借通还服务奠定资源基础,真正实现"一证在手,十馆畅读"。此外,为了更好地服务读者,图书馆于2015年开通了"呼和浩特市新城区图书馆"微信公众平台,并于2016年开通了移动图书馆服务,进一步提高了服务效能,为读者提供方便。

如今,随着馆舍条件的改善,馆藏资源的进一步丰富,各种现代化、自动化设备的投入使用,新馆舍全面开放后,来馆人次和图书流通量显著提高。据统计,图书馆现在每日接待读者近500人,与之前旧馆的读者寥寥无几形成鲜明对比。

今后,新城区图书馆将继续坚持"读者第一、服务至上"的服务理念,进一步完善管理机制,提升服务水平和服务效能,更好地满足广大人民群众的文化需求,推动新城区公共文化事业开启新篇章。

注:以上数据截至2018年11月,均由被采访单位提供。

呼和浩特市赛罕区图书馆

一、图书馆基本情况

1.历史沿革

赛罕区图书馆建馆于1979年,馆址位于人民路郊影巷,两间平房占地150平方米,藏书不足1万册。2004年10月,图书馆迁于赛罕区党政办公区西侧二楼,面积1500平方米,藏书4万册。2012年8月,图书馆再迁于赛罕区市民服务中心三楼。

2.馆舍情况

馆舍位于赛罕区市民服务中心三楼,建筑面积2000平方米,同服务中心共享使用多功能教室、大型培训室、会议室、职工活动中心等,总使用面积约3000平方米。馆内设有借书处、少儿图书室、报刊阅览室、电子阅览室、文化信息资源共享工程赛罕区支中心5个服务窗口,配有座位400余个。阅览室窗明几净,绿植穿插其中,环境清幽整洁,色彩活泼明亮,学习气氛浓厚,为全区广大读者群众提供良好舒适的阅读环境。电子阅览室有计算机36台,接入互联网光纤100M,免费为读者提供上网查询资料、多媒体信息等服务。

赛罕区图书馆凭借文化繁荣发展的大平台,本着"读者第一、服务至上"的宗旨,全心全意为广大读者提供优质服务,保障人民群众基本文化权益,提供精神食粮。

图 42　图书馆自习室　　　图 43　图书馆少儿阅览室

3.人员结构

现有在职人员 13 人,在编 10 人,其中大专以上文化程度占职工人数 80% 以上;专业技术人员占职工人数 90%,副高职称 2 人,中级职称 1 人,初级职称 8 人;男性职工 7 人,女性职工 6 人。为了提高馆员的专业素养,更好地为读者服务,图书馆定期对各岗位工作人员进行专业培训及外出考察学习。

二、图书馆馆藏建设情况

赛罕区图书馆是一家综合性的公共图书馆,收藏以休闲、娱乐、科普为主的通俗读物、期刊杂志和参考书籍。近些年,图书馆馆藏资源建设的重点在纸质图书的采访和建设上,没有购买网络数据库资源,但是已经列入 2017 年计划。赛罕区图书馆现有纸质图书总量 11 万余册,其中地方文献 200 余册,视障文献 100 余册,期刊 165 种,报纸 5 种。少儿馆占地 100 多平方米,现有幼儿、儿童、少年各阶段读物 5000 余册,座席 40 个,并设有少儿专用书架、阅览台、贝贝国学阅读机等设施,室内装饰活泼可爱,座椅舒适,阅读空间灵活,深受小朋友们喜爱。预计于 2017 年继续购买 1 万册少儿图书,进一步充实馆藏。图书馆阅览室现有云借阅机

1台,借阅机内共有期刊211种、报纸393种、图书3000多册供读者在线阅读和下载。

图44 图书阅览室

图45 期刊阅览室

三、图书馆服务开展情况

1.基础服务

赛罕区图书馆开放时间:星期一至星期五,8:30—12:00,14:30—17:30;星期六、日,8:30—20:00;节假日正常开放。每周开馆时间达56小时。

图书馆内设有借书处、少儿图书室、报刊阅览室、电子阅览室,共160个座位、36台电脑供读者使用。遵循资源共享原则,向全区广大读者免费开放全部藏书,并提供报纸杂志借阅、电子信息参考查询等多项服务。从2013年到2016年,图书馆每年的借阅册数分别为69000、99000、131000、157000,

图46 图书馆任馆长展示云借阅机的使用

网站访问量分别为 45000、46000、42000、48000。

作为赛罕区公共图书馆主馆,赛罕区图书馆致力于为广大市民读者提供普遍均等的服务。除赛罕区主馆之外,下设文化站 11 个,包括 3 个乡镇 8 个办事处,社区服务点 90 个,农家书屋 101 个,基层服务点总藏书量达 20 万册。农家书屋于 2009 年成立,2011 年建成农家书屋全覆盖,各个书屋分配图书 1427 册,后期的图书补充由相应的社区和村委会进行。基层服务点的日常管理工作由志愿者完成,图书馆分配相关的联络员对基层工作进行不定期的指导。主馆每季度都组织培训活动,2016 年全年组织培训活动 8 次,总计 134 人参加了培训。每次培训都非常切合基层馆员的工作实际,有很强的针对性、实用性。通过培训,提高了基层农家书屋管理人员的业务技能和服务水平,为更好地向基层群众提供优质文化服务奠定了坚实基础。

2.读者活动

为了更好地服务读者,图书馆近些年开展了形式各样、内容丰富的读者活动。主要有每年围绕"世界读书日"开展的读者服务活动,"全民阅读活动"和一般性的讲座与培训活动。

2016 年,图书馆共举办"全民阅读活动"23 次,总计有 2050 人参加,其中开展未成年人活动 11 次,并针对性地开展了老年人、农民

图 47 "世界读书日"系列活动

工、残疾人和留守儿童活动。活动针对性强,内容丰富多彩,在赛罕区营造了浓厚的全民阅读氛围。2016年,共举办讲座与培训活动20次,参与读者467人。讲座内容重点加强了图书馆电子资源使用的读者培训和阅读指导培训,如安排多次电子资源使用培训、工具书使用培训、精品阅读培训等。同时,图书馆还举办了一些特色主题活动,如服务"两会"活动;为中老年读者安排的健康养生讲座,如社区居民养生知识讲座、中医养生知识讲座、中老年人健康生活专题讲座等;为家长安排的家庭教育讲座;此外还有计算机知识、书画、法律、心理等与市民生活密切相关的知识讲座,如书画赏析、关爱女性心灵之约讲座、弘扬中华传统文化培训等。

从2013年起,图书馆近4年每年举办活动次数分别为43、44、42、43,活动参与人次分别为3255、2792、2868、2517。活动次数和参加人次相对稳定,这也说明赛罕区图书馆读者活动已趋常态,有了稳定的读者群体。

四、图书馆近十年的变化

赛罕区图书馆自建馆以来,馆舍三迁,馆舍面积逐次增加,现址于2012年8月搬入赛罕区市民服务中心三楼,与中心其他部门共同服务于

图48 元宵节活动

呼和浩特地区图书馆概况

市民,丰富市民的业余生活。在资金投入方面,能够保证每年基本运营的支出,但文献资源建设的投入还不够稳定。图书馆于2009年开始进行公共图书馆阅读全覆盖的建设项目,历时3年实现城市—乡镇—乡村的农家书屋全覆盖,共设有基层服务点近200个。2016年建成11个分馆后,各分馆的馆藏数量极大地满足了区域内读者的阅读需求,为赛罕区图书馆总分馆体系的发展提供了很好的基础条件。在人才建设上,由2013年的10名工作人员增加到2016年的13名,补充了人力资源不足的状况。

同时,图书馆的现代化和智能化也在逐步实现。2013年,实现微机化管理,由传统的手工编目转变为计算机编目。2016年,升级图书馆自动化管理软件,由蒙科立软件更新为图创软件,运用图创软件在电脑上办理图书的检索、借还、预约和续借,实现图书馆的自动化管理,为实现呼和浩特市图书借还一卡通做好基础工作。2013年8月,配备137台电脑,建立电子阅览室,并给5个乡镇76个村级基层服务点下发电脑76台。同年购买云借阅机一台,扩大了图书馆的远程服务能力,方便了读者的远程阅读。2016年,图书馆建立网站,方便读者及时获知图书馆信息,也增加了读者了解图书馆和使用图书馆的渠道,实现图书馆Wi-Fi全覆盖,方便读者掌上阅读。图书馆下一步将实现自助借还,实现图书馆工作效率和服务质量的进一步提高。

注:以上数据截至2017年6月,均由被采访单位提供。

第二章　公共图书馆篇

托克托县图书馆

一、图书馆基本情况

1.历史沿革

托克托县隶属于内蒙古自治区首府呼和浩特市,位于自治区中部、大青山南麓、黄河上中游分界处北岸的土默川平原上。地处呼、包、鄂"金三角"开发区腹地,是首府"一核双圈一体化"战略重点发展区。全县总面积1416.8平方公里,辖5个镇,1个自治区级工业园区,1个黄河湿地管理委员会,12个社区,120个村委会,居住着蒙、汉、回、满等25个民族,总人口20万。托克托县历史悠久、人杰地灵、文化底蕴深厚,是在内蒙古发现的人类发祥地之一。内蒙古最早有人类居住的地方是托克托县和赤峰,分别被命名为"海生不浪文化"和"红山文化"。

托克托县图书馆是托克托县政府投资兴建的公共图书馆,主要为托克托县政治、经济、文化建设及社会各界人士提供文献借阅及信息咨询等服务。图书馆成立于1978年,当时与县文化馆为一套人马两块牌子,由文化馆副馆长兼任图书馆馆长。1979年,图书馆正式独立挂牌,馆址在旧城原文化馆,馆内设阅览室、借书室、采编辅导室、会计室,工作人员有6人。

1980年,图书馆由旧城迁往新城文化馆院内,借其会议室临时开展各项工作,同时图书馆独立办公楼破土动工,馆址设在新城新建路208号。1984年,新馆舍建成并投入使用,建筑面积592平方米,工作人员17人,馆内藏书2.2万册,报纸19种,刊物160种。

1999年,为改善托克托县公共图书馆服务功能落后、文化设施数量不足的现状,图书馆自筹资金,在原址上重建图书馆综合大楼。此举在当时不仅极大地改善了全县人民群众的阅读环境,而且为云中文化的传承和发扬奠定了基础。

2014年10月,托克托县文体活动中心破土动工,图书馆新馆舍位于文体活动中心二楼,建筑面积2945平方米。截至项目组成员调研之时(2018年6月),新馆舍尚未投入使用,处于设备采买、各功能室布局阶段。图书馆计划将于文体大楼内其他单位(部门)装修完毕后,对广大人民群众全面开放。

2.馆舍情况

目前,图书馆在用馆舍仍为1999年建的综合大楼。大楼位于新建中路208号,馆舍使用面积572平方米,主体三层建筑。一层为读者进入图书馆的过渡楼梯;二层有采编室、财务室、馆长办公室、借书室等;三层有地方文献室、电子阅览室、借书室等。馆内设有阅览座位80个,计算机134台,其中电子阅览室20台。图书馆设有采编室、财务室、借书室、阅览室、电子阅览室、少儿阅览室等服务窗口。

截至2018年6月,图书馆在编工作人员11人,公益岗位6人。在编人员中,助理馆员6人;本科1人,大专9人,大专及以下1人。

二、馆藏资源建设情况

截至2018年,托克托县图书馆藏书12.2万册(件)。其中纸质文献11.2万册,电子图书1万册,声像资料1000册(件),古籍线装书1705册;藏有《二十四史》《佩文韵府》《尔雅》《中国大百科全书》《古今图书集成》等各门类工具书 1000 余种共 2500 册;藏有 1950 年起的《新华月报》、1951 年起的《人民日报》、1954 年起的《内蒙古日报》及合订本。图书馆平均年购图书 1 万册。

为了永久保存托克托县历史文化遗产、展示托克托县社会经济发展成就、弘扬和传承托克托县文化,托克托县图书馆自建馆初,便高度重视地方文献的搜集和整理工作。图书馆目前拥

图 49 托克托县图书馆入口

有地方文献共 36 种 500 余册,内容涉及托克托县志、托克托民俗、托克托文史资料、云中文苑等。近年,图书馆加大力度多方征集反映托克托县历史的账本、土地契约文书(简称"地契")等地方文献,进一步丰富了馆藏,满足了更多读者的需求。这些地方文献承载着历史,向现代人诉说着当年的社会发展状况。

三、图书馆服务开展情况

图书馆全年免费开放,开放时间:星期一至星期日,8:30—12:00,14:30—19:00。平均周对外开放 56 小时,平均年接待读者 4 万余人次,图书流通 10 余万册(次)/年。近年来,托克托县图书馆在人力有限的情况下,在全力做好基础读者服务工作的同时,积极开展各项延伸服务。图书馆紧紧围绕"文化惠民、服务群众"

这一主线,秉承"读者第一、服务至上"的宗旨,以群众文化需求为导向,以发挥社会效益为目标,通过以关爱贫困留守儿童、送图书、名家讲座、"书香五进"工程等形式积极开展各类读者活动。大力加强"数字文化走进蒙古包"、数字图书馆和文化信息资源共享工程等文化惠民工程建设,深入推进全民阅读活动开展,不断拓展工作思路,创新活动载体,延伸服务触角,充分发挥图书馆在公共文化服务体系建设中的重要作用,赢得了全县民众的一致好评。

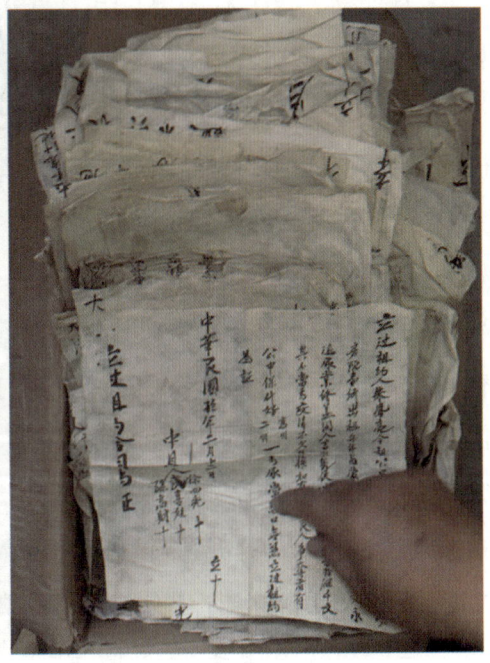

图50~51 托克托县图书馆收集的地方账本、地契

1.阅读推广系列活动

托克托县图书馆充分发挥公共图书馆引领社会阅读的核心阵地作用,联合其他相关部门或企业,定期、不定期地开展各类读书活动,如"世界读书日"专题活动、"书香托克托"有奖征文活

动、图书走进"两会"、图书惠民、新书推介活动、主题读书宣讲活动、特色主题阅读活动等。在阅读推广方式、方法上不断进行积极探索,不断开创阅读推广活动新模式,使广大人民群众充分享受到读书的快乐,阅读水平得到有效提高,民众文化素养进一步提升。

2."书香五进"工程

2017年开始,为大力倡导全民阅读,托克托县图书馆以提高全民文化素质为出发点,以丰富多彩的系列活动为载体,以"书香五进"为抓手,将多种形式的阅读活动引进农村、进社区、进家庭、进校园、进机关,让书香飘进万户千家,使全民阅读活动真正深入基层、深入群众。

四、图书馆近十年的变化

图书馆目前在用馆舍已有近20年的历史,由于近年馆藏文献资源的不断扩充、广大民众对文化的需求日益增长等原因,原馆舍空间有限、设施设备陈旧落后的问题日益凸显。2018年6月,课题组成员调研托克托县图书馆时,该馆正在筹备搬迁事宜。新馆舍位于托克托县文体活动中心(坐落于双河镇兴托路与托克托大街交会处西北角)二楼,活动中心主体是四层建筑,是一座包含各类体育功能场地、文化馆、图书馆、乌兰牧骑、职工活动之家、文体商店等集文化、体育、展览、观演、培训、休闲为一体的综合性建筑。

新馆舍紧邻居民区,馆内环境宽敞明亮,是集学习阅读、信息交流、展览讲座、文献存储等综合功能和传统文献借阅、数字化、网络化、智能化服务为一体的现代化公共图书馆。新馆设有少儿借阅体验室、借阅区、电子阅览室、无障碍阅览区、特藏书库、多功能报告厅。现在正在紧锣密鼓地筹备搬迁工作和现代化设备采买工作。随着馆舍条件的改善,馆藏资源的进一步丰富,以及各种现代化、自动化设备的投入使用,新馆开馆后,到馆人数较以往定会大幅提升,馆藏资源利用率也会显著提高。与此同时,将进一步完善托克托县公共文化服务体系建设,提升公共文化服务供给能力,从而更好地满足全县人民群众的文化需求。

今天,作为托克托县的公共文化机构、托克托县信息化的重要基地,托克托县图书馆在为广大民众提供学习阅读、信息交流、展览讲座、文献存储等综合性服务的同时,在该县的精神文明建设和创建学习型县城工作中起到了关键作用。今后,图书馆将再接再厉,为创建书香托克做出更大贡献。

注:以上数据截至2018年6月,均由被采访单位提供。

和林格尔县图书馆

一、图书馆基本情况

和林格尔县图书馆的前身是和林格尔县文化馆图书室,2012年在县委、县政府的高度重视下,成立了县公共图书馆。新馆位于呼和浩特市和林格尔县城关镇宝贝河畔滨河南路,与县党员干部培训中心相邻,周边环境优雅、交通便利。图书馆于2015年建成,2016年投入使用,是集大众化、数字化于一身的综合性公共图书馆。

图书馆馆舍占地面积1550平方米,馆舍主体三层建筑,空间布局合理有序。一层是综合书刊借阅室(包括成人、青少年、少儿)、蒙古文借阅室;二层设有中文图书借阅区、报刊阅览室、电子阅览室、幼儿阅览室、特殊人群阅览室及书画展厅;三层为多功能讲读厅,提供讲座、论坛等服务。此外,由于馆舍条件限制,图书馆目前在相邻的县党员干部培训中心三楼设有地方文献阅览室。

图书馆馆内设备、设施齐全,服务功能完备。设有各类书刊阅览室、服务区共10个,阅览座位120个,供读者免费使用的计算机40台,自助借还书机20台(其中总馆4台,各分馆和流动点共16台),配备检索机、读报机、电子书借书机等自助服务设备。图书馆全年免费开放,为民众提供文献借阅、信息咨询、讲座论坛、展览交流等全方位、多层次的文化信息服务。图书馆实行"全面开放、免证进馆、分层管理、一卡通行"的服务方式,馆内各阅览区书刊实行开架服务。自建馆至今,年均接待读者14万人次,年外借文献达12万册次。图书馆现有工作人员9人,其中本科1人,大专2人。

图 52　和林格尔县图书馆外观

图 53　和林格尔县图书馆入口

二、图书馆馆藏建设情况

作为和林格尔地区文献收藏和利用中心、文献信息资源开发中心,图书馆现有各类藏书15.6万余册,其中纸质图书约11.6万册,电子图书4万余册。根据和林格尔县政治、经济、文化发展状况,图书馆在馆藏资源建设方面,以综合类书刊为主,地方文献为特色,较好地满足了广大人民群众的多种文献需求。建馆初期,图书馆便高度重视地方文献的收集整理,截至2018年5月,共收集文献400余种,其中本土作家著作居多。

图书馆在经费有限的情况下,稳步建设纸质文献资源,同时积极推进数字化、信息化建设步伐。图书馆电子阅览室免费开放,购买了贝贝国学教育数据库供广大儿童、市民学习和下载。2015年,图书馆引进图创图书馆管理系统。馆藏资源的信息化进一步提高了图书馆管理水平和文献资源的利用率,极大地方便了馆员和读者。

图54 图书馆大厅内自助服务设施

图55 幼儿阅览室

三、图书馆服务开展情况

1.基础服务

和林格尔县图书馆秉承最大限度地满足读者需求的公益服务宗旨,积极为广大读者提供便捷的服务。各书刊阅览室、服务区全年免费开放,冬日制:8:30—17:30,夏日制:8:30—21:00,平均周对外开放56小时。此外,图书馆于2016年开通了24小时自助图书馆,配备一体机、安全门、书架、桌椅等设施。自助图书馆无须工作人员值守,由读者自助借还图书,是集联网、云计算、互联网通信、远程监控技术等为一体的24小时自助服务平台,让读者以自助的方式办理借书、还书、阅读、续借等服务,方便了读者对文献的获取和利用。同时,图书馆建设了自己的网站,导航设计清晰直观,服务全面;开通"和林格尔县图书馆"微信公众号,提供馆藏书目检索、新书通报、图书续借、个人信息查询等微服务;开通"和林格尔县图书馆订阅号",及时向广大民众进行信息推送,以便读者第一时间了解图书馆的动态及服务开展情况。

2.延伸服务

和林格尔县图书馆在人员有限的情况下,全力做好传统读者服务工作,同时积极开展各项延伸服务。

分馆及流动点建设。为深化城乡基层读者服务,切实提高服务效能,和林格尔县图书馆自新馆建成以来便高度重视面向城乡基层的知识普遍均等服务工作,不断加强分馆建设、流动点建设、软硬件基础设施建设和人员培训辅导,并不断健全服务网络,拓宽服务领域,创新服务形式,积极开展参与度高的文化惠民服务活动。截至2018年5月,和林格尔县图书馆设立了翔宇分馆、第二小学分馆、城关派出所分馆、黑老夭分馆、盛乐镇分馆和羊群沟分馆等17家分馆,以及交警城关镇中队流动点、消防中队流动点、公安局看守所流动点、大红城小学流动点、黑老夭小学流动点等15个流动点,形成了由总馆主导协调,多个分馆及流动点共建共享的管理体制,实行文献资源统一采访编目、统一配送及通借通还的服务机制,全县各镇、村的读者也享受到和县城读者一样的服务。

全民阅读推广活动。图书馆作为和林格尔县唯一的公共图书馆,肩负着民众教育、信息保障、培养阅读习惯、文化传播、提高信息素养和保障社会和谐与公民权利的使命。为此,图书馆依据经常性与阶段性相结合、大型活动与小型活动相结合的原则,每年大力开展全民阅读推广活动,让全民阅读进学校、进机关、进医院、进社区、进农村、进家庭。每年积极组织社会名人、文化名家,开展全民阅读大讲堂、公益性讲座、新书签售推广会等文化活动。不定期组织开展"读书分享推荐活动""给留守儿童送少儿图书""普法宣传和文化惠民服务活动""助残公益活动""征文评比和读书朗诵比赛",以及各种亲子互动活动、各类教育培训等读者活动。总而言之,图书馆一直在通过不懈的努力践行着其公共文化服务的使命与责任。

3.特色服务

为充分发挥其信息服务职能,图书馆自2017年开始积极探索,推进"两会"相关服务,主动将服务搬进"两会"。在和林格尔县"两会"期间,图书馆进驻会场,将电子书借阅机、报刊阅读机等数字化设备,利用移动图书馆App、图书馆微信公众号等方式为参加县"两会"的代表及委员提供文献信息咨询服务。此举获得了与会代表、委员们的赞赏,也为今后图书馆创新服务的发展提供了可资借鉴的经验。

作为和林格尔县重点公共文化服务单位,和林格尔县图书馆不仅是广大民众学习知识、文化休闲、查阅文献资料、获取信息及参与阅读推广活动的重要场所,更是打通公共文化服务"最后一公里"网络节点中至关重要的环节。今后,图书馆将进一步加强信息参考功能,为特色发展不断努力,大力推进呼和浩特市创建国家公共文化服务体系示范区建设,推动和林格尔县公共文化事业繁荣发展。

注:以上数据截至2018年5月,均由被采访单位提供。

武川县图书馆

一、图书馆基本情况

1.历史沿革

武川县图书馆建于1978年,隶属于武川县文化局,前身为武川县文化馆图书室(成立于1962年),馆址位于武川县可镇南大街6号。建馆初期,馆藏文献仅有5000余册,阅览室1间,书库及借书室1间,工作人员3名,年接待读者3000多人次,借阅图书1万多册次。由于旧馆舍年久失修成了危房,因此于1987年在图书馆旧址上建起了占地面积2700多平方米的综合文化大楼,其中图书馆占1000平方米,人员增加到8名,藏书2万多册。1999年,参加全国第二次旗县级以上的公共图书馆评估定级工作,并被评为"国家三级图书馆"。2001年9月18日,迁入位于青山路北的宣传文化中心一楼,占地面积900平方米。工作人员12名,藏书4万多册,内设办公室、采编室、外借处、资料室、儿童阅览室、综合阅览室。年接待读者8000多人次,借阅图书2万多册次。

为了方便广大读者到馆借阅图书,2016年6月武川县图书馆增加了图创图书管理业务系统。2017年,为了配合全国公共图书馆第六次评估定级工作,在县领导、局领导的大力支持下于同年1月在二楼增设了少儿借阅室和成人阅览室(260多平方米),并于6月在可镇青山路设立了青山分馆(270平方米)。

图 56　武川县图书馆总馆外景　　图 57　武川县图书馆青山分馆外景

图书馆现有工作人员 9 名，馆藏文献 8.2 万多册，设有地方文献专柜，地方文献 50 多种。从 2016 年 6 月至今，免费办理借阅卡 7583 张，接待读者 2.5 万多人次，外借图书 6.7 万多册次。2016 年 6 月，建设并完善了图书馆网（http://www.wclibs.com）；2017 年 2 月，申请了微信公众号：武川县图书馆。武川县图书馆秉承"读者至上、服务第一"的办馆理念，将图书推广和读者服务放在第一位，目前已成为呼和浩特地区县级图书馆界的佼佼者。

2.馆舍情况

图 58~59　武川县图书馆阅览室

呼和浩特地区图书馆概况

武川县图书馆有总馆及青山分馆两处,两馆总面积1430平方米。总馆位于青山路北的宣传文化中心一楼,面积1160平方米,共两层,一层开放包括成人借阅室、过刊室、电子阅览室、资料查阅室(档案及工具书)在内的4个阅览区域,还有残疾人阅览室,但尚未配备仪器,后期设备到位后将开放。二层设有少儿馆、期刊阅览室,内部包括成人自习区域、少儿书库及少儿阅览场所。青山分馆位于青山路,面积270平方米,共一层,集合了自习、借阅、电子阅览等多方位服务。两馆共设有337个席位,社区读者可在开馆期间来此阅览图书或自习。图书馆实行制度上墙,每个阅览室的墙上都悬挂着相应的借阅制度,帮助读者规范使用图书馆资源。

3.人员结构

目前,武川县图书馆有馆员9人,男性4名,女性5名;副高级职称1人,中级职称4人,初级职称4人;本科2人,大专3人,大专以下4人。目前还未有图书馆专业人才,未来经过图书馆资源的扩充和活动的增加,将招聘更多的年轻馆员为图书馆注入新鲜活力。武川县图书馆十分重视对馆员的业务培训,不定期组织馆员前往呼和浩特市进行学习。此外,武川县图书馆广招贤士,每年招募多名志愿者,派发志愿者勋章,通过这种方式让读者参与图书馆的日常工作,也培养读者利用图书馆的能力。

二、图书馆馆藏建设情况

目前,武川县图书馆年均进书量1000余册,纸质文献藏书总量8.2万余册,期刊100种,报纸20种。电子图书1.2万册,储存在光盘中。光盘内还有讲座、电影等内容,全部外借,硬盘存储5T,能充分满足读者的电子需求。计算机46台,其中电子阅览室37台。供读者使用的读报机1台,少儿阅读机1台,电子图书阅读机9台,门禁3套。

图书馆有两个试用数据库,面向广大儿童,分别为贝贝国学和妙趣手工坊,少儿读者可以通过数据库学习多样的文化知识及手工技巧。数据库帮助家长和孩子进行更好地沟通,丰富了少儿读者的娱乐生活。

图60 武川县图书馆志愿者证件

近年来,武川县图书馆每年的开放经费有20万,这些经费主要用于馆内的日常业务、培训、活动、维护、共享工程等工作,而购书经费需要另外申请。据调研,2015至2017年武川县图书馆共申请购书经费100万元。目前,武川县图书馆的采编工作已外包,编目、加工图书由数据商负责,减少了图书馆的人员劳动,把图书馆员从日常的编目工作中解放出来,鼓励馆员开动创造力,进入图书咨询及活动开展工作中。

三、图书馆服务开展情况

1.基本服务

武川县图书馆的基础服务包括成人图书借还、儿童图书借还、提供自习空间、微信公众号、图书馆官网、提供免费Wi-Fi全覆盖、举办讲座、为居民提供展览场地、流动图书馆等服务工作。2016年6月,图书馆开始使用图创图书管理业务系统,年均接待读者1.3万多人次,图书借阅3.3万多册次。现有持证读者7583人。图书馆一周6天免费开放,星期一闭馆学习。正常开放时间为8:30—12:00,14:30—17:30。

此外,武川县图书馆定期进行流动图书馆活动,共设有12个流动点(表3)。

表3 武川县图书馆2016—2018年流动服务一览表

序号	流动点名称	借阅册次	服务项目	服务人数	服务时间
1	武川县图书馆图书流动车	964	进乡村、社区、学校、武警、图书展阅、办证、读者咨询	20000	2017年8次,2018年上半年15次
2	武川县经济开发区工会联合会	1076	图书借阅、读者咨询	1200	全年
3	武川县冀东水泥有限责任公司	1000	图书借阅、读者咨询	3000	全年
4	内蒙古蒙健生物科技有限公司	1100	图书借阅、读者咨询	1000	全年
5	内蒙古牧源乳业有限公司	1050	图书借阅、读者咨询	1200	全年
6	武川县公安局禁毒大队	798	图书借阅、读者咨询	500	全年
7	武川县总工会	700	图书借阅、读者咨询	15000	全年
8	武川县公安局可镇派出所	160	图书借阅、读者咨询	900	全年
9	武川县老干局	456	图书借阅、读者咨询	1200	全年
10	武川县司法局	870	图书借阅、读者咨询	1800	全年
11	武警武川县支队	200	图书借阅、读者咨询	1200	全年
12	武川县财政局	343	图书借阅、读者咨询	2400	全年

2.读者活动

武川县图书馆有丰富多彩的读者活动,年均举办培训8次,讲座2场,展览2场。在世界读书日等相关节日还举办多项读者服务,如:图书馆定期(每年4月23日读书日)举办读书宣传周活动,向市民派发《读者之友》服务宣传周刊、手册,宣传公共图书馆法,发放读者问卷调查、本地图书馆规章,发布本馆公众号、本馆官网以及图书馆专题活动等,通过走出图书馆的宣传活动,让读者了解武川县图书馆,从而好好利用图书馆。在读书宣传周期间,武川县图书馆还举办多项读者活动,主要包括:(1)"你读书,我买单"活动。图书馆结合县年度新进图书计划,与武川县新华书店、博学书店合作,凡持有图书馆借阅证的读者均可参加,一本借阅证可选购图书1册,且价格不超过30元,全部由政府买单。(2)本土作家现场签名赠书。活动期间,图书馆特邀武川县乡土作家为广大读者现场签名赠书。(3)新书推荐展阅。活动期间把新到馆的成人、少儿图书和期刊陈列于借阅室向广大读者荐阅。(4)发放读者调查问卷、读者意见征求表。活动期间,向广大群众发放"武川县图书馆调查问卷""武川县图书馆读者意见、建议征求表",整理后进行查改。(5)影视、生活、科技类影片展播。根据读者需求,利用共享工程设备为广大读者免费播放优秀影视剧及科技生活影片等。通过开展上述系列活动,拉近图书馆与读者的距离,让图书馆成为广大读者日常文化生活中不可或缺的场所。

3.特色服务

武川县图书馆每年坚持举办特色活动,很多活动已经持续了20多年的时间。如"迎新春读书知识有奖竞赛",此项活动从2014年开始举办至今已成功举办了4年。图书馆与武川新闻中心合作,于每年腊月在《武川报》上刊登1/4版面的"迎新春读书知识有奖竞赛"活动,题目均出自武川县图书馆藏书,广大群众可在春节长假期间前往图书馆查找答案。每年换一次主题,2018年的主题为"党的十九大报告及党建知识100题"。读者在规定时间内将答题从报纸上剪下送到图书馆资料室,由图书馆进行评选,奖品为武川县新华书店书卡。还有"读书猜谜活动",此项活动从1997年开始至今已成功举办了22届,深受读者喜爱。以上两项读者服务活动由于读者热情高,参与度高,已成为武川县图书馆的保留特色服务活动。

此外,图书馆非常重视读者互动和读者教育工作,仅2017年就举办读者阅读推广活动11次,阅读指导活动7次。图书馆还与小学合作,不定期举办手工培训课、小学生素质教育培养会等活动。各式各样的活动能帮助武川县的学生从小养成读书、学习的好习惯,也让他们与图书馆更加亲近,能更好地利用图书馆资源。

四、所获荣誉

经过不懈的努力,武川县图书馆的付出得到了回报,成为该地区居民心中最重要的文化传播地,同时也得到了业界一致好评,获得了不少荣誉。仅在近3年中就获得了3项图书馆界荣誉,分别为:由内蒙古自治区图书馆协会颁发的"2010—2014年度先进集体",由内蒙古自治区图书馆协会颁发的"2016—2017年度先进集体",由全国文化信息资源共享工程内蒙古自治区分中心颁发的"数字文化走进蒙古包工程建设'先进集体'"。

五、图书馆近十年的变化

武川县图书馆在近十年中发生了巨大的变化,在馆址、馆舍面积、人员结构、阅读设备、活动类型等方面都有显著提升。馆舍

第二章 公共图书馆篇

从最早的小图书室发展成总—分馆模式,馆舍面积从1000平方米扩充到1430平方米,其中新增260平方米的少儿借阅室和成人阅览室以及270平方米的青山分馆,读者接待能力进一步提升。馆藏文献数量从十年前的4万多册增长到8.2万余册,年接待读者量从0.8万多人次增长到2.5万人次,年外借图书量从2万多册次增长到6.7万多册次。此外,通过科学技术的应用,新增图书馆官网、图书馆微信公众号、馆内免费Wi-Fi以及9台歌德电子阅读设备,使读者更加便利地使用图书馆资源。在服务工作方面,图书馆在保留原有特色服务的基础上,新增了多样的服务形式,积极与各文化、教育单位合作,提供专题文化服务,拓展了图书馆的服务范围,增加了图书馆在本地区的文化传播影响力。未来,武川县图书馆将继续保持高度热情的文化服务态度,增加更多新型的服务类型和内容,引进更先进的高科技产品,进一步丰富本地区读者的业余文化生活。

注:以上数据截至2018年6月,均由被采访单位提供。

土默特左旗图书馆

一、图书馆基本情况

土默特左旗图书馆成立于1976年，位于土默特左旗察素齐镇人民路，总面积1280平方米。新馆于2018年6月11日开馆试运行，位于敕勒川大街公共文化中心D区（公共文化中心西北角），建筑面积3800平方米，共3层。

图61 土默特左旗图书馆外景

新建成的图书馆致力于为读者打造休闲舒适的阅览环境，设有宽敞明亮的电子阅览区、自习区、少儿阅览区、盲人阅览区、法律图书专架、蒙古文阅览区和古籍查询室等区域，馆内随处可见的绿植,不仅丰富图书馆的建筑空间,美化图书馆的环境,而且为读者提供了休息场所,避免长时间阅览引起的疲劳、枯燥和单调感。土默特左旗图书馆以"倡导全民阅读,建设书香土左"为办馆理念,为广大读者提供了丰富的图书资源和优质服务,为建设和谐土左提供精神动力。

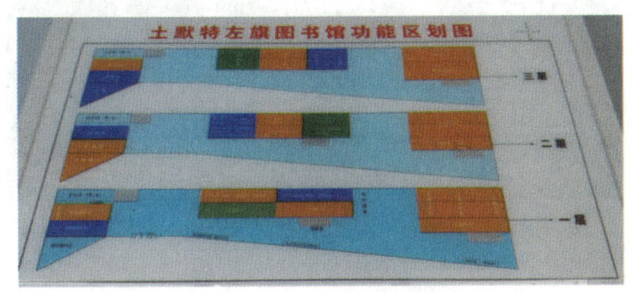

图62 土默特左旗图书馆功能区划

土默特左旗图书馆为土默特左旗文体局的二级单位,全馆由3个部室组成,分别是采编室、打印室和基藏室。图书馆现有在岗在编工作人员8人,其中男性2人,女性6人;副高级职称1人,初级职称3人;本科6人,大专2人。土默特左旗图书馆的馆员培训主要包括业务培训、安全培训和工作交流。业务培训包括参加图书馆年会、参加呼和浩特市图书馆业务培训、参加公共图书馆系统培训。在安全培训方面,主要为消防安全培训和食品安全培训。工作交流方面,除了一起交流日常工作中遇到的问题之外,还会邀请作家协会的名人为馆员进行读书分享,有讲座和交流两种形式,旨在培养馆员自身的阅读习惯和

图63 土默特左旗图书馆多功能区

提高馆员的文化素质。

二、图书馆馆藏建设情况

土默特左旗图书馆作为公共图书馆,图书种类齐全、内容丰富、功能齐全,为全旗人民群众提供丰富的阅读

图64 土默特左旗图书馆蒙文阅览区

资源,成为传播知识、孕育人才的重要场所。土默特左旗图书馆共有藏书21万余册,其中蒙古文图书3000多册,汉文图书21万册;共有报纸5种,各一份;现珍藏1949年到1997年的报纸500多份。由于经费有限,现在馆内还没有订阅期刊。图书馆共有数据库2TB,5个数据库,包括汇雅电子书、中国知网、万方数据库、维普数据库、SCIE数据库。土默特左旗新馆建成时间较短,很多更新的设备还没有到位,数据库服务器已在采购当中,还没能投入使用。在建设新馆期间,土默特左旗图书馆本着特色立馆的原则,购买了一整部蒙古文《大藏经》影印校勘本,让图书馆实实在在地成为传承知识、孕育人才的重要文化阵地。

三、图书馆服务开展情况

最是书香能致远,土默特左旗图书馆以优雅别致的环境、完善的现代化服务设施、休闲舒适的阅览环境竭诚为广大读者提供热情的服务。图书馆星期一到星期日全天开馆,开馆时间为8:30—17:30,星期五下午闭馆学习,节假日正常开放。图书馆采用现代化藏、借、阅一站式大开放模式,为读者提供阅览座位300多

图65 土默特左旗图书馆电子阅览室

个,馆内设有门禁系统2套,检索机2台,电子读报机5台,自助借还机2台,办证机1台,歌德电子书借阅机2台,还有电子阅览室提供免费上网的54台电脑供读者使用。土默特左旗图书馆会在定期举行的读者分享活动上对图书馆的基本情况进行讲解和使用说明,旨在帮助读者更好地利用图书馆的资源。

丰富的藏书资源和多彩的主题阅读活动,积极为建设"书香土左旗、共筑中国梦"提供借阅平台,

图66 土默特左旗图书馆一楼大厅

为建设繁荣和谐美丽幸福土默特左旗提供强大精神支持和智慧动力。由于旧馆场地较小,不便于活动开展,直到搬迁新馆后,土默特左旗图书馆才开始读者活动服务。在短短几个月内,土默特左旗图书馆的活动办得有声有色,深受广大读者的喜爱。土默特左旗图书馆开展招募"小小志愿者"活动,让小朋友们能够积极

参与图书馆的管理工作中,不但丰富了小朋友们的课余时间,还锻炼了他们的交流能力和社会实践能力,培养了他们的社会责任感;还为小朋友们开展了"暑假涂涂乐"活动,培养孩子们的观察能力、动手能力和色调搭配能力,让孩子们度过一个愉快的假期。惠及更多读者的流动书车"七进"活动,是由呼和浩特市图书馆牵头,土默特左旗图书馆承办的图书进社区的全民阅读活动。"七进"是指:进家庭、进社区、进校园、进农村、进企业、进机关、进军营。为了让读者以及文学、历史爱好者感受到土默特左旗的历史文化,同时传承和弘扬土默特历史文化,土默特左旗图书馆举办"传承红色基因 讲好土左故事"专题讲座,特邀土默特左旗作协主席、土默特历史文化研究会副会长韩国栋老师讲述土默特左旗从古至今的文化历程,介绍了土默特左旗的历史发展脉络。土默特左旗图书馆还开设惠民书展,全场图书 2~8 折,并制作了 1000 份学生赠书券发放至各乡镇学校,学生凭券到场可免费领取图书一册。

四、图书馆近十年的变化

在过去的十年中,土默特左旗不断总结和积累经验,通过全体馆员的一致努力和旗政府的重视,在公共图书馆评估的契机下,土默特左旗图书馆厚积薄发。在馆舍方面,从 1000 多平方米的老旧馆舍迁至

图67 土默特左旗图书馆活动

现代化、数字化的新馆舍,不仅是面积扩大,而且在图书馆的外观设计和内部环境方面都有了质的飞跃,土默特左旗图书馆设计简明大方,楼层分布合理,馆内色彩鲜明,随处可见的绿植更是增加了图书馆的活力与生机。在设备方面,在旗政府的支持下,去年新采购了一批先进的现代图书馆设备,包括读报机、借还机、电子借阅机等。虽然现在土默特左旗图书馆还没有实现全面的 Wi-Fi 覆盖,但是已经在进一步的筹备当中。在馆藏方面,之前由于经费有限,更多的时候图书馆连续多年都没有任何经费,因此馆藏一直停留在 3 万册左右。现在,在大量经费的支持下,馆藏资源由原有的 3 万册增加到 21 万册,电子图书也有了明显的增长。最显著的变化是土默特左旗为读者提供了许多丰富多彩的活动,不仅提高了图书馆的影响力,同时也使更多的读者能够了解和利用图书馆,真正发挥了公共图书馆服务育人的功能。

注:以上数据截至 2018 年 11 月,均由被采访单位提供。

呼和浩特地区图书馆概况

清水河县图书馆

一、图书馆基本情况

1.历史沿革

清水河县图书馆成立于1986年，初建馆址位于县政府旧址对面，面积300多平方米，藏书12000余册，工作人员7人，设有两个阅览室，每天接待读者约50余人次，是满足大家休闲娱乐、文化需求的重要场所。2005年，图书馆搬到清水河体育场，图书馆设在3楼，与文化馆一起办公，面积约200平方米，工作人员4人。2009年再次搬迁，借用原乌兰牧骑的排练场地设立图书馆，面积六七十平方米，工作人员4人，并新建了电子阅览室。2015年，呼和浩特市成功申报创建国家公共文化服务体系示范区，建设以"城市文化设施+旗县区文化场馆+乡镇综合文化站+农村文化室(农家书屋)+社区文体活动中心"为主要内容的公共文化服务体系，旨在让城乡各界群众拥有享受文化服务的场所。为顺应这一目标，迎接2017年全国公共图书馆评估，清水河县图书馆于2017年迁于文化体育综合服务中心(包括体育馆、文化馆、图书馆)，改造之后成为现在的图书馆馆舍。

2.馆舍情况

图书馆现馆于2018年5月正式开馆，位于清水河县城关镇永安街姜家沟巷，在清水河县的西部，总面积近2000平方米，设有阅览室、采编室、办公室和会议室，其中阅览室和24小时自助阅览室对读者开放。成人阅览、电子阅览和少儿阅览共用一个阅览室，设座位60余个，用不同的座椅做空间划分，分少儿阅览区、成人阅览区和电子阅览区。阅览室以成人阅览区为主，少儿阅览区用沙发围成，更加的活泼灵动，也更加的安全舒适。在2017年全国公共图书馆评估中，清水河县图书馆被评为三级馆。

同时，作为清水河县图书馆的主馆，图书馆下设有各分馆、流动站、草原书屋共103个，每个流动点藏书1000册左右。

图68 图书馆外观

图 69 少儿阅览区

图 70 电子阅览区

3.人员结构

图书馆现有工作人员 6 人,其中在编人员 5 人,临时人员 1 人;副高级职称 1 人;本科 5 人,专科 1 人;男性 1 人,女性 5 人,女性是图书馆工作的主要力量。图书馆非常注重工作人员的培训和学习,每年参加公共图书馆年会 1 次,参加相关的业务指导培训 2~3 次,馆内学习和参观交流相关图书馆等不定次。

二、图书馆馆藏建设情况

图书馆现有藏书 36000 余册,期刊十余种,报纸十余种,年购书经费 1 万元。配备有检索机 4 台、期刊阅读机 2 台、自助借还机 6 台、自助办证机 2 台、门禁系统 2 套、24 小

图 71 图书馆阅览室

时自助阅览室一间。近几年,随着公共文化事业的蓬勃发展,图书馆无论在购书经费还是在硬件设施上都得到了稳定的增长和更新,为图书馆做好读者服务打下了坚实的基础。

三、图书馆服务开展情况

1. 基础服务

图书馆自 2018 年迁入新址,面积扩大,环境得到极大的改善,窗明几净、环境幽静闲适,读者也相应地增加了许多,舒适的环境更有利于图书馆开展借阅服务。特别是暑假期间,家长带着孩子前来读书看报、借书还书,充满了生气。

图书馆的开馆时间分为夏冬两季,夏季时间为 8:30—12:00,14:30—18:00,周开馆时间 49 小时;冬季时间为 8:00—12:00,14:00—18:00。全年节假日正常开放,星期一上午闭馆,周开馆时间 56 小时。

2. 读者活动

图书馆长期与文化馆共同办公,具有悠久的文化娱乐活动举办历史。每年的春节、元宵节是广大群众文化娱乐集中的日子,文化馆和图书馆都会借此契机举办各种各样的文化活动,如灯会、灯谜等。自 2006 年开始,每年一届的长城旅游文化节项目,是清水河的文化盛宴,图书馆借此开展非遗项目展、摄影展等。4 月 23 日"世界读书日"期间,开展全民阅读活动,如征文活动、校园读书节、讲故事比赛、诗歌朗诵比赛等。还有不定期开展的讲座、与相关单位合作承办的其他文化活动等。

四、图书馆近十年变化

图书馆自 2009 年借用乌兰牧骑排练场地进行图书馆常规事务,直到 2018 年搬到现在的馆址,各硬件设施较以前有了非常大的改善。在馆舍面积方面,图书馆从几十平方米扩大到了 2000 平方米，并且增加了24小时自助图书馆，有了更广阔的空间和更自由的时间。

在馆藏建设方面，图书馆馆藏日益丰富，购书经费趋于稳定。在服务方面，图书馆不再是传统的手工编目、检索，而是实现了自动办证、自助借还，24小时自助图书馆，建立呼和浩特公共服务体系，实现通借通还，成立了自己的网站，开通了图书馆微信公众号，服务越来越便利与现代化。在读者活动方面，图书馆在延续自己传统的系列活动的同时，与其他部门合作、承办呼和浩特市图书馆的下乡活动等，寻找多形式的图书馆服务活动，努力为市民创造大家喜爱的公共文化新项目。继往开来，不断进步，相信清水河县图书馆的明天会更好。

注：以上数据截至2018年11月，均由被采访单位提供。

第三节 呼和浩特地区公共图书馆现状分析

改革开放以来,随着我国经济的蓬勃发展,文化建设也越来越受到国家的重视,公共图书馆作为传播先进文化的重要阵地,是提高全民精神文化生活水平的重要机构。近年,国家对公共文化服务体系建设的支持和投入力度不断加大,客观上促进了公共图书馆事业的发展。作为自治区首府所在地的呼和浩特市是全区教育、医疗、人口集中地,公共图书馆事业如今在馆舍建筑、馆藏资源、信息化建设、读者服务等方面均取得显著发展。

一、办馆水平方面

2018年5月14日,文化和旅游部办公厅正式发布第六次全国县级以上公共图书馆评估定级名单。这次评估定级距1994年文化部首次组织全国县以上公共图书馆评估定级时隔24年。这24年间,呼和浩特地区公共图书馆事业发展取得明显成果,尤其是第五次至第六次评估定级期间,变化显著。表4为呼和浩特地区公共图书馆第五次、第六次评估定级结果。从表中可以看出,在第五次评估定级中,上等级馆和二级馆数量均为0,三级馆仅为3个。至第六次评估定级,呼市地区各级公共图书馆参评率100%,其中内蒙古图书馆首次进入上等级馆行列,二级馆增至3个,三级馆增至7个,在评估定级标准不断提高的前提下,参评图书馆各等级比例呈上升趋势,办馆水平明显提高。这一结果主要得力于国家公共文化服务体系示范区创建工作的推动。国家公共

呼和浩特地区图书馆概况

文化服务体系示范区创建工作是文化部、财政部在"十二五"期间共同开展的一项战略性文化惠民项目。呼和浩特市从2014年开始筹备示范区创建，于2015年7月成为第三批国家公共文化服务体系示范区创建单位，并且将国家公共文化服务体系示范区创建列为2015—2017年重点工作，被市委、市政府列入攻坚克难项目。为此，呼和浩特市加大创建力度，对各级公共图书馆给予高度重视和大力支持，整体提升了各级公共图书馆的发展水平和服务效能，从而推动地区公共图书馆事业发展跃上了新的台阶。

表4 呼和浩特地区公共图书馆第五次、第六次评估定级结果

项目	第五次评估	第六次评估
总计	3个	11个
内蒙古自治区图书馆	三级馆	一级馆
呼和浩特市图书馆	三级馆	二级馆
玉泉区图书馆	未入名单	三级馆
回民区图书馆	未入名单	三级馆
新城区图书馆	三级馆	二级馆
赛罕区图书馆	未入名单	二级馆
托克托县图书馆	未入名单	三级馆
和林格尔县图书馆	未入名单	三级馆
武川县图书馆	未入名单	三级馆
土默特左旗图书馆	未入名单	三级馆
清水河县图书馆	未入名单	三级馆

二、馆舍建筑及阅览环境改进方面

表5 各级公共图书馆近十年馆舍面积变化情况

项目	原馆舍面积（平方米）	现有馆舍面积（平方米）	增加馆舍面积（平方米）	建设方式（新建、扩建、升级改造）	是否独立馆舍	投入使用时间
总计	35292	67725	32433			
内蒙古自治区图书馆	20000	35000	15000	原馆舍改扩建	是	2014年
呼和浩特市图书馆	8000	8000	0	升级改造	是	2016年
玉泉区图书馆	200	3000	2800	改址新建	是	2016年
回民区图书馆	300	5000	4700	改址新建	否	2018年
新城区图书馆	800	3000	2200	升级改造	是	2018年
赛罕区图书馆	1500	2000	500	改址新建	否	2012年
托克托县图书馆	592	2945	2353	改址新建	否	在用旧馆新馆尚未投入使用
和林格尔县图书馆	1550	1550	0	新建	是	2016年
武川县图书馆	1000	1430	430	改址、扩建	是	2017年
土默特左旗图书馆	1280	3800	2520	改址新建	是	2018年
清水河县图书馆	70	2000	1930	改址新建	否	2018年

近年来，随着人们的文化需求逐步提高，呼和浩特地区公共图书馆大部分既有馆舍均不能很好地满足广大民众的阅读需求，馆舍升级改建势在必行。如今，在各级政府的关心和支持下，公共图书馆馆舍扩建、升级改造，形势喜人。截至课题组调研时，11所公共图书馆均有新建、扩建、升级改造工程的实施，且均已竣工，大部分已对广大群众全面开放。经统计，呼和浩特地区公共图馆书面积由原来的35292平方米，增加至现在的67725平方米，净增面积32433平方米，馆舍总面积增加约1.9倍（见表5）。馆

呼和浩特地区图书馆概况

舍条件的改善使各馆整体布局更加科学合理，阅览环境面貌全新，更多的读者在闲暇时间选择走进图书馆、利用图书馆。如新城区图书馆原来馆舍仅 800 平方米，阅览空间局促且非独立馆舍（阅览室设于楼上），读者来馆十分不便，每天来馆人数寥寥无几，大大影响了图书馆的利用率。新馆舍秉承现代公共图书馆的全新设计理念，坚持开放、灵活、自由的设计原则，阅览环境更加温馨舒适，切实将读者体验和感受放在第一位。如今，新城区图书馆日接待读者 450 余人次，是以往来馆人次的百倍有余。

三、馆藏资源建设方面

近些年，呼和浩特地区公共图书馆文献资源建设取得了较为显著的成就，各级公共图书馆通过购买、交换或者接受捐赠的方式，全力提高文献资源保障能力。同时，地方传统文化的保存和传承工作得到重视和发展。截至 2018 年，公共图书馆馆藏纸质文献共 432.88 万册（件），电子图书共 314.7 万册。其中，大部分县（区）级图书馆的馆藏资源是在创建国家公共文化服务体系示范区期间进行了较大补充。总体而言，经过多年的发展，各级公共图书馆文献资源保障能力正在逐步提升；在保存和传承地方传统文化方面，11 所公共图书馆均将地方文献的收集整理作为重点工作之一，设置存放地方文献专柜供读者查阅，甚至增设地方文献部门专门负责研究和收集整理地方文献，如内蒙古自治区图书馆。

但同时也存在一些显著问题。首先是资源分布不均较严重。调查发现，纸质文献方面，自治区级图书馆（内蒙古自治区图书馆）馆藏 282 万册（件）占比 65.1%，而其他 10 所公共图书馆馆藏基础仍然较薄弱，占比 34.9%。经了解我们发现，许多公共图书馆由于各种原因，每年的购书经费不能严格保障，因此文献资源建设工作上存在很大困难。其次是馆藏资源结构亟需调整。随着网络化、信息化时代的到来,大众阅读习惯也在转变。传统纸质文献已经较难满足广大市民的需求,而在全部公共图书馆中,除内蒙古自治区图书馆的电子文献占馆藏总量51.9%、购买数据库20个、自建数据库16个外,其余10所公共图书馆馆藏建设重点均在纸质文献方面,电子图书和其他资源数据库建设步伐缓慢。在今后的馆藏文献资源建设工作中,结合不同级别馆的读者阅读需求,合理规划各类型馆藏资源的比例非常重要。

四、信息化建设方面

20世纪70年代初,计算机技术的应用和推广使得各地区各级图书馆从传统手工卡片式管理迈向自动化管理阶段。而内蒙古地区由于社会、历史、文化、经济等因素,公共图书馆信息化建设起步较晚。近年,随着各级政府的重视以及信息化技术浪潮的推动,呼和浩特地区公共图书馆信息化程度得到提升。各级公共图书馆近十几年都存在不同程度的馆舍新建、升级改造等工程,新建或升级的馆舍的现代化配套设施较为完善,集成了文献借阅、电子查询、文化展览、电子阅览室(区)、多媒体服务等功能。经统计,各级公共图书馆共配备电子查询、借阅设备202台(包括检索机32台、电子借阅机49台、读报机30台、自助借还机68台、自助办证机23台),见表3。各馆均配有工作用计算机、电子阅览室读者用计算机,并配有服务器。据了解,部分图书馆由于近年迁入新馆舍,更新过一批计算机,因此在计算机的配置和数量方面均有了很大提升,如清水河县图书馆、武川县图书馆。

在信息资源共建共享方面。为了切实整合呼和浩特地区文献信息资源,实现文献信息资源的共建共享,2014年7月,呼和浩特市图书馆发起成立"呼和浩特市图书馆联盟",与包括旗县区图书馆在内的16个成员馆签订了联盟协议,利用"共享工程"和

呼和浩特地区图书馆概况

图书馆联盟实现文化信息资源在首府地区范围内共建共享。同时,通过资源共享以及通借通还的方式,为读者提供信息资源的全方位利用,使读者能够方便阅读、公平阅读,让公共文化成果普惠于民。在此基础上,呼和浩特市图书馆还在全市范围内建立了以市图书馆为中心馆的公共图书馆总分馆制。目前,已建成以市级图书馆为中心馆,旗县级图书馆为总馆,乡镇综合文化站为分馆,村(社区)综合文化服务中心(文化室)为基层服务点的总分馆四级服务体系,实现了市内四区图书馆总分馆建设,使群众能够就近、便捷、充分地享受普遍均等的文化服务。2018年8月,在国家公共文化服务体系示范区验收工作中,检查验收组验收了部分分馆及"一卡通"通借通还服务,高度肯定了呼和浩特市图书馆总分馆制在打通公共图书馆服务"最后一公里"中发挥的重要作用。

表6 各级公共图书馆自助设备配备情况

项目	检索机(台)	电子书借阅机(台)	读报机(台)	自助借还书机(台)	自助办证机(台)	门禁系统(套)	24小时自助图书馆(个)
总计	32	49	30	68	23	37	9
内蒙古自治区图书馆	9	13	4	17	6	12	4个
呼和浩特市图书馆	10	3	2	9	6	2	1
新城区图书馆	1	4	3	2	2	2	建设中
玉泉区图书馆	0	4	0	1	0	5	0
赛罕区图书馆	1	2	11	3	2	1	未开通
回民区图书馆	0	0	0	4	1	3	1
土默特左旗图书馆	2	2	5	2	1	2	0
托克托县图书馆	3	8	1	4	2	4	1
和林格尔县图书馆	2	4	1	20	1	1	1
清水河县图书馆	4	0	2	6	2	2	1
武川县图书馆	0	9	1	0	0	3	0

在信息化专业人才建设方面。经调研发现,近年来,呼和浩特地区加快了对信息化人才的引进力度,内蒙古自治区图书馆、呼和浩特市图书馆与呼和浩特地区高校图书馆正在积极地通过各种方式吸引优秀的信息人才加入到图书馆信息化建设事业中来。相比之下,各县(区)级公共图书馆受制于经济、文化、环境等条件,信息化人才严重缺乏,且面向馆员的信息化培训教育也很有限。截至2018年底,内蒙古自治区图书馆拥有职工人数为163人,呼和浩特市图书馆为62人,其余9所县(区)级图书馆共有职工78人,各馆员工数量不多,在编员工一般不超过10人。但均存在以下问题:一是具有图书馆学或图书相关专业背景的专业人才太少,除了内蒙古自治区图书馆拥有6人、呼和浩特市图书馆拥有2人、玉泉区图书馆拥有3人外,其他县(区)级图书馆均没有图书情报相关专业毕业的人才;二是各级公共图书馆拥有信息技术、网络技术、计算机专业人员较少,大部分为社会学学科专业出身,缺乏计算机及相关专业背景人才。这在图书馆信息化建设发展中无疑产生了非常大的阻力。

总体而言,呼和浩特地区公共图书馆在硬件设施配套、资源建设等方面已经有了一定基础,但在信息化专业人才建设方面较为薄弱,今后需要在改进和完善图书馆人才配备方面加大力度。

五、读者服务方面

近年,随着国家对公共图书馆事业的高度重视,各级公共图书馆进一步明确了与读者之间的关系,能将"读者第一、服务至上"作为服务宗旨,由被动服务向主动服务转变。在读者服务工作中,各级图书馆在保证做好日常读者服务工作的同时,创新服务模式、提升服务效能,积极举办各类文化活动,将阅读推广活动向纵深发展,全力满足广大民众日益增长的精神文化需求,积

呼和浩特地区图书馆概况

极营造良好的文化氛围。

  1.创新服务模式,提升服务效能。各级公共图书馆积极进行服务创新,不断提升服务效能。内蒙古自治区图书馆于2012年8月推出了"数字文化走进蒙古包"创新服务工程,在全区构建广覆盖、高效能的公共数字文化服务网络,为基层农牧民提供免费的蒙汉双语数字文化服务。之后,该馆于2014年5月推出"彩云服务",用全新的理念和服务方式推动了全民阅读氛围和图书共享热潮。"彩云服务"给读者创造了便利,大大提升了图书流通率,真正为社会营造了全民阅读的条件,受到广大民众和国内外专家的一致好评。以上两项创新服务使得内蒙古自治区图书馆分别于2016年6月、2018年6月荣获美国图书馆协会"国际图书馆创新项目主席大奖",这是美国图书馆协会迄今为止唯一的一个图书馆两次荣获此项大奖。同时,呼和浩特市图书馆于2017年11月启动"鸿雁悦读"计划。"鸿雁悦读"计划作为呼和浩特市创建国家公共文化服务体系示范区的创新性亮点工作之一,引入社会力量参与全民阅读推广,创新推动公益性文化机构与营利性企业的跨界横向融合,加强市图书馆与新华书店全面合作,推动双方共同提供公共文化服务。"鸿雁悦读"计划囊括了线上图书快借、图书馆借阅、新华书店网点借阅、自动借书机借阅、流动服务车借阅、"阅读共享计划"借阅、校园书屋借阅等图书借阅方式,为群众打通公共文化服务"最后一公里",使数十万市民和周边旗县、乡镇、苏木居民受益,为全市全民阅读工作带来了革命性变化。此外,市级图书馆和县(区)级图书馆纷纷开展服务进"两会"活动。在市"两会"和县"两会"期间,各级图书馆进驻会场、代表及委员住地,利用各馆馆藏文献资源(书刊、电子图书、数据库等),通过采取设置信息咨询台、专用书架、自助办证机、自助借还机、打印机、复印机及编印信息专题资料等形式,为与会代表及委员提供全方位的文献信息咨询服务,获得了与会代表、委员的欢迎和赞赏。

2.全民阅读推广活动向纵深发展。各级公共图书馆依据自身软、硬件条件,依据经常性与阶段性相结合、大型活动与小型活动相结合的原则,每年大力开展各类主题的全民阅读推广活动。如全民阅读"七进"工程(全民阅读进农村、进社区、进校园、进军营、进企业、进机关、进家庭),"世界读书日"专题活动,联合公益组织或企、事业单位积极开展阅读推广、阅读指导、公益讲座、培训教育等各类读者活动,以及其他各类文化惠民活动等。总而言之,各级图书馆一直通过不懈的努力充分发挥公共图书馆引领社会阅读的核心阵地作用,践行着其公共文化服务的使命与责任。

3.大力加强分馆及流动点建设。为深化城乡基层读者服务,切实提高服务效能,各级公共图书馆高度重视面向城乡基层的知识的普遍均等服务工作,不断加强分馆建设、流动点建设,并不断健全服务网络,拓宽服务领域,积极开展民众参与度高的文化活动。至2018年,呼和浩特地区各级公共图书馆已基本建成由总馆主导协调,多个分馆及流动点共建共享的管理体制。如和林格尔县图书馆设立了17家分馆及15个流动点,赛罕区图书馆设11个分馆及90个社区服务点,新城区图书馆建成包括小学、医院、农村、社区在内的11个馆外流通点和流动图书站。同时,各级图书馆在实践中不断完善总分馆运行和管理机制,整合各类资源,力保公共文化服务普遍均等化,使得公共图书馆服务体系建设得到进一步完善,打通公共文化服务"最后一公里"。

4.加强品牌活动、特色活动建设。各级图书馆积极加强品牌服务创新与发展。如呼和浩特市图书馆自2014年7月启动"青城文化讲坛",每年为广大读者送去各类讲座、读书会等节目,确保月月有讲座、有活动,邀请专家、学者、社会名人举办各类讲座,同时开展送讲座下基层活动,将各类讲座送到社区、旗县区图书馆,为读者提供不间断的文化盛宴。2016年,"青城文化讲坛"受到自治区和市委宣传部表彰,授予"优秀基层讲堂"称号。武川县图书馆的"读书猜谜活动",从1997年开始至今已成功举办了22届,读者热情高,参与度高,已成为武川县图书馆的特色服务活动。回民区图书馆开创了呼和浩特地区少儿阅读活动的先河,至今仍然以多样化的活动形式,将少儿活动向纵深发展。这类特色活动、品牌活动不仅得到了广大读者及群众的一致好评,为读者提供更加丰富的精神食粮,同时还使公共图书馆的社会影响力进一步提升。

六、结语

总体而言,近十年,呼和浩特地区公共图书馆事业呈不断上升的发展趋势,发展成绩显著。但也面临着诸多问题,如市区和旗县间差距较大、专业人员缺乏、馆藏质量不高、信息化建设步伐仍然缓慢等问题。因此,今后在公共图书馆建设方面,还需要给予政策、业务以及资金等方面的引导与支持。与此同时,我们要坚定信心,随着国家"十三五"规划的开启,地方经济的不断发展,政府对文化事业的重视与投入,图书馆社会地位的提高以及民众对精神文化生活的渴求,放眼未来,公共图书馆事业定将拥有广阔的发展空间,必然会迎来发展的另一个春天。

第三章 本科院校图书馆篇

第一节 本科院校图书馆简介

一、定义

普通高等学校是指按照国家规定的设置标准和审批程序批准举办的,通过全国普通高等学校统一招生考试,招收高中毕业生为主要培养对象,实施高等教育的全日制大学、独立设置的学院和高等专科学校、职业技术学院。大学、独立设置的学院主要实施本科层次以上教育。高等学校图书馆指隶属于特定高等教育机构,为该机构的教师、学生、科研人员及其他相关人员服务的图书馆。本章主要介绍本科层次高校图书馆的相关情况。

二、高等学校图书馆发展历程

中华人民共和国成立后,在历史上揭开了全国高校图书馆发展的新纪元。高校图书馆事业在党和国家的领导下,在广大高校图书馆工作者的艰苦奋斗下,得到了蓬勃发展。政府接管了高校图书馆,进行了整顿、改造、调整。根据国家建设的需要,建立了一批新高校,同时建立了一批高校图书馆,逐步恢复图书馆工作,使图书馆形成了新秩序。

1956年12月,教育部在北京召开了第一次全国高等学校图书馆工作会议,会议总结了1949年以来高校图书馆的工作,讨论并通过了《中华人民共和国高等学校图书馆试行条例(草案)》。会后,各高校图书馆积极学习与借鉴苏联图书馆建设的经验,大力采购书刊,做好藏书整理、补充与调配工作,积极开展书刊借阅、参考咨询和馆际协调等工作,基本满足了广大师生的教学与科研需求。1957年9月,国务院批准并公布了《全国图书协调方案》,提出成立全国性和地区性中心图书馆委员会,对全国高等学校图书馆的发展起了积极的推动作用。

1958年前后,全国兴起了高等教育的"大跃进",各地纷纷要求创办新校。高校图书馆的发展,也追求高建设、高指标。这期间高校图书馆工作人员发挥了高度的积极性、创造性,全心全意投入教学和科研的服务工作中,主要表现在:增强文献搜集的力度,热情为读者服务,延长开馆时间,统一编目等进展较快。然而,由于高校数量增加,在书刊资料分配上造成了高校图书馆原有藏书大量分散、藏书比例失调、馆藏质量下降等问题。在借阅方面片面强调流通量,忽视整理、收藏,造成部分图书丢失、缺藏、书库混乱。一些合理的规章制度被取消,使图书馆管理一度无章可循。1960年,中央提出了"调整、巩固、充实、提高"的八字方针。1961年9月,中央批准试行《教育部直属高等学校暂行工作条例(草案)》,其中第三十八条指出"高等学校必须根据教学和科研的需求,加强图书馆和资料室的建设、管理工作。图书资料的管理工作,应该从便利读者的角度出发,不断提高服务质量,逐步加强资料整理、索引编制,加强图书馆之间的联系和协作。"这段时期,被保留或新建的高校图书馆得到健康发展,图书资料得到进一步充实。

1966年5月,"文化大革命"开始。全国高等学校全部停课,高校图书馆也被迫闭馆。各高校图书馆的图书资料及许多珍贵图书大量流失。由于图书馆工作秩序被打乱,书刊的正常订购被中断,造成重点藏书残缺不全。一些大型图书馆几十年才形成的藏书建设的系统性和完整性被破坏,造成难以弥补的损失。

1968年后,图书馆的很多干部下放"五七干校"劳动,图书馆正常业务工作停止。但是在这种极其艰难的恶劣环境下,高校图书馆的工作人员怀着强烈的事业心、责任感和敬业精神,尽最大可能,以多种形式抢救和保护了大部分馆藏图书,保住了图书馆赖以生存和发展的根基。

1971年3月,中央转发国务院《关于出版工作座谈会的报告》(简称《报告》),指出"图书馆担负着宣传马克思主义、列宁主义、毛泽东思想,为三大革命运动服务的重要任务。要加强对图书馆的领导,充分发挥它的作用。目前很多图书馆停止借阅的状态应当改变。要积极整理藏书,恢复借阅"。为贯彻《报告》精神,各高校图书馆开始编印图书开放目录,清理藏书,陆续恢复借阅活动。1972年,高校图书馆恢复工作。各高校图书馆在恢复开放后,一是加强了图书采集,大量补充馆藏;二是对图书进行了清理、整序、恢复借阅图书;三是恢复或重新定制图书馆业务工作和读者工作的各种规章制度。

1976年10月,全国高校图书馆事业复苏。首先反映为有组织地拨乱反正,端正了对图书馆方针、性质、职能和服务对象的认识。其次是重建规章制度,恢复了正常的工作秩序。1977年恢复高考,大批学子进入高校。由于图书馆馆藏损失严重、图书奇缺、图书借阅界限不清、社科方面的书刊不开放等原因,使读者服务陷入困境。1978年4月,国务院批发了国家文物局《关于图书开放问题的请示》,明确了图书管理、借阅的界限,解放了长期被禁锢的图书,也解放了广大高校图书馆馆员们的思想,各高校都掀起一股阅读热潮。8月,教育部印发了《关于加强高等学校图书资料工作的意见》,对高校图书馆的拨乱反正起到了至关重要的作用。这期间,大多数院校加强了对图书馆工作的领导,改善了办馆条件,重视了图书资料工作队伍建设,促进了图书馆工作向前发展。

1978年12月,党的十一届三中全会以后,高校图书馆像其他行业一样,焕发了生机和活力,人、财、物得到落实,业务工作正常开展。

1980年5月,中共中央书记处通过了《图书馆工作汇报提纲》。教育部依据中央的文件精神陆续发布了一系列行政法规,加强了对高校图书馆专业的领导,加大了资金的投入,为高校图书馆的稳健发展创造了条件。许多高校图书馆开始探索管理体制等方面的改革,并收到明显的效果。高校图书馆事业取得了令人鼓舞的成绩,创造了较好的社会效益,出现一派兴旺的景象,为20世纪90年代图书馆的腾飞奠定了坚实的基础。

1981年9月,第二次全国高等学校图书馆工作会议在北京召开。会议认真总结了高校图书馆30多年来正反两方面的经验,明确了今后努力的方向。10月,教育部颁发《中华人民共和国高等学校图书馆工作条例》,这是我国关于高校图书馆工作的第一个正式的法规文件。11月,教育部发出关于成立全国高等学校图书馆工作委员会的通知,各省相继召开高校图书馆工作会议,成立了高校图书馆协作委员会,推动了高校图书情报事业的迅速发展。至1986年,全国高校图书馆事业的规模进一步扩大,经费相当充足,馆藏文献大量增长,招聘了大量的专业人才,并开始尝试改革,调整了机构,加强了科学化管理。高校图书馆的数量、馆舍面积和馆藏文献量大大增加。

1987年6月,国家教委在北京召开第三次全国高等学校图书馆工作会议。7月,国家教委颁布《普通高等学校图书馆规程》(简称《规程》),《规程》指出:"高等学校图书馆是学校的文献情报中心,是为教学和科学研究服务的学术型机构,它的工作是学校教学和科学研究的重要组成部分。"进一步明确了高校图书馆的性质和地位。各高校图书馆认真实施《规程》,加大了文献资源建设力度,提高了为教学、科研服务的能力和水平,这标志着高校图书馆事业又迈上一个新的台阶。

20世纪80年代末至90年代初,伴随着通货膨胀、书刊涨价、人民币贬值等影响,高校图书馆经历了一个比较困难的时期。1991年,国家教委下发《关于开展普通高等学校图书馆评估工作的意见》,对高校图书馆办馆条件、服务水平、文献水平、科学管理水平等进行整体评估。对图书馆的评估定级工作,引起了高校领导对图书馆的重视,改善了图书馆的办馆条件和内外环境,有力推动了图书馆事业的全面发展。

进入20世纪90年代,以计算机技术、存贮技术、通信技术为主要内容的现代信息技术发展迅速,人类社会进入信息化时代。我国提出了"信息高速公路"建设计划,并建成"中国教育科研计算机网"(简称CERNET)。"信息高速公路"的建设,改变了图书馆的信息环境,为图书馆发展提供了挑战和机遇。这期间,各馆添置了计算机、打印机、复印机、视听设备等现代化办公设备,图书馆网络和自动化发展迅速。至1998年,全国高校图书馆大多建立了自己的网站,图书集成自动化管理和电子阅览室、多媒体阅览室服务得到了普及,图书馆自动化管理、数字资源建设和网络化信息检索成为研究热点,图书馆在为读者提供复印文本服务的基础上，增加了数字资源服务。服务平台从物理馆舍延伸到图书馆网站，突破了服务时间、空间的限制。1998年以来，全国高校开展了大规模的合并与调整，高校图书馆的合并工作成为研究热点。1998年开始的"211工程"和"985工程"建设，为高校图书馆带来了更多的发展契机。同年开始建设的高等教育文献保障系统（CALIS）对高校图书馆的网络联机编目、数字资源建设和数字资源整合与服务产生了深远的影响。

20世纪90年代末至21世纪初，信息技术、网络技术、数字化技术得到了空前发展，高校图书馆现代化建设逐步过渡到数字化、网络化建设阶段。数字图书馆的建设取得了较大进展。高校图书馆通过购买、自建和整合网上数字资源，为读者提供了数字资源、OPAC、虚拟参考咨询、网上信息检索、网上文献传递等服务，信息服务内容不断深化，信息服务单元由文献服务转向知识服务，数字图书馆的建设和服务成为研究热点。

1999年，因高校扩招而开始的新校区建设，给高校图书馆建设带来了新的机遇，由此掀起了图书馆新馆建设的第二次热潮。多数高校都斥巨资建立了新图书馆，且建筑风格独具特色，功能布局与服务模式超前、合理，自动化程度越来越高。同年，《中国图书馆分类法》第四版出版，使文献工作更趋标准化。2002年2月，教育部颁布《普通高等学校图书馆规程（修订）》（简称《规程》），《规程》在新的历史条件下对高校的性质、地位和作用做了新的阐述，对高校图书馆的管理机制、资源配置、服务手段和服务方式等各方面的工作提出了更富有时代性的要求。《规程》提出："高等学校图书馆的建设与发展应与学校的建设与发展水平相适应，其水平是学校总体水平的重要标志""建设包括馆藏实体资源和网络虚拟资源在内的文献信息资源"。《规程》不仅体现了继承发展性，而且是我国高校图书馆在很长一段时间内改革和发展的纲领性文件。

进入21世纪，随着《规程》的实施，高校图书馆紧跟时代步伐，注重转变观念、拓展职能、丰富内涵，脚踏实地地实行一个个举措：开架一体化借阅成为高校图书馆常规服务，延长开馆时间，资源共享和馆际互借，为读者提供超前服务、特色服务、延伸服务，强调服务的准确性、快速性、满意性。完善的服务环境、设施，一流的服务态度、服务水平成为高校图书馆的目标，真正体现当代高校图书馆服务的显著特点：科学管理从严，职业道德从尚，技术手段从新，服务效率从高，持续发展从远。至此，高校图书馆事业出现了前所未有的强劲发展势头。

随着科技的飞速发展，21世纪已经成为物联网时代，计算机网络的使用登上了更高的层次。物联网的出现实现了世界万事万物之间的互联互通，实现了人与物的对话。科技的发展引领社会各个领域的飞速发展。高校图书馆也经历从传统图书馆到数字图书馆再到智慧图书馆的变迁。

2015年12月31日，教育部印发《普通高等学校图书馆规程》（教高〔2015〕14号）。该《规程》分总则、体制和机构、工作人员、经费、馆舍、设备、文献信息资源建设、服务、管理、附则8章48条，自发布之日起施行。2002年印发的《普通高等学校图书馆规程(修订)》（教高〔2002〕3号）予以废止。这是我国目前指导高等学校图书馆工作的主要文件。

2016年12月，教育部高等教育司组织教育部高等学校图书情报工作指导委员会编撰的《高校图书馆发展蓝皮书2015》由高等教育出版社正式出版发布。《高校图书馆发展蓝皮书2015》是反映我国高校图书馆发展现状的第一部正式的年度报告，内容全面深入,分为高校图书馆发展概况、从业人员状况、年度经费状况、文献资源状况、服务状况、科学研究与专业人才培养、合作与共享状况和发展趋势8个部分,以翔实的数据和资料完整地展现了我国高校图书馆事业的发展现状和趋势。

三、高等学校图书馆的馆藏体系

高等学校图书馆的藏书体系细密且反映图书馆的目标,也反映学校的总体目标。学校的教学目标要求图书馆拥有一个丰富的教学参考书及专著馆藏,要求教学参考书具有适量的副本。适量标准的确定是高校图书馆文献资源建设的一个复杂问题。复本量过小难以满足学生高度集中的文献需求,复本量过大又会影响其他文献资源的收集。

学校的研究目标要求图书馆全面系统地收集能够反映最新科研动态的文献类型,如学术期刊、研究报告以及全面、权威的文献检索系统。想要维持这样一个馆藏,几乎所有高校图书馆都会感到捉襟见肘。在实际工作中,高校图书馆员需要针对不同需要寻求平衡,包括:1.专业平衡,必须兼顾各专业的需求,适当向重点学科倾斜;2.面向科研的文献与面向教学的文献之间的平衡;3.对需求比较集中的文献,维持其种数和复本数之间的平衡;4.预备式与即时式获取方式之间的平衡。

四、高等学校图书馆的功能

在高等教育规模不断扩大、学生自主学习比重日益加大、高等教育的全球性竞争日益加剧的背景下,高等教育机构对图书馆功能的依赖明显增强。目前,高等学校图书馆的功能大致可以归纳为:1.支撑研究过程:通过建设相对全面的期刊馆藏、各类型数据库、高效率的馆际互借系统和文献传递服务、专业化的参考咨询及其他相关服务,满足教师、科研人员和研究生的科研需求,帮助学校提高其科研生产率。2.支撑教学过程：通过建设相对全面的教学参考资料馆藏、加强与各院系的联系、参与课件开发及远程教育、提供教学设施等活动，为各院系教学提供支撑服务。3.实施教学过程：通过参与课程设计、讲授信息素质课和其他通用技能课程，直接实施教学功能。4.支撑自主学习过程：培养学生的阅读习惯及利用文献解决问题的能力、为个人或小组提供合适的自学场所、解答学生自学中遇到的问题等活动。5.开展图书馆学研究：通过承担图书馆学研究项目，实施图书馆学研究的功能。高等学校图书馆是图书馆学研究成果的重要来源。

呼和浩特市作为内蒙古自治区首府，是自治区的教育中心。呼和浩特地区集中了自治区开展本科以上教育的主要大学及学院，本书调研了呼和浩特地区全部 11 所公办本科院校图书馆，分别是内蒙古大学图书馆、内蒙古师范大学图书馆、内蒙古农业大学图书馆、内蒙古工业大学图书馆、内蒙古财经大学图书馆、内蒙古医科大学图书馆、内蒙古大学创业学院图书馆、内蒙古师范大学鸿德学院图书馆、内蒙古师范大学青年政治学院图书馆、内蒙古艺术学院图书馆、呼和浩特民族学院图书馆。各图书馆一直承担着学校信息中心的职能，发展进入较好时期。

本章旨在通过对 11 所本科院校图书馆的调研了解呼和浩特地区本科院校图书馆发展的历史沿革、基本情况、馆藏情况和服务情况等，让读者对呼和浩特地区的本科院校图书馆有一个基本的了解和认识，也为读者呈现呼和浩特地区本科院校图书馆蓬勃发展的新面貌。

呼和浩特地区图书馆概况

第二节 呼和浩特地区本科院校图书馆

内蒙古大学图书馆

内蒙古大学创建于1957年,是中华人民共和国成立后在少数民族地区最早创立的一所综合性大学。该校于1962年招收研究生;1978年,被确定为全国重点大学;1984年,获博士学位授予权;1997年,成为首批国家"211工程"重点建设院校;2004年,成为内蒙古自治区政府和教育部"省部共建"大学;2012年,入选国家"中西部高校提升综合实力计划"高校("一省一校");2016年,被国务院确定为中西部"一省一校"高水平大学建设支持高校,被内蒙古自治区政府确定为"双一流"建设首选支持高校;2017年,入选国家一流学科建设高校;2018年,成为教育部和内蒙古自治区合建高校。

内蒙古大学现有28个省部级重点实验室、工程技术研究中心、人文社会科学重点研究基地。该校的蒙古学和生命科学两个学科具有鲜明的民族特色和地区特色,在国内外享有盛誉。内蒙古大学是一所拥有哲学、经济学、法学、文学、历史学、理学、工学、农学、管理学、艺术学等10大门类学科的中国重点综合研究型大学。

一、图书馆基本情况

1.历史沿革

内蒙古大学图书馆创建于 1957 年 10 月 14 日，当时位于学校教学主楼内，馆舍占用教学主楼一隅，面积约 2000 平方米，藏书 17.4 万册，其中 6 万册是在学校筹建初期遵照周恩来总理的指示，由北京大学、清华大学、南开大学、暨南大学、复旦大学等12 所国内高等院校捐赠的。1959 年，周恩来总理还为内蒙古大学图书馆赠送了影印北京版《西藏大藏经》。建馆初期有工作人员20 名，并建立了较为科学和具有一定规模的外借、内阅工作体系和开展一些基础性的读者服务工作。

1978 年，内蒙古大学图书馆第一座独立馆舍竣工，面积 5400 平方米。此时，藏书已有 60 余万册，工作人员 46 人。

图 1　最早的图书馆

(图中右下角的那块突出部分)

1989 年，内蒙古大学图书馆新建馆舍一期工程竣工，面积 5600 平方米，此时馆舍总面积 1.1 万平方米，设有 4 个出纳处和大小 16 个阅览室，阅览座位 1300 席，藏书达百万册，工作人

图 2　1978 年图书馆独立馆舍竣工

(此楼现已拆除)

图 3 1989 年图书馆新建馆舍一期工程竣工

员 93 名。

2000 年,由新馆一期工程和二期工程相互依托建成的 1.6 万平方米的内蒙古大学图书馆新馆竣工。新馆一座集传统与现代化图书馆建筑风格为一体的标志性建筑,其设计采用同层高、同柱网、同载荷、大开间的图书馆建筑形式,同时设计安装计算机网络、通讯、电视监控、消防报警等综合布线工程和接口,为图书馆的现代化建设提供了良好的环境和条件。

2014 年 10 月至 2015 年 10 月,图书馆经过一年多的内涵提升及环境改造工程,服务环境和服务设备得到了改善和提高。图书馆阅览环境敞亮、通透、温馨、惬意、功能齐全,资源布局更加科学合理、充满人性化,突出了地方特色和民族特色。

图 4 内大图书馆(北校区)

2.馆舍情况

内蒙古大学图书馆是内蒙古自治区规模较大、文献资源较为丰富的现代化大型文献信息中心之一。内蒙古大学图书馆分为北校区图书馆和南校区图书馆,北区馆位于呼和浩特市大学西路235号内蒙古大学校园内,馆舍面积16170平方米,拥有阅览座位近1526席,有师生共用,藏、借、阅一体的阅览室20个,电子视听阅览室3个;南区馆位于呼和浩特市玉泉区昭君路24号内蒙古大学南区校园内,馆舍面积28000平方米,阅览座位1800席,新馆集藏书、阅览、展览、办公功能于一身。南北校区图书馆均设互联网服务区、总借还书处一个,还分别建有多功能学术报告厅,可承办各类大中型国内外学术会议。图书馆现设部门有:蒙古学部、信息咨询部(教育部科技查新站)、采编部、南北校区流通阅览部、系统部、办公室、内蒙古大学档案馆等。

3. 内蒙古大学档案馆

内蒙古大学档案馆是负责永久保存和提供利用本校档案的科学文化事业机构,是学校档案信息资源的保管和利用中心。档案馆的工作是学校的重要基础工作之一,对维护学校历史真实面貌发挥着举足轻重的作用。早在建校初期,内蒙古大学即设有档案室,隶属校长办公室。当时保存档案比较单一,只有文书档案和教学档案。1988年2月,成立档案科,开始了档案的集中统一管理。1991年4月,根据国家教委"六号令"成立了综合档案室,由校办主任兼档案室主任。

2000年4月,在学校校内管理体制改革时,档案室划归图书馆,目的在于凭借图书馆现代化管理的实力,提高档案现代化管理的水平。2003年12月,在学校新一轮改革招聘时,成立档案馆,设档案馆馆长一名,由图书馆副馆长兼任,隶属于图书馆。2004年,内蒙古大学档案馆新馆舍竣工,位于北区民俗博物馆一楼,馆舍面积170平方米,至此,图书馆总面积为16170平方米。2015年,学校成立图书与信息技术部,由图书馆、网络信息中心及电教构成,目前由图书与信息技术部副主任兼管档案馆。现有档案人员5名,其中高级职称1人,中级职称4人。

档案库房安装有密集架78组,配置了温湿度监测仪和防火、防盗设备,办公设备有计算机、服务器、打印机、复印机、装订机。2004年,引入"世纪科怡"档案管理软件,建立了全校档案案卷级、文件级、原文数据库。开展的服务项目有档案查询、工作利用、学术研究、宣传教育、来电来函查询、学历档案的查询、成绩查询、中英文成绩打印等。2013—2015年期间共接收各类档案9635卷5754件,接待5281人次,调阅案卷15438卷(件),查出假证13个。在保证档案馆正常工作的同时,档案馆进行了馆藏档案数字化工作,现已完成了90余万页档案的数字化工作。

内蒙古大学档案馆自成立以来,认真履行工作职责,较好地完成了学校档案工作的各项任务,取得了一定的成绩。1989年,被评为优秀档案室;1990年,定为机关档案管理二级单位;1991年,荣获全区档案系统先进集体称号;1995年,晋升机关档案管理一级单位;2005年1月,被评为档案工作目标管理考核特级单位和自治区档案利用服务优秀单位。当前,内蒙古大学档案馆积极致力于新时期档案管理的信息化建设,不断提升服务水平和服务质量,最大限度地满足广大师生及社会利用的各种需求。

4.人员构成

内蒙古大学图书馆现有工作人员108名,其中博士6人(包括在读博士3人),硕士27人,其他人员均备本科学历。图书馆拥有图书专业人员21人,正高职称4人,副高职称17人,中级职称48人。

5.内蒙古大学南校区图书馆

2009年,28000平方米的南校区图书馆建成并投入使用,新

第三章 本科院校图书馆篇

图5 档案馆密集架

馆馆舍总面积达到44000平方米，集藏书、阅览、展览、办公功能于一身，内部空间布局科学合理、充满人性化，流线安排清晰、明确，共享空间阳光充足，阅览空间由此变得温馨、惬意。

二、图书馆馆藏资源建设情况

1. 基础馆藏

内蒙古大学图书馆拥有丰富的纸本文献资源和电子文献资源。馆藏文献以特色文献（蒙古学文献、生命科学文献、数学科学文献、《四库全书》系列文献）、学校各学科专业教学和科研参考用书及有关电子文献、数据库为主。可通过馆藏目录查询内蒙古大学的图书、报刊。

目前，图书馆及各分馆（交通学院和满洲里学院）、院（所）资料室共入藏纸质文献274万余册（件），电子图书26万种。馆藏纸质文献中，汉文图书60万余册，外文图书20万余册，蒙古文图书6万余册，中

图6 内大图书馆（南校区）

外文报刊合订本23万余册,线装古籍11万余册。档案馆收集有全校各类档案12类2.3万余卷。电子资源建设以综合性、重点学科全文数据库为主,图书馆现拥有中、外文数据库89个,其中,自建数据库12个,电子文献2G,全文电子期刊3.5万余种,自建数据库和本馆特色库得到进一步完善。已形成了具有鲜明民族特点和地区特色,以蒙古学和生命科学为重点,以学校教学、科研专业用书为保障的科学藏书体系。

2.特色纸质资源

建馆以来,内蒙古大学图书馆非常重视蒙古文文献的收集与建设工作。早在1986年就成立了蒙古学部,专门开展蒙古文与蒙古学图书文献的资源建设、阅览服务、研究开发等工作。内蒙古大学图书馆是全国最大的蒙古文文献基地,是国家教育部民族学科"蒙古学文献信息中心",是内蒙古自治区和国内蒙古学研究的重要文献基地,藏有各文种、各类型蒙古学文献3万余册(件)。蒙古学古籍清代朱字木刻本《御制蒙古文甘珠尔经》、托忒蒙古文清代竹笔手抄本《西游记》、1721年巴黎版《贴木尔武工记》、剌失丁著《史集》1836年巴黎法文版等系蒙古学文献的稀世珍品。其中,1720年御制北京木刻版蒙古文109卷、5000多万字的《甘珠尔经》,是世界最全版本,是内蒙古大学图书馆的镇馆之宝。

《四库全书》系列

图7 内蒙古大学图书馆藏书

文献亦颇丰富,有台湾文渊阁版《四库全书》、台湾版《四库全书荟要》、《四库全书存目丛书》等重要文献及其相关文献。"内蒙古自治区高等学校外文文献中心"由自治区教育厅专款扶持,面向全区 27 所普通高等院校提供外文原版文献服务。"内蒙古大学生命科学文献信息中心"以生态学与农牧业生物工程学科为特色,重点开发生态学、动物生殖生物学及生物技术、微生物学与基因工程等学科的国内外文献资源。

3.特色数字资源

内蒙古大学图书馆为实现数字化咨询服务、学科专业文献资源的深度开发和利用而建立的现代化服务系统。主要有:

(1)蒙古学信息网(网址:http://www.surag.net/)

该网站是由内蒙古大学图书馆和内蒙古大学蒙古学研究中心合作共建的蒙古学信息资源整合数据库,力争建设为世界最大的蒙古学信息服务平台。这是目前国内唯一的蒙古学信息网站,内容丰富,更新速度快。设有新闻、历史、语言、文学、宗教、政治、经济、自然、风俗、网书、学者、艺术、学科、人物、科技、特色库、法律、文化类、哲学、蒙医等栏目,可以用蒙古文、汉文和英文三种文字检索,任一文字检索结果均能浏览蒙古文论文原文数据。

(2)中国蒙古文期刊网(网址:http://journal.surag.net/)

这是国内首次成功开通的在网络环境下浏览蒙古文期刊全文数据库的网站,同时制作了民族文字检索引擎,填补了我国这一研究领域的空白。蒙古文期刊论文全文数据库,采用了国际期刊论文全文数据库制作标准——PDF 格式,下载安装 PDF 阅读器即可浏览。

(3)蒙古学特色库

蒙古学特色库是图书馆文献资源特色化重点建设项目之一,

主要包括蒙古学书目检索、网络导航、新闻发布、专家学者导航以及蒙古学论文题录库等。

（4）生命科学特色库

生命科学特色库是图书馆文献资源特色化重点建设项目之一，主要包括资源导航、专家介绍、核心期刊、专利、重点实验室、专题数据库等。

（5）内蒙古大学CALIS重点学科网络资源导航

内蒙古大学CALIS重点学科网络资源导航包括蒙古学、生命科学、马列主义、数学、历史学、物理学、哲学、化学、汉语言文学、经济学、法学、信息科学与技术、图书馆学情报学等学科导航系统。

（6）内蒙古大学文库

内蒙古大学文库是该馆文献资源特色化建设项目。建有名师专题数据库，内容包括名师简介及个人成果导航。

三、图书馆布局及开放时间

1.北校区图书馆开放时间

楼层	阅览区	门号	阅览室	开放时间
1	北阅1A区		基藏库	暂未开放
2	北阅2A区	209	内蒙古大学文库、文革库陈列室	暂未开放
3	北阅3A区	309	国际教育学院阅览室	暂未开放
4	北阅4A区	409	古籍阅览室	周一至周五 上午 8:00—11:30 下午 2:30—5:30
4	北阅4A区	410	古籍书库	周一至周五 上午 8:00—11:30 下午 2:30—5:30
5	北阅5A区	509	过期报纸藏阅室	周一至周五 上午 8:00—11:30 下午 2:30—5:30
5	北阅5A区	510	外文阅览室	周一至周五 上午 8:00—11:30 下午 2:30—5:30

2.南校区图书馆开放时间

楼层	位置	阅览室	开放时间
1	南侧	现过刊、报纸阅览室	周一至周日 8:00—22:00
	北侧	密集库	周一至周五 8:00—11:30 14:30—17:30
2	南阅 2B	蒙文图书与 a、b、c 类中文图书阅览室	周一至周日 8:00—22:00
	南阅 2A	d、e、f、g 类中文图书阅览室	周一至周日 8:00—22:00
3	南阅 3B	外文图书与工具书阅览室	周一至周五 8:00—11:30 14:30—17:30
	南阅 3A	h、i、j 类中文图书阅览室	周一至周日 8:00—22:00
4	南阅 4B	交通学院图书阅览室	周一至周日 8:00—22:00
	南阅 4A	1.k 类中文图书阅览室 2.各学院资料室	周一至周日 8:00—22:00 各学院资料室:周一至周五 8:00—11:30　14:30—17:30
5	南阅 5A	中文保留本、过期报纸与外文过刊、过期报纸阅览室	周一至周五 8:00—11:30　14:30—17:30

四、科研成果及所获荣誉

1.科研成果

内蒙古大学图书馆作为学校的文献信息中心和为教学科研服务的学术性机构,在近5年内圆满完成了《中国蒙古文古籍总目》等文献研究科研成果13项,正在进行中的"蒙古文文献计算机管理集成系统"和"蒙古文图书书目数据库光盘"开发项目等有12项,超过了前40年的总和。其中《中国蒙古文古籍总目》于1997年被定为国际图书馆协会联合会(IFLA)促进发展中国家图书馆事业核心计划项目;2000年,获自治区社会科学优秀成果一等奖。

2.所获荣誉

1987年以来,图书馆先后建立了"内蒙古高等学校外文文献信息中心""国家教育部民族学科蒙古学文献信息中心""内蒙古大学生命科学文献信息中心""内蒙古大学数学科学文献信息中心"等,其中"国家教育部民族学科蒙古学文献信息中心"是教育部所属全国重点高等院校中的16个文献信息中心之一。现在,内蒙古大学图书馆是教育部高等学校图书情报工作委员会的委员馆、中国图书馆学会理事馆、中国高等教育文献保障系统(China Academic Library&Information System,简称CALIS中心)联合目录项目的B级成员馆。2005年,在该馆成立全国15个省中心之一"CALIS内蒙古自治区文献信息服务中心",同年档案馆晋升为特级馆,并被自治区评为利用考核优秀单位。2006年,在图书馆建立了"CALIS西部培训中心",为西部五省区提供服务。2007年,成立了"教育部科技查新工作站(L23)",成为自治区唯一一所教育部级科技查新站。

五、图书馆服务开展情况

1.学科服务

图书馆学科服务部成立于2013年5月,经过几年的努力,已有一支专业的馆员服务队伍,并打造出"资源到院系、服务到个人"的服务体系。学科服务的主要工作内容包括:提供面向各学院和科研团队的信息咨询;了解各学院的学科资源引进需求,与学院合作,建立符合学科发展需要的馆藏资源体系;根据需求,提供面向各学院和科研团队的电子资源利用培训;根据各学院需求,开展基于资源层面的分析评价工作,如科研学术影响力评价等;根据需求,为科研团队提供各种文献层面的帮助。

2.科技查新

科技查新是教育部和科技部为了避免科研项目重复立项和客观正确地判别科技成果的新颖性、先进性而设立的一项工作。

内蒙古大学图书馆科技查新工作站是教育部科技成果查新及项目咨询中心工作站之一,该工作站查新工作始于 2006 年,其工作范围包括:科研立项、申报科技成果奖励、成果的鉴定、评价、验收等其他相关工作。该查新工作站现有生命、物理、数学、化学等专业毕业的查新人员 6 人,可为校内外科研人员提供高质量、高标准的科技查新等服务。

3.讲座培训

(1)《图书馆利用》讲座

《图书馆利用》讲座是学校新生入学教育的重要组成部分。主要对象为入学新生,讲座在发放图书证之前举办,一般以院系为单位依次进行。讲座内容包括介绍图书馆的基本情况、利用图书馆的方法和注意事项。

(2)《文献信息资源检索与利用》专题讲座

该讲座是根据各院系要求,图书馆派专业人员到各院系开展的专题性讲座。每次讲座时间约为一小时(又称为"一小时讲座"),培训内容主要有:图书馆文献资源概述,网络资源、数据库、计算机检索基础,中国期刊网、万方数据库、维普数据库、中国科学引文数据库等数据库利用,ISI、Springer、EIsevier 等外文数据库的使用方法,中外文电子图书利用,蒙古文文献利用,特种文献概述及其检索,新引进数据库介绍。读者可根据自身需要选择有关内容。

(3)"文献信息检索与利用"课程

该课程自 1984 年开展以来已有 30 多年的历史,现已列入内蒙古大学公共选修课范畴,属较高层次的信息素质教育课程。授课对象为二年级以上的本科生或研究生。每学期在全校范围内选修,授课 48 学时,记 3 学分。目前开设的课程有:社会科学文献

呼和浩特地区图书馆概况

检索与利用(蒙、汉语授课)、信息检索(汉语授课)。

六、图书馆近十年的变化

内蒙古大学图书馆是在全国少数民族地区建立的第一个综合性大学图书馆。自1957年10月14日建立以来,经过60多年的发展,在馆舍条件、馆藏资源、图书馆信息化及图书馆管理等方面均有了翻天覆地的变化。

学校领导十分重视和关心图书馆的发展,近年来每年投入经费2000万元用于图书馆建设,其中1000万元购置各类纸质图书,1000万元购买数字资源。在信息化、网络化的新形势下,图书馆大力推进开放、共享的管理理念,为读者提供书刊借阅、资源检索、科技查新、信息与课题咨询、馆际互借与文献传递、远程访问、用户培训、信息推送、档案查询等服务内容,并实现了南北校区通借通还、预约借阅的服务模式。周开放时间达101.5小时,图书馆76%的馆藏文献实行了开架借阅,图书馆年接待读者85万人次以上,读者日流量近4000人次。图书馆使用RFID图书自助借还书系统、座位管理系统和自助复印、打印、扫描等设施,体现了开放、自助和共享的优势,实现了图书馆业务和读者服务工作的全面自动化、数字化管理模式。使全部图书文献实现了自助式开放获取,馆员工作重心转向监管、导读工作、网络服务、参考咨询以及更深层次的学科服务等,提高了馆藏资源和网络信息资源的使用效率,同时,提高了图书馆的管理与服务水平。

随着图书馆局域网的建成,图书馆绝大部分工作基本摆脱了传统的手工作业方式,实现了网络化的计算机管理。文献采编工作由最初的单机管理到馆内局域网的运行,进而发展到互联网上联机编目。阅览室采用了藏、借、阅一体化的布局模式,师生共用,绝大多数文献资料在阅览室实行了全开架的开放式管理。图书文献的查询、读者借阅文献的管理、业务统计等工作也已实现了计算机自动化管理,有效提高了图书馆馆藏文献的利用率和读者服务工作的科学管理水平。同时,网上咨询服务已开通,可以随时随地为读者提供网上咨询服务。

图书馆是知识的海洋、智慧的宝库、人才腾飞的基地。内蒙古大学图书馆的全体工作人员,本着"读者第一、服务至上""甘为人梯、无私奉献"的精神,致力于打造国内一流水平的大学图书馆,以先进科学的管理理念、认真负责的工作态度、高效便捷的服务手段为全校师生提供更加优质的服务。

注:以上数据截至 2017 年 5 月,均由被采访单位提供。

呼和浩特地区图书馆概况

内蒙古师范大学图书馆

一、图书馆基本情况

1.历史沿革

内蒙古师范大学创建于1952年,是中华人民共和国成立后党和国家在边疆少数民族地区较早建立的高等学校之一,是内蒙古自治区重点大学,是培养基础教育、民族教育师资和蒙汉兼通少数民族复合型人才的重要基地,也是自治区中学教师培养中心、中小学教师继续教育中心、基础教育与民族教育改革发展研究中心,被誉为"民族教育的摇篮"。内蒙古师范大学的前身是内蒙古师范学院,1952年5月5日成立于当时的首府乌兰浩特。内蒙古师范大学图书馆随学校的成立而建立,当时命名为内蒙古师范学院图书室。1954年8月,学校随自治区首府从乌兰浩特市迁到呼和浩特市,并将于1953年8月由张家口师专和绥远师专合并成的内蒙古师范专科学校并入该校。1982年,建校30周年,学校更名为"内蒙古师范大学",图书馆随之更名为"内蒙古师范大学图书馆"。

2.馆舍情况

内蒙古师范大学图书馆由赛罕校区图书馆和盛乐校区图书馆组成,总建筑面积31327平方米,其中赛罕校区图书馆11298平方米,盛乐校区图书馆20029平方米。赛罕校区图书馆建设于1982年,位于校园教学区中心南侧,坐北朝南,馆舍呈"回"字形,共5层,设8个大阅览室和3个借书处,提供阅览座位800余个,其中包括一个120机位的电子阅览室。图书馆主体后面为十层书库(每层400平方米),可容纳藏书160万余册。盛乐校区图书馆于2004年竣工并投入使用,馆舍亦为5层,设借阅一体的开放型大阅览室8个,自习室1个,包括470个阅览机位的电子阅览室1个,外加展厅、密集书库和两个大报告厅,提供阅览座位约2500席(不包括报告厅810席)。

图书馆下设采编部、流通部、阅览部、期刊部、蒙古文部、信息咨询部、特藏部、技术部、分馆建设与资料室业务指导部、办公室,盛乐校区图书馆另设流通阅览部、期刊部、蒙古文部和盛乐校区图书馆办公室(内蒙古师范大学古籍研究所、韩国学研究所设在主校区图书馆楼内)。图书馆实行现代化开放式借阅管理和两馆舍通借通还服务,目前已基本达到馆内阅览空间利用的最大化。通过图书馆网站、检索机、自助借还书机、文印系统等提供便捷的文献查询、图书借还和文稿打印复印扫描业务。图书馆网站年访问量约77万人次。2016年,到馆读者超过140万人次,平均年文献外借量15万册次。

3.人员结构

至2018年,图书馆在编工作人员89人,其中正高级职称4人、副高级职称25人、中级职称48人、初级职称12人;博士8人(其中在读博士4人),硕士39人;合同制工作人员39人,设置勤工助学岗位50人,并返聘个别退休人员,保证了两校区图书馆文献信息服务工作的顺利开展。

图书馆工作坚持以"读者第一"为服务宗旨,以学校教学和科学研究的专业文献需求、学生素质教育的基础文献需求为服务重点,加强文献资源采购、加工、管理、服务的各个环节和科学管理，竭尽所能满足师生的文献信息需求，为学校教学和科学研究提供强有力的文献信息保障。

图 8　盛乐校区图书馆外观

二、馆藏布局及开放时间

赛罕校区图书馆于 2012 年进行较大规模的维修改造和更新，在内外部空间布局、馆舍结构、基础设施等方面均进行了大规模改造，如今馆舍条件的改善使图书馆文献布局更加合理。盛乐校区图书馆在建馆之初便以大开放模式的构想为指导，空间布局方面完全体现现代化图书馆面貌。两校区图书馆馆舍布局及各阅览室开放时间见表 1、表 2。

第三章 本科院校图书馆篇

表 1 赛罕校区图书馆布局及开放时间

开放部门	部门位置	开放时间		
过刊阅览室	一楼西		上午 下午	晚上
蒙古文阅览室	四楼东	星期一	7:30—12:00	14:30—22:30
社科期刊阅览室	二楼西	星期二	7:30—12:00	14:30—22:30
社科阅览室	三楼西	星期三	7:30—12:00	14:30—22:30
理科阅览室	四楼西	星期四	7:30—12:00 下午不开放	18:30—22:30
		星期五	7:30—12:00	14:30—22:30
		星期六	8:00—12:00	14:30—22:30
		星期日	8:00—12:00	14:30—22:30
社科理科借书处	二楼东		上午	下午
文学艺术借书处	三楼西	星期一	8:00—11:30	14:30—17:30
蒙古文借书处	四楼西	星期二	8:00—11:30	14:30—17:30
蒙古学研究室	三楼中	星期三	8:00—11:30	14:30—17:30
工具书检索室	四楼中	星期四	8:00—11:30	下午不开放
特藏阅览室	五楼东	星期五	8:00—11:30	14:30—17:30
电子阅览室	三楼东	星期一至星期日 8:00—12:00 14:30—22:00		

表 2 盛乐校区图书馆布局及开放时间

开放部门	部门位置	开放时间		
总还书处	二楼西	08:30—11:30,14:30—18:00,20:00—22:00,每周四下午及晚上不开放		
第一图书借阅室	二楼东	星期一	8:30—11:30	14:30—22:00
第二图书借阅室	二楼西	星期二	8:30—11:30	14:30—22:00
蒙古文书刊借阅室	三楼东	星期三	8:30—11:30	14:30—22:00
外文工具书检索室	三楼东	星期四	8:30—11:30	下午和晚上不开放
期刊报纸阅览室	三楼西	星期五	8:30—11:30	14:30—22:00
文学艺术图书借阅室	四楼西	星期六	8:30—11:30	14:30—22:00
第三图书借阅室	五楼东	星期日	8:30—11:30	14:30—22:00
第四图书借阅室	五楼西			
电子阅览室	四楼东	星期一至星期日:8:00—22:00		

注:以上表格内容来源于内蒙古师范大学图书馆官网

呼和浩特地区图书馆概况

三、图书馆馆藏建设情况

内蒙古师范大学非常重视加强文献信息资源建设,每年积极争取并投入较大额度的经费提高图书馆的文献服务能力。图书馆以满足学校教学和科研的文献需求、培养全面发展的合格师资为目的,保证重点学科文献资料的收藏与利用。经过不断努力,初步建成印刷型文献和数字化文献相结合的文献保障服务体系。

截至 2017 年 5 月,图书馆印刷型中文图书 220 多万册,外文原版进口图书 30 多万册;中外文电子图书 110 万余册;线装古籍 7500 余部 76010 册,藏有清雍正蒙古文写本《宁玛派伏藏》(369 卷)、《宁玛派伏藏注疏》(149 卷)和《大唐六典》(30 卷),入选《国家珍贵古籍名录》;蒙古文书刊 15 万册,是内蒙古地区收藏蒙古文书刊比较齐全的图书馆之一。图书馆每年订购中外文期刊报纸 1400 余种,年入藏新书 6 万多册。此外,学校还建成了外国语学院、体育学院两个分馆,并在全校 34 个学院设有图书资料室(藏书共 26 万册),在业务上由图书馆统一领导,共同组成学校的文献服务网络。

近年来,图书馆大力加强网络化和数字化文献资源的建设,对文献资源类型进行了适时调整,逐年加大对电子资源的收藏力度,并取得了显著成效。经过几年的建设,数字化文献信息资源体系已具备一定的规模,数据库内容已经基本涵盖学校所有学科专业。购进的数据库有:Apabi 教学参考书、中国基本古籍库、钦定古今图书集成数据库、清朝末年及中华民国时期期刊全文数据库、世界名校视频教育资源库等 52 个中文数据库,以及 Springer、ScienceDirect、SCI、EI、JCR-SCI 等 21 个外文数据库。数字资源通过校园网及 VPN 向全校师生提供 24 小时服务。这些重要的学术资源较好地满足了广大师生的文献需求,保证了高水平科学研究的文献需要,成为学校创新平台建设的一个重要环节,受到广大读者的好评。

在日常图书采购方面,图书馆每年两次组织各学院专业教师外出现场采购图书,通过与专业教师进行文献需求沟通,以及对学生借阅情况综合分析,提高书刊采购的针对性。此外,图书馆积极联络社会各界捐赠图书,尤以高等教育出版社赠书为主。

四、特色馆藏

内蒙古师范大学图书馆建有内蒙古师范大学文库、内蒙古师范大学博硕士学位论文数据库和内蒙古地区中小学教科书文库等特色文献资源库,目前已向读者全面开放。

1.内蒙古师范大学文库,主要收藏1952年学校成立以来,曾经及现在为学校服务的所有教职员工、历届校友的著作教材以及本校博硕士学位纸质论文。该文库不仅最大程度地展现了学校在科研教学方面的重要成果,也使本校及外校教师对师大科研有整体直观的认识,并进一步强化了校内各学科与图书馆的联系。

2.内蒙古师范大学博硕士论文提交系统。为进一步加强图书馆文献资源建设,促进学校教学、科研的交流,图书馆自2011年上半年着手建设并实施本校博硕士论文特色数据库,收集学位论文电子版全文并提供网上检索、浏览、下载等服务。目前数据库已收藏学位论文7000余篇,为推动学校的学科建设提供重要支撑。

3.内蒙古地区中小学教科书文库,主要收藏1948年以来在内蒙古地区出版发行过的各类蒙汉文基础教育教科书、教学大纲等。

五、图书馆服务开展情况

目前,图书馆服务功能完备,拥有多种现代化的服务手段,可为读者提供外借、阅览、听音收视、参考咨询、文献检索、读者教育、馆际互借、文献复制、文献传递、档案查询等多类型、多层次的服务，并实现了南北校区通借通还、预约借阅等服务模式，周开放近100小时。在基础读者服务工作——图书加工处理方面，图书馆非常注重新书上架效率。新书从入馆到上架保证在2~3天完成，切实保证读者第一时间借阅到新书。在读者活动方面，图书馆每年定期举办读书月、读书节系列读书活动，通过图书馆网站、校园网、宣传海报及时发布通知动态，读者参与度高，反响良好。图书馆积极主动作为的服务态度、"读者第一"的服务理念深刻影响着广大师生，在全校形成了"爱读书、读好书、好读书"的良好氛围。

值得一提的是，进入内蒙古师范大学赛罕校区，首先映入眼帘的是有关图书馆基本情况介绍、入馆人次统计、借阅人次排行等内容的宣传专栏，这在课题组调研的高校中是唯一将图书馆宣传专栏放在学校门口处的，图书馆在学校中的重要地位和作用可见一斑。

1. 文献传递

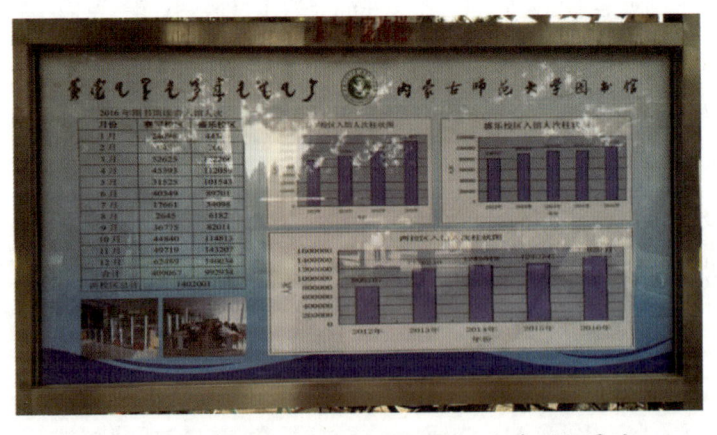

图9 赛罕校区北门入口处图书馆展板

2005年10月19日，CALIS内蒙古信息服务中心正式启动，中心开通CALIS文献传递系统，馆际互借服务开始面向全区高校用户。

2006年初，内蒙古师范大学图书馆也正式开通了馆际互借服务（目前的馆际互借主要是指非返还式文献传递，即读者获得的是原始文献的复制品）。读者通过馆际互借服务可获取CALIS文献传递网中500多家成员馆丰富的文献信息资源。此举丰富了本馆馆藏资源，进一步满足了读者的各类文献信息需求，为学校的教学和科研提供了更加有力的信息保障。

2.信息检索与利用

一直以来，图书馆在积极做好新生入馆教育和信息资源推广使用培训的同时，还承担两门全校公共选修课程：科技文献检索与利用、社科文献检索与利用，在充分了解各种信息源特点的基础上，通过教授学生掌握各类型信息资源的检索方法，培养学生熟练地检索信息、正确评判和利用信息以及深度挖掘信息，从而解决实际问题的能力。

此外，2007年，图书馆成立了大学生图书管理委员会（以下简称"图管会"）。"图管会"沟通了图书馆与读者的关系，自成立至今十多年以来发挥了重要作用。协会不仅积极宣传图书馆的各项规章制度，参与图书馆建设与管理，维护馆内的学习秩序，还积极主动帮助同学们解决在利用图书馆时遇到的困难，使图书馆的资源得到充分利用。同时，"图管会"还协助图书馆积极开展各项读者活动，包括争当文明读者、图书推荐、评书议书、爱心捐书、写作大赛、朗读比赛等，在全校营造了浓厚的读书氛围，影响广泛。

六、所获荣誉

2003年，图书馆正式成为CALIS联合目录项目的参建单位。2010年，开始参加CALIS三级编目员认证考试，并取得了三级编目员资格，次年向CALIS上传数据，开始了共建之路。截至

2016年末，图书馆向CALIS中心上传高质量图书编目数据17000余条，进一步提升了图书馆在全国高校图书馆中的影响力。目前，图书馆共拥有CALIS认证资格的中、西文二级编目员4名，三级编目员20名，是内蒙古地区拥有编目员最多的图书馆。在十余年的共建共享之路上，图书馆多次获得荣誉。2013年，获得"CALIS三级编目员队伍建设优秀奖"；2014年，荣获"CALIS联合目录项目建设突出贡献奖""CALIS联合目录编目员队伍建设先进单位奖"；2015至2017年，连续三年荣获"CALIS联合目录中文数据库建设先进单位奖"。

2018年，图书馆与CALIS合作实现了蒙古文图书的联机编目，批量上传蒙古文书目数据16000余条，填补了CALIS联合目录蒙古文书目资源的空白，获得了"CALIS联合目录民族文献突出贡献奖"，更加凸显了内蒙古师范大学图书馆的区域特色和民族教育特色。

七、图书馆近十年的变化

内蒙古师范大学图书馆自建馆迄今历经30多年，各个方面都有很大的发展。藏书量大规模增长，馆舍面积成倍增加，服务手段全面现代化，文献信息服务初见规模。同时，师生的文献服务需求也大量增加，需求层次相应提高。在馆舍条件改进方面，2012年，赛罕校区图书馆经过较大规模的维修、改造，使图书馆内外环境优雅、设施齐全、布局更合理，更符合现代化图书馆的要求。盛乐校区图书馆的建成，进一步满足了全校师生的需求，加快了图书馆的信息化、网络化发展。在馆藏资源建设方面，随着学校的高度重视，购书经费由每年几百万元增加到1000万元左右（其中购买纸质文献300多万元，电子资源600多万元），较好地满足了广大师生的文献资源需求。在信息化建设方面，图书馆自2003年开始着手信息化建设。开始采用DOS系统,至2011年下半年,中央财政支持地方高校发展专项资金2011年项目"数字图书信息资源和共享平台建设"经费到位,图书馆增购电子图书53万多种,购置"耶理巴文献管理集成系统",并更换一批计算机、交换机设备,整修电子阅览室,有效提升了图书馆数字文献信息服务水平。如今,图书馆采用"汇文文献信息服务系统",图书馆信息化、自动化管理迈向新台阶。此外,图书馆于2014年获得专项经费,正式启用RFID(无线射频识别技术)管理系统。这一系统的应用,使得图书馆馆藏文献实现智能化大开放管理,拓展服务空间,优化人力资源配置,达到全国高校图书馆的先进管理水平。目前,图书馆正在积极参与地区高校及更大范围的合作和协作,建立为学校教学和科学研究有效服务的强有力的文献信息保障体系。内蒙古师范大学图书馆正以全方位开放的姿态,为师生读者提供更加便捷的现代化服务。

注:以上数据截至2018年12月,均由被采访单位提供。

呼和浩特地区图书馆概况

内蒙古农业大学图书馆

一、图书馆基本情况

1.历史沿革

内蒙古农业大学图书馆成立于1952年,前身为内蒙古畜牧兽医学院图书馆,藏书近万册。1953年,随学校搬迁到昭乌达路306号,馆舍面积为400平方米,后扩大馆舍面积达到1500平方米;1958年,更名为内蒙古农牧学院图书馆。1999年4月,由原内蒙古农牧学院图书馆、内蒙古林学院图书馆合并为现在的内蒙古农业大学图书馆,并于2003年建成新馆。

2.馆舍情况

内蒙古农业大学图书馆分设西、东、南三个校区分馆,总馆设在西校区,三个分馆共有馆舍面积22570平方米,可提供阅览座位1200多个。内蒙古农业大学图书馆已建设完成RFID图书管理、座位预约、自助复印、无线网络覆盖和移动图书馆等多项智能化信息管理系统,完全实现了读者自助借还图书、自助预约座位和自助打印复印等业务,提高了图书馆的自动化服务水平。

图书馆建有蒙古文特色阅览室1个;新建的学人文库、体现中华文化的承文堂、体现草原文化的草原文化小屋、内蒙古地方志专馆、外文图书借阅室等已初具规模;自建的3D科教体验厅和一批创客室也已投入使用。对读者开放的阅览室共10个:社会科学阅览室(一)、社会科学阅览室(二)、自然科学阅览室(三)、工具书阅览室、蒙古文文献信息中心、农大学人文库、承文堂、自主学习中心、2个创客室,配有阅览桌椅788席。图书馆东区和南区各有两个阅览室,供读者借阅和自习的需要,配有阅览桌椅400多席。此外,图书馆还设置了多个可在线预约的学习室、研讨室以及视听欣赏区等,竭尽所能为读者创造更舒适、更温馨的阅读和学习环境。同时,馆里设置了西部地区最大的托福考点和西部地区唯一的GRE考点。

表3 图书馆馆藏分布图

一楼	密集书库	3D影厅	会议室	校史馆
二楼	自主学习中心	电子阅览室	学生文印中心	创客室
三楼	工具书阅览室	蒙文文献信息中心	社科阅览室(二)	草原文化小屋
四楼	自然科学阅览室	农大学人文库	社科阅览室(一)	
五楼	文献检索课实习室	承文堂	保留本图书阅览区	

内蒙古农业大学图书馆始终面向教学和科研,坚持"以人为本、服务创新"的办馆理念,以先进技术为支撑,以科学管理为手段,通过不断改善基础设施和网络环境,大力加强各类馆藏文献信息资源建设,为全校教学科研、人才培养和学科建设与发展起到了重要的支撑和保障作用。

图10 内蒙古农业大学图书馆外貌

图11 农大图书馆馆徽

图12 图书馆大厅

3.人员结构

全馆现有职工76人,其中博士学位5人,硕士学位22人,本科学历42人;高级职称2人,副高级职称31人,中级职称36人。

二、图书馆馆藏建设情况

1.纸质资源

内蒙古农业大学图书馆以收藏农牧业科学文献为主,是内蒙古自治区农、林、牧文献信息资源收藏最丰富的图书馆。馆藏纸质文献161万多册,中外文期刊1131种,报纸75种97份,交换学报350份。近几年纸质图书购书经费平均每年280万元,每年新进图书5万册左右,东西南校区实行统一采购,分馆邮寄。图书采购采取现采和书单选择两者结合的方式,公共类专业性图书,例如计算机、农业等,由专业教师辅助选择,其余的小专业图书,因为数量不多所以全部采购,同时结合读者荐购的方式补充馆藏资源。蒙古文图书由蒙古文部单独采购,2016年共采购蒙古文图书477种。图书馆于2003年进行全馆图书回溯,共回溯图书24万册;2015年,全面实行RFID图书管理,不仅解放了人力,还提高了排架的准确率。

2015年,图书馆建草原文化小屋、承文堂和农大文库3个特色书库。其中体现草原文化的草原文化小屋正在建设中,承文堂主要收集图书馆收藏的中华民国文献,农大文库主要收集农大教师文章、硕博论文和捐赠的图书。

图 13　图书馆图书阅览室　　图 14　图书馆期刊阅览室

2.数字资源

内蒙古农业大学图书馆现有电子图书 194.1 万多册,电子期刊 2 万余种,目前已订购 74 个中外文数据库,自建 3 个特色数据库,数据库采取本地镜像和远程登录两种方式,仅供校园网用户使用。数据库容量逐年扩充,平均每年增加 1~2 个数据库,截至 2017 年,本地数据存储容量达 266TB。图书馆建有 1 个电子阅览室,设 200 个机位。近几年由于个人电脑和智能手机等终端设备的普及,电子阅览室利用率不高,周六日多数作为西部地区唯一的托福考试考场在使用。自建本校学位论文数据库与农科特色资源共享数据库。2014 年,新置多项硬件设备,包括 RFID 图书管理、自助借还机 4 台、24 小时自助还书机 1 台、自动盘点机 7 台、检索机、改造无线 Wi-Fi、扩展虚拟服务器、建设 3D 影厅等。

图书馆于 2000 年进行微机化管理,建立图书馆网站,电子资源均可登录网站进行检索、下载和使用,网站资源导航清晰,链接有效。网站与微信平台同时更新,多渠道发布信息,网站信息资源主要是各大数据库的查询和使用,微信平台的云悦读资源主要为博看微书屋,提供期刊、报纸、图书的掌上阅读。

三、图书馆服务开展情况

1.基础服务

图书馆面向全校师生教职工提供外借阅览、馆际互借、文献传递、参考咨询、定题服务、学科导航、信息汇编报道、专题讲座、信息素养教育等形式的服务。开馆时间为星期一至星期日 8:00—11:30,14:30—22:00,星期四下午闭馆,每周开馆时间达 73.5 小时,寒暑假期间每周二上午对读者开放。2016 年,借阅书刊 82381 册,文献传递书刊 956 册。

图 15　图书馆电子阅览室

图书馆自 2014 年后逐步形成自动化管理,包括 RFID 图书管理、自助借还服务、自助打印服务、自助预约服务等一系列自助服务。进行馆舍改造后,图书馆更加开放、自由,在节省用户时间、提高服务效率的同时,很好地提高了用户体验。

2. 读者活动

图书馆自 2012 年开始举办校园读书月系列活动,读书月活动每年围绕"世界读书日"进行,活动逐年增多、内容更加丰富,深受广大读者的喜爱。例如,2017 年内蒙古农业大学图书馆举行的主题为"美好人生,始于读书"的读书月活动包括了 16 项内容,从开幕式到闭幕式历时 1 个月之久。内容包括教师阅读推广征文活动、真人图书馆、研究生外文数据检索技能培训、本科生信息素养讲座、中华诗词知识大赛、蒙古文化历史佳片欣赏与优秀书目推荐、"快闪·图书馆"、有奖闯关游戏等。每届新生入学时做新生入馆教育并完成公共选修课——文献检索课教学任务,平均每年约有 2000 名学生选修此课程。图书馆以丰富多样的活动形式提高师生人文素养,让读者进一步认识图书馆的信息、教育和服务的职能作用,从而推动学生充分利用图书馆文化环境,使学生在知识、能力和素养方面得到协调发展。

图书馆于 2015 年建成并开放的 3D 多媒体影厅,采用最先进的多媒体设备,给予读者逼真震撼的现场效果。每周三、周六开放,主要放映从西安数图购买的原声科教片、美国国家地理拍摄影片及部分国际高票房 3D 影片。除了每周的例行开放外,图书馆支持团体预约自行放映,同时也配合学校和图书馆举行的活动进行党员专题放映。

3. 学科服务

内蒙古农业大学图书馆非常注重本科生的信息素养能力的培养,在新生入学后对全部新生以班为单位开展图书馆资源利用讲座;在本科生三年级时,以学院为单位,开展论文写作文献查找方法及论文写作规范培训讲座,全校的本科生培训覆盖率达 85% 以上。学科服务方面,完成了农业科学 ESI 发展态势分析、内蒙古农业大学专利分析报告等 7 份学科分析报告。为学校科研处、人事处等职能部门提供数据支撑,为人事处三年聘岗考核及职称评定提供查收查证等。

四、图书馆近十年的变化

内蒙古农业大学图书馆于 1999 年合并;2003 年,搬入新馆,进行

图 16　图书馆楼梯间自习室

微机化管理；2006年，使用汇文系统，建立图书馆网站；2012年，全面开展校园读书月活动；2015年，完成RFID图书管理，Wi-Fi全覆盖，实现自助借还，新增3D影厅，自建草原文化小屋、承文堂、农大文库3个特色书库；2017年3月，成立图书馆微信平台。图书馆随着岁月的变迁和技术的进步，一步步发生着改变。

在馆藏资源方面，文献购置费逐年增加，从最初的几十万元到现在的每年280万元；馆藏量自2003年回溯图书24万册，截至2017年底发展成拥有161万册丰富藏书的大馆；数字资源也从主要的中文数据库发展到现在的74个中外文数据库，自建3个特色数据库，并整理发布相关的网络免费学术数据资源供读者使用。在服务内容上，从传统的借阅服务向自动化、特色化、个性化发展，先后购置多项自助设备，建设特色书库，开展针对不同人群的丰富多样的活动。信息技术应用更加深入，数字化设施进一步完善，包括无线网络的全覆盖、服务器的大幅度扩容、虚拟服务器的投入应用、文献传递的有效开展、文献检索课程的全面普及等。图书馆管理从手动走向自动化，利用汇文系统和RFID对图书进行管理和加工，解放了人力，提高了工作效率和排架准确率。

内蒙古农业大学图书馆秉着"以人为本、服务创新"的办馆理念，与时俱进，不断进取。相信内蒙古农业大学图书馆的明天会更美好！

注：以上数据截至2018年11月，均由被采访单位提供。

第三章 本科院校图书馆篇

内蒙古工业大学图书馆

一、图书馆基本情况

1.历史沿革

内蒙古工业大学的前身是绥远省高级工业学校,始建于1951年,是中华人民共和国成立后内蒙古自治区创办的第一所培养专门人才的学校。1958年,在清华大学对口支援下,内蒙古工学院成立,先后隶属于机械工业部、农业机械部。1983年,划归内蒙古自治区。1993年12月,学校正式更名为"内蒙古工业大学"。

图书馆随着学校的成立而建立,最初位于学校教学主楼内,馆舍面积约300平方米,藏书1000余册。初期有工作人员3名,主要开展一些基础性的外借、内阅读者服务工作。

1995年,新城校区现图书馆建成并投入使用,馆舍面积近10000平方米,藏书近44万册,员工47人,阅览座位1100余席。2007年,电力学院图书馆并入,新增金川校区临时图书馆,员工增至74人,纸质图书增加6万册,藏书量达到64万余册。2010年,金川校区逸夫图书馆建成并于9月正式投入使用,该馆舍面积18000平方米。图书馆全面进入两校区运行模式。此时馆舍总面积近28000平方米,藏书81万册,阅览席位3000余席。

2.馆舍情况

内蒙古工业大学图书馆是学校的文献信息中心,是为学校教

呼和浩特地区图书馆概况

学和科研服务的学术性机构,现由新城校区图书馆、金川校区逸夫图书馆和建筑学科馆组成,总建筑面积28000余平方米,其中新城校区图书馆约10000平方米,逸夫图书馆约18000平方米,建筑学科馆约400平方米,教材中心800平方米。图书馆年运行经费近1300万元,馆藏以工程技术类书刊为主,兼有基础科学、哲学社会科学和综合类书刊,是自治区收藏工程技术类文献资料最多、品种最全的现代化高校图书馆。新城校区图书馆有7个阅览室和1个密集书库,1170个阅览座位(包含120个电子阅览室机位),90个检索实习机位及780个存包柜位;金川校区逸夫图书馆有9个阅览室、1个密集书库、3个学术研讨间、1个校园书店和1个书苑沙龙,2500个阅览座位,160个检索实习机位及830个存包柜位(包含480个智能存包柜);建筑学科馆有78个阅览座位,2个学术研讨间,15000余册藏书。图书馆通过网站、检索机、自助借还书机、自助文印系统等提供便捷的文献查询、图书借还以及文稿打印、复印、扫描业务,实行藏、借、阅一体化的"大开放、一站式"服务模式和三馆舍通借通还服务,周开放时间105小时,阅览室年接待读者约170万人次,图书馆网站年访问量约140万人次。

2009年10月,图书馆创办的第一份面向读者的内部刊物《图源知讯》与广大读者见面。《图源知讯》主要向读者提供最新文献信息和馆情通报,其宗旨是为全体师生提供最新、最有效的书刊知识讯息,以及获取文献信息的工具和方法,架起图书馆与读者沟通交流的桥梁,扩大服务范围,提高服务质量,深化服务层次,进而创建内涵与外延并举式的图书馆。

3.人员结构

目前,图书馆设有资源建设中心、读者服务中心、学科服务中心及综合管理协作中心等部门。图书馆现有员工99人(含临时工14人),其中研究馆员2人,副研究馆员16人。具有硕士以上学历27人,具有图书馆学专业背景人员11人(其中硕士5人,本科3人,专科3人),具有计算机专业背景6人(其中硕士5人,本科1人)。同时,图书馆是学校的勤工助学基地,有近120名学生参与图书馆的服务工作。

二、馆藏布局及开放时间

新城校区图书馆、金川校区图书馆馆藏布局情况及各阅览室开放时间,见图21、图22以及表4、表5。

新城校区图书馆布局及开放时间:

图17 新城校区图书馆

图18　金川校区逸夫图书馆　　　图19　建筑学科馆

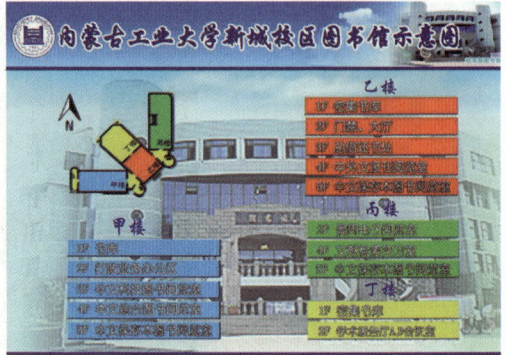

图20　建筑学科馆阅览区　　图21　新城校区图书馆布局示意图

表4　新城校区图书馆开放时间

校区	服务场所	地点	开放时间
新城校区	综合业务办公区	甲二楼	8:00—12:00 14:30—17:30 星期一至星期五
	复印装订室	甲二楼	
	总服务台	乙三楼	
	密集书库	甲、乙、丁一楼	
	休闲交流共享空间	乙二楼	7:00—22:00 (星期一至星期日)
	中文科技图书阅览室	甲三楼	
	文学艺术图书阅览室	乙三楼	
	中文综合图书阅览室	甲四楼	
	中外文报刊阅览室	乙四楼	
	中文保存本图书阅览室	甲五楼	
	中外文保存本图书阅览室	乙、丙五楼	
	建筑学科馆	建筑馆一楼	8:00—22:00(星期一至星期日)
	景周电子阅览室	丙二楼	8:00—22:00(星期一至星期日)
备注	如果周四上午图书馆组织业务学习或者活动,景周电子阅览室下午14:00开放。		

第三章 本科院校图书馆篇

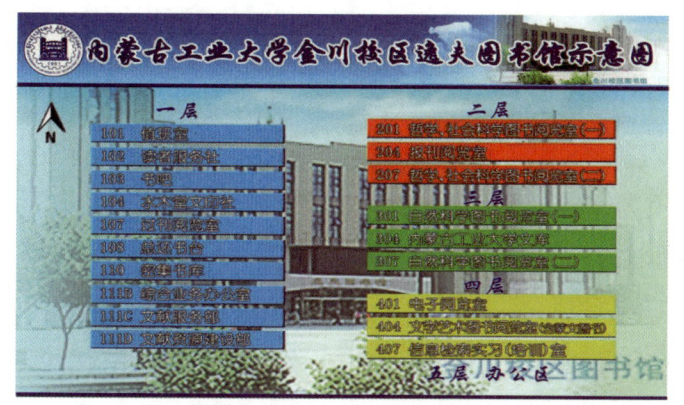

金川校区逸夫图书馆布局及开放时间：

图 22　金川校区逸夫图书馆布局示意图

表 5　金川校区逸夫图书馆开放时间

校区	服务场所	地点	开放时间
金川校区	综合业务办公区	五楼	9:00—12:00 13:00—17:00 星期一至星期五
	总服务台	一楼大厅	
	过刊阅览室	一楼 107	7:00-22:00 (星期一至星期日)
	休闲交流共享空间	一至四楼大厅	
	哲学社会科学阅览室1	二楼 201	
	哲学社会科学阅览室2	二楼 207	
	文学艺术图书阅览室	二楼 204	
	自然科学阅览室1	三楼 301	
	自然科学阅览室2	三楼 307	
	报刊阅览室	三楼 304	
	蒙文图书阅览室	四楼 404	

备注：以上图片和表格内容均来自内蒙古工业大学图书馆主页

三、馆藏资源建设情况

图书馆基本形成以工为主，兼有理、文、经、管、法等多学科文献的藏书体系，是自治区收藏工程技术类文献资料数量最多、品种最全的图书馆。全馆现有各类中外文纸质文献140万余册，馆藏中外文电子图书累计156万余种，电子图书拥有量在自治区高校图书馆中名列前茅。中外文纸质报刊1200余份，电子报刊2.9万余种。

近几年，图书馆根据学校学科建设与发展的需要，在不断增加纸质文献采购量的基础上，加大了电子资源的建设力度，先后引进了一些在国内外影响较大的全文或文摘数据库。包括全球知名的Elsevier-SD、EBSCOhost、SpringerLink、Wiley、Emerald、Taylor、剑桥期刊回溯等大型外文综合数据库；国际学术水平领先的外文学（协）会专业数据库AIP、ACS、ASCE、ACM、IEL、RSC等；著名检索工具SCI、EI、CPCI-S、SciFinder、CSCD、CSSCI等；中国知网、万方、超星等大型中文数据库。截至2018年11月，图书馆共购买各类数据库（包括电子图书和期刊等中外文数据库）47个，同时与NSTL合作开通共享外文数据库32个。

此外，图书馆十分重视自动化、网络化建设，不断提高现代化管理水平。2005年，图书馆引进集成管理软件"汇文文献信息服务系统"，在中外文图书采访、编目及读者查询、图书流通等各项业务工作中全面实现信息化、自动化、集成化管理。目前图书馆拥有218T存储空间、27台高端服务器、磁盘阵列8组，全馆拥有计算机700余台，建有局域网，依托校园网，为广大读者提供网络化的文献信息服务。

四、特色馆藏

1.内蒙古工业大学文库（以下简称"工大文库"）

工大文库始建于2009年，主要藏有工大全体师生的毕业论文、学术论文，工大师生出版或发表的图书、论文、讲义，以及图书馆自己创办的馆刊《图源知讯》、工大学报。截至2017年5月，已经藏有 2000 多种书刊。建设文库初期的目的是解决读者查询问题,并且丰富馆藏,更重要的是为广大师生保留其学习及科研成果。如今,在资源有限的情况下,图书馆整合力量,扩大文库文献收录范围,如学院的书刊、学生竞赛的优秀作品等。同时,图书馆专门设有资深馆员对收集到的文献进行加工整序。文库的建立,丰富了馆藏,体现了特色,也是对学校各时期研究成果的重要展示。

2.内蒙古工业大学博、硕士学位论文管理系统

内工大图书馆是自治区首家将博、硕士学位论文作为本馆特色文献来建设的高校图书馆,此举对于广大师生了解和掌握本校各学科最新动态、学术发展水平具有独特价值,进一步推动了学校教学和科研工作的发展。2005 年,内工大图书馆开始着手于收藏本校的博、硕士学位论文;2007 年,开始统一加工、制作;2009 年 10 月,利用方正 Apabi 的 TASI 和 DESI 软件系统建立了目前图书馆使用的论文提交系统。由此读者可以进行学位论文提交并建立学位论文数据库。

五、图书馆服务开展情况

近年来,图书馆的建设呈快速发展态势,已逐步由传统的借、还书图书馆转变成宽敞明亮、环境优雅、自动化程度高的现代化图书馆,全馆实行藏、借、阅一体化的"大开放、一站式"服务。馆内随处可见的沙发、茶几、藤椅、绿植、配置电源插座的桌面,无线 Wi-Fi 全覆盖及清晰全面的标志标语等各种人性化的细微设计让人倍感温馨。图书馆本着"读者第一、服务育人"的理念,处处想读者之所想,为师生提供服务。

1.文献建设方面。内工大是以理工科为主的院校,馆藏资源建设方面必须严格按学校学科专业建设与发展规划进行,以读者

需求为中心,推出虚拟与现实相结合的两种资源荐购模式。为深入了解读者意向,该馆还不断完善读者座谈会、走进学院等模式,加强与读者交流。同时,为切实保障专业图书采购的质和量,图书馆积极联系16个学院,将学院所辖重心下移图书资料经费用于购置本学院专业图书,由图书馆加工上架、流通,弥补了纸质专业书刊资源建设经费的不足。此外,内工大图书馆每年举办读书节活动,邀名家进校园,传授知识、留墨宝、捐赠文献等,在很大程度上也丰富了本馆资源。

2.文献检索教学。文献检索课是旨在培养学生信息素养的一门技能方法课,该课程自1985年在内工大开设以来,一直由图书馆骨干教师承担教学任务。为了突出该课程的实践性,培养学生的信息意识、信息能力及基本的科研能力,图书馆组织任课教师组成了教材编写组,总结多年教学经验,编写了《信息检索实践教程》,2010年由机械工业出版社出版;张玉慧等编著的《网络信息检索与利用》,2014年由北京理工大学出版社出版。课程组教师还积极进行教学内容及教学形式的改革实践探索,自主研发的教学辅助系统获学校教学成果二等奖,编写的教材获全国信息素养教育教材大赛一等奖。

(1)文献检索实践。文献检索实践是面向全校大三本科生开设的实践性质的必修课,目的是培养本科生的信息能力及科研素养。该课程是学校精品课程,主要由图书馆具有硕士或副高级职称以上的骨干教师承担授课任务,目前共有专兼职教师14名,年均授课人数达4500余名。

(2)网络信息检索。网络信息检索是面向全日制专业硕士及在职硕士生开设的学位基础课程,旨在培养硕士研究生的学术素养。目前共有专兼职授课教师6名,年均授课人数达700余名。

3. 学科分析评价。为及时反映学校的科研产出,自2013年起,内蒙古工业大学图书馆每半年一次对全校教师最新发表的论文及被著名检索工具收录情况进行跟踪统计,并在图书馆主页上开辟"科研跟踪"专栏,及时发布科研成果跟踪分析报告,每年发布一次学校年度科研产出统计分析报告。掌握学校科研产出,为学科专业建设决策提供数据支撑,也为图书馆提供更有针对性的学科服务奠定了基础。

4. 新生入馆教育。2011年9月,图书馆开始开展新生入馆教育,主要由学科服务中心、读者服务中心负责。新生入馆教育主要采取"两步走"的方式:认识图书馆、走进图书馆,即先以讲座形式介绍图书馆的文献资源与服务,再由馆员与图书馆学生管理委员会(简称"学管会")成员组成讲解团,带领新生进馆实地参观。新生入馆教育的内容主要包括:图书馆概况,各类自助机的使用(如OPAC机、自助文印机、自助借还机、智能选座系统),图书借阅规则,图书馆文献资源与服务以及读者文明规范等。在此值得一提的是学管会,成立于2013年6月,其成员由金川校区各学院学生组成,目前共有90余名学生。学管会设学生馆长与馆员岗位,有别于图书馆勤工助学组织,属于志愿者。学管会成员在参与图书馆管理和日常工作的同时,也培养了自己的组织管理能力和服务观念,成为促进图书馆读者服务工作顺利开展不可或缺的一部分。经过不断的实践和培训,目前金川校区的新生入馆参观讲解工作,已经完全由学管会承担。

六、科研成果与所获荣誉

1997年,获评全区高等学校图书馆评估先进图书馆。

2009年,获评"华北地区高等学校图书馆协作委员2009年度先进图书馆"称号,3名馆员获评华北地区高等学校图书馆先

呼和浩特地区图书馆概况

进工作者。

2010年,获得内蒙古自治区图书馆学会"年度先进集体"称号。

CNKI中国知识基础工程一级检索站,2010年被授予"CNKI创新与创新管理知识服务"建馆示范单位。国家863计划中国数字图书馆示范工程超星数字图书馆一级站。科学引文索引——SCI一级检索站。万方数据资源系统最佳应用单位。

截至2018年,全馆有60余篇学术论文被核心期刊、CSSCI来源刊刊发,其中30余篇获学校科技论文二、三等奖。

此外,2011年郭俊平编著的《大学生信息素质教育读本》(高等院校信息素质教育专用教材)由印刷工业出版社出版;2013年,王福、周文学编著的《图书情报专业学术论文写作》由内蒙古大学出版社出版;2014年张玉慧等编著的《网络信息检索与利用》由北京理工大学出版社出版。

七、图书馆近十年的变化

随着2007年内蒙古电力学院图书馆正式划归内工大图书馆,2009年底金川校区逸夫图书馆正式投入使用,在馆舍条件改进、馆藏资源建设、图书馆信息化建设、图书馆管理等方面均发生了前所未有的变化。在馆舍条件及环境改进方面,两校区馆舍总面积达到2.8万平方米,金川校区馆舍是新城校区图书馆的近2倍,阅览座位总量也从850余个上升至近4000个,馆舍面貌焕然一新,条件得到极大改善。2018年9月3日,经过3个多月的全面升级改造,内工大第一座学科专业图书馆——建筑学科馆正式开馆运行。建筑学科馆作为自治区高校第一家独立设置的学科专业图书馆,将与新城校区图书馆和金川校区图书馆形成综合性、多功能、现代化的图书馆馆藏与服务体系,为师生提供全方位、多样性、个性化的文献资料和信息服务。

十年来,工大图书馆在多校区建设及管理的过程中,也遇到诸多问题,但在不断实践、总结中逐渐探索出自己的解决方案。如今,图书馆实行"大开放、一站式"服务模式,打破了曾经实施多年的半封闭模式,给图书馆的发展注入了新的生机,为全校师生打造了更加舒适便捷的借阅环境。读者可携带个人书包、书籍等物品进入各阅览室学习和借阅图书,极大地方便了师生,图书馆读者骤增,各阅览室座无虚席,图书馆真正成为学生的第二课堂。

近年来,为推动读者服务工作迈向新的台阶,图书馆大胆探索,多措并举,使"大开放、一站式"服务模式向深推进。例如,拆除阅览室监测仪,实现借阅空间大开放,互通互联;两校区三馆舍图书"通借通还",并计划引入 IC 空间管理系统;强化学科服务工作,实现文献信息资源一站式便捷获取;新建学术研讨间,并配备多媒体设备,对师生全面开放等。

随着图书馆条件的不断提升,图书馆信息化建设也发生了巨大变化。2005 年,图书馆拥有计算机 500 台,各类服务器 20 台,存储器 3 套,存储容量约 10TB,没有自助服务设备。截至 2015 年底,图书馆拥有计算机 700 余台,各类服务器近 80 台,存储器十余套,存储容量达 200TB,各类自助服务设备 70 余套。提供图书借还、座位预约、存包、报刊阅读、多媒体视听以及打印、复印和扫描等自助服务,读者服务区域 Wi-Fi 全覆盖。2013 年 9 月,图书馆正式投入使用 RFID 系统,该系统给图书馆带来了技术革新,方便了读者和馆员,向现代化图书馆迈进了一大步,也进一步解放了图书馆人力资源。在馆藏资源建设方面,图书馆年运行经费约 1300 万元,藏书以 8~10 万册/年的速度逐年递增;数据库由十年前的六七个增至现在的近 50 个,数字资源以 10 倍的速度增长。随着学校的高度重视,近年引入图书馆学相关专业人员 8 人,进一步提升了图书馆的专业化服务水平,增强了图书馆的综合实力。

如今,图书馆本着"博""雅""敬"的发展理念,继续按"大开放、一站式"服务模式加强图书馆工作,紧紧围绕"三个实体图书馆""一个虚拟图书馆",把图书馆打造成学生的课外学习基地、业余活动基地、素质教育基地、文化休闲基地和勤工助学基地,以实现图书馆对教学科研和学生管理教育工作的强大助力作用。

注:以上数据截至 2018 年 11 月,均由被采访单位提供。

第三章 本科院校图书馆篇

内蒙古财经大学图书馆

一、图书馆基本情况

1.历史沿革

中华人民共和国成立初期,百废待兴,为了适应大规模经济建设对财经类人员的需要,各级各类财经教育应运而生。内蒙古自治区先后创办相应的财经教育机构。1960年,整合原内蒙古财经学校、自治区工业干部学校、商业干部学校、财政干部培训班等财经教育资源的基础上成立内蒙古财经学院。1962年,内蒙古商业学校、内蒙古财政金融学校并入内蒙古财经学院。1961年,中央提出"调整、巩固、充实、提高"方针,大力整顿高等学校。与许多新建高校一样,1962年内蒙古财经学院改建内蒙古财贸干部进修学院,1965年内蒙古财贸干部进修学院又改建内蒙古财贸学校。党的十一届三中全会以后,全党全国的工作重点转移到经济建设上来,我国进入了社会主义现代化建设和改革开放的新时期,财经教育迎来了新的春天。1980年,经国务院批准重建内蒙古财经学院。20世纪70年代末80年代初,各地、各部门相继创建一批管理干部学院和中等专业学校。1983年、1986年内蒙古管理干部学院、内蒙古经济管理干部学院相继创建。内蒙古财经学校、内蒙古税务学校、内蒙古工商行政管理学校先后成立。世纪之交,国务院着眼于培养符合21世纪需要的高质量人才,提高办学质量和效益,解决条块分割、专业过窄、规模过小、低水平重复设置高等院校和专业的问题,在全国范围内推动高校管理体制和布局结构。2000年,内蒙古经济管理干部学院与内蒙古财经学院合并,组建成立新的内蒙古财经学院。2006年,原内蒙古财税职业学院和内蒙古工商行政管理学校并入内蒙古财经学院。2005年,学院取得硕士学位授予权。2006年,新校区建设全面开展,学院以良好成绩顺利通过国家教育部本科教学工作水平评估。进入建校以来又好又快发展的新时期。

内蒙古财经大学图书馆作为学校的文献信息中心,是为学校教学和科研服务的学术性机构,是一所具有鲜明区域性和民族特色的自治区高校图书馆,也是自治区唯一财经类高等院校图书馆。

2.馆舍情况

目前,内蒙古财经大学图书馆占地面积为31700多平方米,其中坐落在内蒙古自治区呼和浩特市海拉尔大街47号的图书馆占地面积为4700多平方米,共有两层。新建的图书馆为27000多平方米,位于内蒙古自治区呼和浩特市北二环路185号,共有5层。全馆实行全开放、大开间、区域化、一站式的现代化图书馆模式。内蒙古财经大学北二环路图书馆突破传统阅览室格局,采用大阅览区概念,根据读者的需求和人性化服务理念,划分出新书刊借阅区,外文图书借阅区,经济管理类图书、文学、艺术类图书、计算机类图书、自然科学类图书、人文社会科学等借阅区域。读者可以在全馆内自由穿梭,在各个区域内收集所有借阅书籍后,再进行自助借阅。而且几乎在每个阅览区都增设了电子阅读设备,可以随时借阅图书和电子阅览,实现了"传统阅读"与"数字阅读"的无缝衔接,最大限度地节约读者时间。馆内配有会议室、展览厅、书吧等服务设施。除向读者提供完善的文献借阅、参考咨询服务外,还设有电子阅览室、单间学术研讨室、多功能报告厅等,可举办讲座、培训、展览、学术交流、读者沙龙等活动,为更好地发挥图书馆的宣传教育功能,满足读者的精神文化需求提供了良好的条件。此外,各楼层还设置有优雅的读者休闲区,营造了舒适惬意的人性化阅读环境。

表6 内蒙古财经大学楼层分布

楼层	阅览室	馆藏类型	服务方式
一楼	密集书库	各类旧书、报纸合订本、2009年以前的过刊、各类副本量大的图书、"人大法"分类的所有旧藏书	馆内阅览、可借
	捐赠书架	捐赠图书	馆内阅览、可借
二楼	经济管理阅览室(一)	经济管理类(F—F3)	馆内阅览、可借
	经济管理阅览室(二)	经济管理类(F4—F8)	馆内阅览、可借
	蒙古文阅览区	蒙古文图书(A-Z)、报刊	馆内阅览、可借
	新书展示区	新书	馆内阅览、可借
	主题书架	经典著作	馆内阅览、
三楼	语言文学艺术阅览区	语言、文字(H)、文学(I)、艺术(J)	馆内阅览、可借
	计算机科学技术阅览区	计算机类图书(TP3)	馆内阅览、可借
	自然科学阅览区(二)	医药、卫生(R)、工业科学(T)	馆内阅览、可借
	特藏文库	民国至改革开放时期出版的报纸书籍	馆内阅览
	草原丝绸之路文库	"草原丝绸之路"沿线国家地区的特色藏书	馆内阅览
	电子阅览室	查阅图书馆各类数据库资源	按每小时一元收取费用

楼层	阅览室	馆藏类型	服务方式
四楼	报刊 工具书阅览区	各类期刊(除蒙古文)、报纸、近两年的过刊、工具书	馆内阅览(期刊合订本可外借)
	自然科学阅览区(一)	自然科学总论(N)、数理科学和化学(O)、天文学、地球科学(P)、生物科学(Q)、农业科学(S)、交通运输(U)、航空、航天(V)、环境科学、安全科学(X)	馆内阅览、可借
	社会科学阅览区	马克思主义、列宁主义、毛泽东思想、邓小平理论(A)、哲学、宗教(B)、社会科学类(C)、军事(E)、文化、科学、教育、体育(G)、历史、地理(K)、综合性图书(Z)	馆内阅览、可借
	财大文库	财大师生的专著、教材、论文等学术成果	馆内阅览
五楼	外文阅览区	外文图书(英、日、俄、德)	馆内阅览、可借
	政治法律阅览区	政治、法律类图书(D-D9)	馆内阅览、可借

图23 内蒙古财经大学北二环校区图书馆外景

图24 内蒙古财经大学海拉尔校区图书馆外景

图25 内蒙古财经大学北二环校区图书馆总服务台

3.人员结构

内蒙古财经大学图书馆实行分管校长领导下的馆长负责制，全馆设有综合业务办公室、文献资源建设部、信息咨询部、技术部、读者服务一部、读者服务二部。现有工作人员57名，其中硕士10名，本科27名，专科及以下20名；具有正高级职称的有1名，副高级职称12名，中级职称35名，初级8名；图书馆学专业背景人才3名。

一个图书馆发展的好坏大部分取决于馆员的整体素质，内蒙古财经大学把培养馆员外出学习、参加培训作为工作的重要内容，每年都会参加全国各类高校图书馆会议，通过和各地同行的交流学习，不仅提高了业务水平，还在图书馆建设理念方面不断更新，积极汲取发达地区图书馆发展的宝贵经验。由于参会培训内容较多，本文以表格形式对内蒙古财经大学2016年和2017年馆员培训情况进行部分展示。

表7 内蒙古财经大学图书馆2016年至2017年5月馆员参会培训情况

序号	时间	地点	事由	主题内容
1	2016年5月8日至13日	兰州	培训	数字资源深度利用研讨会暨CALIS第十四届引进数据库培训周
2	2016年6月16日至21日	厦门市	研讨会	大数据环境下高校图书馆创新服务研讨会
3	2016年7月8日至14日	锡林郭勒	研讨会	参加"一带一路战略"研讨会
4	2016年7月10日至15日	杭州市	研讨会	2016年CDPDL国际研讨会击鼓知识库建设与创新应用分会
5	2016年7月18日至22日	西安	研讨会	数图多媒体资源服务平台应用研讨会
6	2016年7月25日至30日	鄂尔多斯	培训	第五期民族文化估计普查培训
7	2016年7月27日至28日	包头师范学院	博览会	参加第二十六届全国图书交易博览会
8	2016年7月27日至8月1日	南京	培训	参加汇文5.5系统培训
9	2016年8月8日至12日	国家图书馆	培训	关于举办"2016年图书馆新员工入职培训班"
10	2016年9月21日至23日	南开大学	学术会	移动互联环境下高校图书馆的创新服务
11	2016年9月18日至21日	长沙	研修班	2016年高校图书馆知识服务于创新应用高级研修班
12	2016年9月20日至23日	长春	研讨会	参加东北师范大学举办的文献资源建设研讨会
13	2016年10月13日至14日	贵州财经大学	年会	图书资料协作委员会2016年年会
14	2016年10月20日至23日	宁夏银川	交流会	云时代的图书馆数据与服务模式创新

序号	时间	地点	事由	主题内容
15	2016年10月27日至30日	上海	研讨会	高校图书馆支撑科研评价和科研管理专题研讨会
16	2016年12月6日至8日	天津	研讨会	CALIS助力高校学科服务业务研讨会
17	2016年12月22日至28日	武汉、长沙、广州、深圳、上海	考察	各大学图书信息化调研
18	2017年3月14日至19日	北京	考察	考察书商和数据商
19	2017年3月28日至4月1日	杭州	会议	"智慧图书馆从理论到实践"研讨会
20	2017年4月10日至13日	北京	研讨会	全国财经教育资源共享平台建设研讨会
21	2017年5月2日至3日	北京	培训学习	参加CALIS西部馆员学习交流项目
22	2017年5月15日至20日	南京	培训	数据库培训
23	2017年5月25日至29日	合肥	学术会议	学术会议
24	2017年5月22日至27日	北京	培训	中文普通图书编目与管理培训

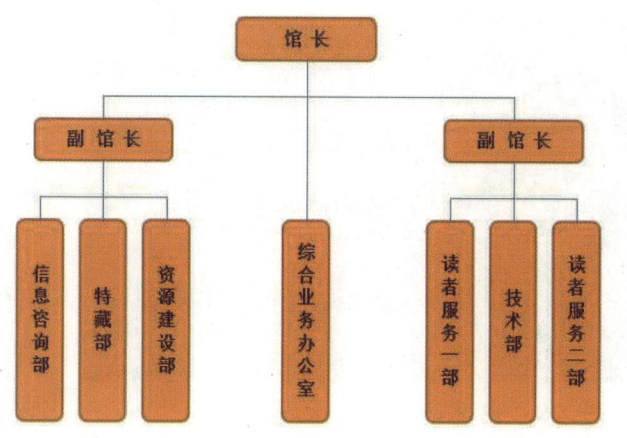

图 26 内蒙古财经大学图书馆机构设置

4.办馆理念

内蒙古财经大学图书馆始终坚持"读者第一、服务至上"的服务宗旨与理念,加强文献信息资源建设,尤其加强特色资源建设,利用新技术创新服务模式,拓展服务内容,健全服务体系,提高服务质量与水平;努力把图书馆建设成为服务研究性、开放性、数字化、网络化、智能化的自治区高校一流现代化图书馆,成为内蒙古地区最大的经济管理知识服务中心。

图27 内蒙古财经大学北二环校区图书馆报刊阅览区

二、图书馆馆藏建设情况

1.纸质图书、电子图书、设备等

图书馆经过几十年的建设和发展,已形成了以经济、管理为主要收藏特色,兼有法、文、理、工等多学科、多类型、多语种、多种载体的文献保障体系。全校图书藏书为250多万册,其

图28 内蒙古财经大学北二环校区图书馆蒙古文阅览区

中纸质图书为150多万册、电子图书为100多万册（90万种），全馆每年订购中外文纸质报纸150种，期刊1127种，各类电子期刊18000种。

2.数据库情况

内蒙古财经大学图书馆数据库分为外购数据库、自建数据库和试用数据库3个部分。外购数据库分为经济管理类数据库、中文电子期刊、外文电子期刊、电子图书以及多媒体学习数据库。其中经济管理类数据库包括：中国权威经济论文库、中国经济信息网教育版数据库、中经网统计数据库、中经网产业数据库、中经要报、中国地区经济发展报告库、RESSET金融研究数据库、INFOBANK高校财经数据库、国研网高校专版数据库、经济管理案例库、EPS数据平台（2013年前）、搜数网、BVD外文系列数据库。中文电子期刊包括中国知网、万方数据知识服务平台、人大复印资料、百链、超星发现、龙源电子期刊、北大法意、中国知识产权文献与信息资料库。外文电子期刊包括：剑桥期刊回溯数据库、Emerald外文期刊数据库、EBSCO数据库外文资源，SpecialSciDBS国道特色专题数据库。电子图书有超星数字图书馆、书生之家数字图书馆、读秀中文学术搜索以及优秀数字图书馆。多媒体学习数据库有MeTel多媒体教学资源库、银符考试模拟题库、环球英语多媒体资源库、中科学习资源库、外语自主学习资源库、网上报告厅及畅想之星光盘管理系统。同时还有财大硕士论文库、财大机构知识库、馆藏数字化平台和教学参考书系统5个自建数据库。除此之外，还有起点考研网和中国名校精品资源服务平台两个试用数据库（部分试用）。

3.特色馆藏

特色馆藏资源是每个图书馆区别于其他图书馆并能独立存

图29 内蒙古财经大学
北二环校区图书馆电子阅览室

在的基础，内蒙古财经大学图书馆以服务于教学和科研为目的，根据教学科研人员和在校学生的信息需求来确定馆藏定位，根据本校的办学方向和学科建设重点优化藏书结构，广泛收藏印刷型文献和非书资料文献，成立了财大文库、特藏文库以及草原丝绸之路文库在内的三大特色馆藏资源。财大文库收录了内蒙古财经大学师生的专著、教材、优秀论文等学术成果；特藏文库保存了具有较高收藏价值以及强烈年代感的报纸、书籍和地方文献；草原丝绸之路文库作为内蒙古财经大学2016年新建的一个特色资源，预计每年投入经费50万元用于草原丝绸之路文库的建设和发展。

图30 内蒙古财经大学特色文库简介

图31 内蒙古财经大学特藏书库

图32 内蒙古财经大学草原丝绸之路文库

三、图书馆服务开展情况

内蒙古财经大学图书馆作为学校教学和科学研究的学术性机构,提供了包括借还服务、阅览服务、读者借阅查询服务、新书通报、荐构服务等基础服务。全馆共设有5275席座位供师生选用。在自习区引进了座席管理系统,使座席资源得到更有效、更合理的利用。目前,进一步筹划在全馆范围内开展自助选座服务。除此之外,内蒙古财经大学图书馆还为读者提供文献复制、参考咨询、信息服务、音像、电子阅览及计算机检索等多层次、多方式的读者服务和学生信息素质教育工作,不断满足读者对文献的需求和满意度,充分发挥图书馆为学校教学科研服务的作用。图书馆为了使读者更好地利用馆藏文献信息资源,加大了用户培训力度,把图书馆馆藏资源,尤其是数据库使用列为教师继续教育的内容,每年对新生进行"大学生如何利用图书馆"的入馆培训。这些完善的基础服务增加了广大师生利用图书馆的便捷性,使内蒙古财经大学图书馆的年流通率逐年攀升,在2016年达到132527万册次。

内蒙古财经大学图书馆开放时间。

表 8 内蒙古财经大学图书馆开放时间

地点	楼层	服务点名称	星期一——星期日
西区馆	一层	密集书库	8:00—17:30
	一层	打印中心	6:00—22:30(冬季 6:00—22:00)
	二层	咨询服务台	6:00—22:30(冬季 6:00—22:00)
	二层	经济管理阅览室(一)	6:00—22:30(冬季 6:00—22:00)
	二层	经济管理阅览室(二)	6:00—22:30(冬季 6:00—22:00)
	三层	语言、文学、艺术阅览室	6:00—22:30(冬季 6:00—22:00)
	三层	电子阅览室	6:00—22:30(冬季 6:00—22:00)
	三层	特藏文库、草原丝绸之路文库	8:00—17:30 周六、日不开放
	四层	社会科学阅览室	6:00—22:30(冬季 6:00—22:00)
	四层	报刊 工具书阅览室	6:00—22:30(冬季 6:00—22:00)
	五层	政治法律外文阅览室	6:00—22:30(冬季 6:00—22:00)
	五层	学术研讨区	8:00—12:00 14:30—17:30 周六、日不开放
东区馆	二层	报刊阅览室	8:00—12:00 14:30—22:30(冬季至 22:00)
		借书处	8:00—12:00 14:30—22:30(冬季至 22:00)

数字化图书馆是未来图书馆的发展方向,网络、服务器以及自动化设备等是数字图书馆的基础。内蒙古财经大学图书馆顺应时代的潮流大力加强自动化、网络化和数字化建设,不断提高现代化管理水平。图书馆使用数据库服务器 2 台、虚拟服务器 5 台、管理服务器 1 台,120T 磁盘阵列存储,配套 VMWare 软件 9 套,核心机房各项技术指标达到了国内高校图书馆先进水平。同时,馆内实现全馆有线网和无线网覆盖,为读者提供了便捷的上网环境,更加方便读者使用图书馆的数字资源。

第三章 本科院校图书馆篇

图33 内蒙古财经大学图书馆研讨室

内蒙古财经大学图书馆使用RFID自助借还书系统，改变了旧的工作模式，实行自助借还服务。RFID的应用提高了图书馆的管理与服务水平，实现了对图书更有效、更及时的管理和控制，真正实现了数字化管理。馆内各楼层安放自助打印系统，和学校的"一卡通"链接，实现打印、复印、扫描等业务一卡全自动模式。图书馆还引进了多媒体报刊和信息发布系统，读者可以阅读200种报纸和800种期刊，并做到自动实时更新，与阅览室纸质报刊达到同步。

内蒙古财经大学为了更好地服务读者，成立了读者服务一部和读者服务二部专门承担全馆各种活动的策划和举办。通过举办信息检索大赛，促进师生对图书馆的了解，让更多的读者学会并掌握电子资源检索知识，提高检索能力，确保了各项文献

图34 内蒙古财经大学图书馆读报机

信息资源得到合理、高效利用。用笔墨去编织自己的青春记忆，用文字去抒写自己的豪情壮志，"致青春"散文比赛陶冶了读者的情操，启发了大学生创作灵感。通过举办馆长与读者见面会，聆听读者心声，了解读者需求，进一步促进了图书馆的管理和服务提档升级，长效增质。2017年，举办了首届"真人图书馆"活动，邀请内蒙古财经大学人文学院王金山教授，分享自己的读书经验和感悟。为增强学校整体人文底蕴，拓展读者视野，活跃校园文化，赏析经典文化，内蒙古财经大学图书馆从2016年开始，每周1次播放国内外优秀电影，既传播了知识又丰富了学生们的校园文化生活。随着智能手机的普及，内蒙古财经大学图书馆发起"我与图书馆"微视频比赛，利用微视频的方式把全校师生在图书馆发生的故事以及师生对图书馆的感受说出来，一起记录与图书馆的感动时刻。每年的读书月活动，内蒙古财经大学都会为读者精心准备一系列的活动，2017年4月24日至5月25日，图书馆联合校团委、宣传部、学生处、图书供应商、数据商、鸿展书社等举办了"用书塑身、以书会友"为主题的内蒙古财经大学2017年读书宣传月活动。通过开展一系列主题鲜明、形式多样、内容丰富的活动，引导和鼓励广大师生走进图书馆，与书为友，进一步提高读者阅读兴趣，增强校园文化的厚重感。

四、科研成果

高校图书馆的职能之一就是为学校教学和科研服务，只有高校图书馆员自身具备较高的科研能力才能提供高质量、深层次的服务。科研能力和学术水平也从侧面反映了一个图书馆的发展前景。内蒙古财经大学图书馆通过各种形式的人才培养，使得其图书馆的科研能力在逐年提升，下表是内蒙古财经大学2017年部分科研成果（表9）。

表9 内蒙古财经大学2017年度学术论文统计表

序号	论文题目	所有作者	刊物类型	发表/出版时间
1	基于校园媒体的高校品牌形象传播策略研究	姚川军	北大核心	2016年12月
2	信息检索(教材)	姚川军		2016年12月
3	大数据背景下图书情报学科人才培养模式研究	姚川军	省级	2017年1月
4	高校图书馆馆员信息化服务素养探究——以内蒙古财经大学为例	呼正萍	省级	2017年1月
5	从图书利用率谈高校图书馆读者服务	刘海莹	省级	2017年1月
6	数字环境下高校图书馆参考咨询服务模式研究	张莉	省级	2017年1月
7	高校图书馆全开放式电子阅览服务体系的构建模式	孟冬松	省级	2017年1月
8	MOOC挑战下高校图书馆发展策略研究	潘璐		2017年1月
9	基于知识图谱的国内特色数据库研究热点与前沿演进分析	邓硕	省级	2017年2月
10	大学图书馆读者投诉的原因及应对策略	沈梅	省级	2017年2月
11	数字环境下高校图书馆阅览服务的探讨	孟冬松	省级	2017年2月
12	构建高校图书馆全开放式电子阅览服务体系模式研究	张莉	省级	2017年2月
13	试析浅阅读时代图书馆的导读服务	蒋洪峰	省级	2017年2月
14	价值管理背景下高校图书馆团队激励模式的构建	潘璐		2017年2月
15	论大学生阅读现状及图书馆阅读推广工作	沈梅	省级	2017年3月
16	"互联网+"环境下财经高校图书馆服务模式创新	张智霞 张渊	省级	2017年3月

序号	论文题目	所有作者	刊物类型	发表/出版时间
17	图书情报服务中的现代信息技术应用分析	史建忠		2017年3月
18	论高校图书馆在新技术环境下的馆员情绪管理	洪平	省级	2017年4月
19	内蒙古高校图书馆特色文献信息资源开发利用研究	张莉	省级	2017年4月
20	高校图书馆阅读推广工作实证研究——以内蒙古财经大学图书馆为例	洪平	省级	2017年4月
21	民族地区高校图书馆的困境与可持续发展研究——以内蒙古财经大学图书馆为例	姚川军	省级	2017年6月
22	高校图书馆核心机房环境设备及环境监测分析	王群	省级	2017年6月
23	高校图书馆特色资源建设与研究——以内蒙古财经大学图书馆为例	姚川军	省级	2017年8月
24	网络环境下高校图书馆读者服务的拓展与创新	孟冬松	省级	2017年8月
25	浅析高校图书资料管理为科研服务的有效途径	杨晓峰	省级	2017年9月
26	论网络时代高校图书资料的管理与建设	苗瑞强	省级	2017年9月
27	浅析财经高校图书馆信息素养教育体系构建与拓展	呼正萍		2017年9月
28	从图书利用率谈高校图书馆读者服务	国华	省级	2017年9月
29	新信息技术环境下基于用户信息需求的高校图书馆服务创新研究	于越		2017年9月
30	提高高校图书资料管理人员综合素质的探讨	苗瑞强	省级	2017年11月
31	高校资料室机制改革问题探讨	董和生	一般期刊	2017年10月

五、所获荣誉

华北地区优先图书馆。

六、图书馆近十年的变化

在过去的十年中,内蒙古财经大学图书馆在各个方面都发生了显著的变化。从馆舍来看,由以前的不足5000平方米的小二层变成现代化的大空间图书馆,为广大师生提供了更优质的阅读学习环境。在设备方面,内蒙古财经大学投入1500万元用于购买多套各种新型的机器设备,包括读报机、歌德电子书借阅机、RFID自助借还机设备等。这些设备分散在图书馆的各个角落供读者使用,大大提高了图书馆的使用效率和读者的阅读兴趣。在馆藏文献方面,由94万册增加到150万册,并以逐年增长的方式不断上升,为广大读者提供了更为广阔的阅读选择空间。新建的草原丝绸之路文库作为内蒙古财经大学图书馆的特色文库,不仅体现了内蒙古自治区的民族特色,更是内蒙古财经大学区别于其他大学的特色之所在。在数据库方面,经过十年的建设,已经由先前的2T变为现在的170T,逐步实现传统图书馆与数字图书馆的相互结合,使读者可以更快捷方便地使用图书馆的各项资源,使图书馆的效用发挥到最大。

注:以上数据截至2017年5月,均由被采访单位提供。

呼和浩特地区图书馆概况

内蒙古医科大学图书馆

一、图书馆基本情况

内蒙古医科大学坐落于内蒙古自治区首府呼和浩特市,是一所以医学为主,集理学、管理学、工学、文学、法学于一体的多科性高等医药院校。学校成立于1956年,是少数民族地区较早建立的高等医学院校之一,当时隶属于国家卫生部。1958年,划归内蒙古自治区管理。前身为内蒙古医学院,2012年3月,经教育部批准,更名为"内蒙古医科大学"。2017年9月,成为内蒙古自治区人民政府、国家卫生计生委、教育部共建高校。2018年5月,经国务院学位委员会批准成为博士学位授予单位。

内蒙古医科大学图书馆成立于1956年。自1990年起受自治区卫生厅委托承担全区医药卫生科技项目查新咨询工作,关于1991年被国家卫生部指定为全国医学文献资源共享网络省级中心馆。2009年成为中国高校文献保障体系(CALIS)馆际互借文献传递服务成员馆。2010年6月,成为中国高校人文社会科学文献中心(CASHL)馆际互借文献传递服务成员馆。2010年,成为国家科技文献中心(NSTL)授权用户。2011年5月,成为CALIS全国医学文献资源共建共知共享网成员馆。

内蒙古医科大学图书馆现有金山校区和新华校区两个图书馆,总建筑面积30381.64平方米。其中,金山校区图书馆建筑面积25610平方米,新华校区图书馆在建面积4771.64平方米。

图 35　内蒙古医科大学金山校区图书馆外景

金山校区图书馆共六层,地下一层,地上五层。有各类书、刊阅览室 11 个;人文库、IC 数字信息共享空间、多功能电子阅览室和多媒体教室各 1 个;自习室 2 个。图书馆一楼设有自习室;二楼设有社科报刊阅览室、自习室、多媒体教室;三楼设有专业期刊阅览室、专业过刊阅览室、多功能电子阅览室、IC 数字信息共享空间、馆网络中心及医学信息云数据核心机房等;四楼设有中文图书阅览室、内医人文库、流通部典藏室,工具书阅览室、研修空间及学科服务中心等;五楼设有传统医学文献阅览室、古籍文献阅览室、生物医学图书阅览室及外文图书阅览室。

内蒙古医科大学图书馆实行分管校长领导下的馆长负责制,机构设置为"七部

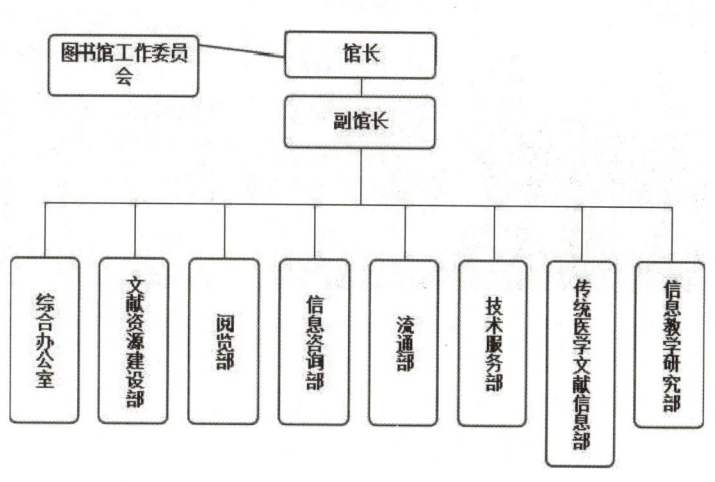

图 36　内蒙古医科大学图书馆机构设置

一室",设有综合办公室、文献资源建设部、阅览部、信息咨询部、流通部、技术服务部、传统医学文献信息部和信息教学研究部。

近年来,图书馆人员素质和科研能力不断提高。图书馆现有专业技术人员70人,其中正高级职称3人,占总人数的4%;副高级职称24人,占总人数的34%;中级职称27人,占总人数的39%;初级职称及以下16人,占总人数的23%。硕士研究生15人,占总人数的21.%;本科44人,占总人数的63%;专科10人,占总人数的14%;专科以下1人,占总人数的2%。

二、图书馆馆藏资源建设情况

图书馆馆藏资源建设坚持"保证重点、突出特色、优化结构、注重实效"的文献资源建设原则,经过60多年的积淀,形成了以医学、药学、生物学为主,兼顾社会科学、自然科学,纸质文献与电子资源相结合的馆藏文献资源保障体系。

目前学校纸质藏书156.96万册,生均纸质图书92.32册;纸质期刊1142种、电子图书79.99万册。其中,收藏《甘珠尔

图37 内蒙古医科大学金川校区图书馆内景

经》(108卷)和《丹珠尔经》(124卷)等珍贵文献近3万册。拥有中国知网、维普期刊资源整合服务平台、万方数据知识服务平台、超星电子图书、Web of Science、SciFinder CA、Medline、Wiley、Elsevier Clinical key 全医学平台、Springer Link、Dialog 等 65 个中外文数据库。

图书馆拥有蒙、藏医药及相关文献、中医古籍文献、乾隆大藏经、甘珠尔、丹珠尔经等珍贵文献;蒙、藏文期刊 41 种、报纸 15 种等各类特色馆藏近 3000 种 3 万多册(卷)。实现了蒙医药文献蒙汉双语著录检索管理,组织蒙汉双语蒙医药文献信息服务平台及蒙文医药文献数据库建设,努力推进蒙医药文献检索的自动化、资源建设的数字化、信息服务的网络化建设,成为内蒙古医科大学蒙医药教学、科研、临床服务的文献信息保障中心,自治区重要的蒙医药文献基地。

2009 年,图书馆建成内医人文库。内医人文库展现内医人的风采,传承内医精神和学术传统。大量具有时代特征的珍贵教学研究资料、文献和学术著作等学校的珍贵文献构成"内医人文库"的核心内容,体现内医人的风采和爱心,全面展示内蒙古医科大学 60 年来铸就的人文内涵和整体发展脉络。将内蒙古医科大学著名的心血管专家陈锵先生收藏的珍贵书籍和特色文献,著名寄生虫学专家姚文炳先生编写的教案和手绘图谱等具有重要史料价值和深远教育意义的手稿等数字化处理,组织建设内医人文数据库,保护和传承了优秀的医学人文精神和严谨的学术精神。

图 38 内蒙古医科大学图书馆电子阅览室

三、图书馆服务开展情况

1. 基础服务

图书馆始终坚持"读者第一、服务至上"的原则。近年来,文献资源与基础设施建设实现了新突破,形成了基于网络环境的全开放管理服务模式。实现藏、借、阅一体化全开放服务,实现自助借还、自助文印、自助选座等功能。开展文献借阅、学科服务、阅读推广、信息咨询、科技查新、馆际互借、文献传递等多层次服务,建立三级信息素养教育体系,组织校园文化活动,为学校师生临床医疗提供教学、科研文献信息支持及服务,是大学生素质教育的重要基地。

图书馆拥有各类阅览室11个,座位数约1700个,阅览面积约4800平方米,阅览室每周开放91小时(周末和节假日也对外开放)。自习室两个,座位数1002个,每周开放108.5小时,读者可使用自助排座系统预约自习室座位等现代化设施和服务。每年举办读书月或宣传周活动;开放OPAC查询系统、网上荐购系统、阅报展示系统、提供远程访问系统等。

图书馆结合"十三五"发展规划,结合学校"数字化校园"工程的实施,积极开展"数字图书馆建设项目"的建设。硬件设备全面升级,已建成中国高校图书馆较为先进的IBM-PMC"云数据"机房,服务器存储容量350TB,实现RFID图书自助借还,读者阅报系统、展示系统、监控系统投入使用,提供全馆无线覆盖和全方位监控。对核心机房、内医人文库、多媒体教室、电子阅览室、传统医学信息阅览室等进行了全面改造升级。建成传统医学文献信息中心、医学文献信息教学中心、学科服务中心以及内医人文库、IC数字信息共享空间及研修间等,努力改善读者阅览环境。

2.特色服务

2016年,该馆在学校及附属医院全面推行学科馆员服务,图书馆制订学科服务建设、学科馆员培训及学科馆员考核等一系列工作方案,完成15名教师顾问和22名学科馆员的遴选工作。构建覆盖学校3所附院及12个二级学院的,以学校教师顾问和图书馆学科馆员建立长效服务机制的全校学科服务体系。开展学科馆员和教师顾问的技能培训,开展学知讲坛服务,走进二级学院及附属医院。开展学科服务面对面交流及资源荐购活

图39　内蒙古医科大学金山图书馆阅览室

动,促进学科馆员和教师顾问的交流沟通,为图书馆学科资源建设和信息服务助力,开展精准学科服务,建立学科知识服务平台及手机服务端。在全校范围内开展学科服务宣传推广工作,扩大学科服务影响,助力学校临床教学科研。

3.读者教育及文化活动

积极开展读者教育及文化活动,建立健全以新生入馆教育、常规教学及文献信息资源利用培训为主的三级读者信息素养教育体系并组织实施。开展新生入馆教育活动,引导学生有效利用图书馆文献资源。承担着学校专科、本科、研究生的"医学文献检索与利用""管理信息系统"等2门课程的教学工作,每年1700多

学时，授课学生近3000人。同时，积极探讨改革教学方式，自编教材。图书馆专业技术人员和数据库厂商讲师开设数据库宣传讲座活动，每年安排各类数据库及信息服务讲座10余次，专题读者培训2000余人次。

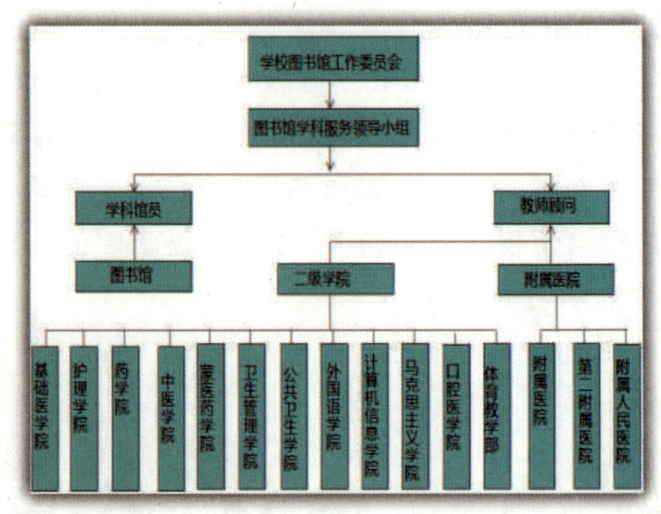

图40 内蒙古医科大学图书馆学科服务体系

从2008年起，内蒙古医科大学图书馆每年举行读书月服务宣传周活动，包括"数字资源与信息服务""推送知识服务、构建人文校园""知识共知、服务共享""品味文化经典、共享数字资源""共享数字资源、致力教学科研""喜迎内医六十华诞、共建翰墨书香校园""不忘初心、共建书香校园""书韵飘香、悦读人生"等不同主题的读书月或服务宣传周活动。举办丰富多彩的读者活动，参与校院文化建设，图书馆成为大学生人文素质建设的重要基地。

四、科研成果

2015年，申报高校文献保障体系（CALIS）医学中心项目2项，承担课题项目10项。其中承担国家级调研项目1项、省级研究项目6项、校级教改项目2项及实验室开放基金项目1项。发表论文22篇，参编著作6部。

2016年，承担科研项目9项，其中承担教育厅"图书情报科技与文献资源建设"专项项目1项、CALIS全国医学文献信息中心2016年科技基金项目1项、2016年内蒙古自治区语言文字科研资助项目1项、校级教改项目3项、实验室开放基金项目1项等。发表学术论文26篇，参编著作9部。

图41 内蒙古医科大学图书馆读书月活动

2017年，《蒙医药文献索引图录》项目获得CALIS全国文献信息中心科研基金项目三等奖。获批校级教改项目2项，发表学术论文18篇，参编著作7部，获批实用新型专利3项。

2018年，获批CALIS全国医学文献信息中心科研基金项目1项。校级教改项目2项，内蒙古医科大学青年创新基金项目1项，发表学术论文24篇，参编著作18部，获批实用新型专利、软件著作权3项。

五、所获荣誉

2009年，被授予CNKI机构及个人数字图书馆应用示范单位。

2015年，荣获内蒙古图书馆学会先进单位。

2016年，荣获内蒙古自治区"工人先锋号"。

2016—2017年，度高等学校图书馆工作先进集体。

2012—2016年,度华北地区高校图书馆先进集体。

2017年,荣获内蒙古图书馆学会先进单位。

六、图书馆近十年的变化

在近十年的时间里,实现图书馆综合实力的变革。内蒙古医科大学图书馆基础设施升级改造,引进现代化图书馆设备,推进数字图书馆建设,为读者提供便利舒适的学习阅览环境;经费逐年提升,提高文献资源的保障力能力;开展文献借阅、学科服务、阅读推广、信息咨询、科技查新、馆际互借、文献传递等多层次服务;不断引进专业人员,改善人才结构,加强对馆员的业务培训,提升业务素质,为图书馆的发展奠定扎实基础。内蒙古医科大学图书馆以建设研究型、开放式、数字化大学图书馆为目标,致力于创建宽松、和谐、舒适的学习和学术交流环境,并以理念创新、服务创新、技术创新和管理创新,推动图书馆实现跨越式科学发展。

注:以上数据截至2018年12月,均由被采访单位提供。

第三章 本科院校图书馆篇

呼和浩特民族学院图书馆

一、图书馆基本情况

呼和浩特民族学院位于呼和浩特市新城区通道北路56号，是由国家教育部批准，内蒙古自治区人民政府主办的普通本科高等学校，主要面向内蒙古和蒙古语文协作八省区招生。学校的前身是内蒙古民族高等专科学校。学校建于1953年，是内蒙古自治区成立最早的民族院校。学院有15个教学机构，已开设29个本科专业，基本涵盖了文理、经法、教工、管艺等8个学科门类，在校生达8000余人，蒙古语授课学生占60%。

呼和浩特民族学院图书馆始建于1954年，是一所具有鲜明民族特色和地方特点的图书馆。图书馆文献信息服务体系由校图书馆和各系、处(所)资料室组成，文献信息资源已基本形成与本科专业设置和办学规模相适应、传统资源和数字资源相结合并为教学科研提供多层次全方位服务的文献信息资源保障体系。目前图书馆馆舍面积为12464平方米。图书馆办馆理念为"读者第一、服务至上"。

图书馆实行分管校长领导下的馆长负责制，全馆设有办公室、文献建设部、流通部、阅览部、信息技术部、蒙古文文献信息中心和参考咨询部7个部门。现有工作人员45名，其中在编人员28人；有硕士学位9人、本科23人、专科9人、其他4人；具有副高级职称人员10人，中级9人，初级8人。图书馆现有阅览座位

193

1292席，设有蒙、汉、外文图书和报刊的藏、借、阅、参考咨询服务为一体的阅览室、密集库、展阅室、自习室、呼和浩特民族学院文库和赠书陈列室共15个。各阅览室全部实行开架借阅，周开放时间达91小时。

图42 图书馆外景

二、图书馆馆藏布局和开放时间

图书馆馆藏布局以体现以人为本、方便读者的服务理念，实行书、刊的藏、借、阅一体化服务模式。具体布局如下：

一楼：过刊室、密集书库、报告厅、流通部；

二楼：蒙汉文过刊阅览室、汉文图书阅览室（三）、报告厅、办公室、副馆长室、会议室、传达室；

三楼：报告厅、馆长室、文献建设部、模拟法庭、工具书阅览室、古籍文献藏阅室；

四楼：蒙古文图书阅览室、蒙古文现报刊阅览室；

五楼：阅览室、汉文图书阅览室（一）、参考咨询部、汉文图书阅览室（二）；

六楼：哈撒尔文献信息研究中心、蒙古文文献信息中心、信息技术部、电子阅览室、自习室、主机房、呼和浩特民族学院文库及赠书陈列室。

图书馆阅览室开放时间:星期一至星期日:8:00—12:00,13:00—22:00。

注:星期四下午闭馆(全体馆员政治、业务学习)。

三、图书馆馆藏建设情况

1.基本馆藏

呼和浩特民族学院图书馆经过64年的建设和发展,已经形成以蒙古文文献收藏为重点和特色,普及新闻、法律、经济管理、计算机、外语等多学科、多类型、多语种、多种载体的文献保障系统。迄今为止,图书馆馆藏总量为172.9880万册,其中纸质图书为79.5225万册(蒙古文图书8.1866万册)、电子图书93.4655万册。图书馆现有中外文纸质期刊1336种,报纸69种。引进了中国知网系列数据库、爱迪科森网上报告厅、多媒体教学资源库、超星数字图书馆、维普数据库等12个数据库,另外还引进了学问网、中国历史文献数据库、新学术SCI期刊精选整合平台、万方数据试用、维普考试资源系统试用等试用数据库17个。近年来,图书馆大力加强自动化、网络化和数字化建设,不断推高现代化管理水平。图书馆现有数据库服务器6台、管理服务器2台,52个存储和一台核心交换机,32T磁盘阵列存储。同时,建成了拥有200台座位的电子阅览室,馆内实现了全馆有线网和无线网的覆盖,提高了电子文献服务能力,为读者提供了便捷的上网环境,更加方便读者使用图书馆的数字资源,为下一步扩大电子文献数据库馆藏规模打下了基础。

2.特色馆藏

作为一所具有鲜明民族特色和地方特点的图书馆,呼和浩特民族学院图书馆以蒙古文文献收藏为重点和特色,馆内收藏文字独特、版本珍贵、内容丰富,具有较高收藏、研究价值的大藏经译著之清代金字抄本《八千颂》、上海版《四库全书》、《乾隆大藏经》等线装古籍以及特色文献共292种258部作品,古籍文献总量为3572册。

3. 文库建设

图书馆重视特色建设,2014年建立了"呼和浩特民族学院文库",全面搜集我院教师(包括离退休人员)、在校学生和校友公开出版的学术著作、专著、教材、译著和编著以及论文原稿,集中展示我院教师和学生的学术成就,充分反映学校科研现状及历程,使之成为呼和浩特民族学院研究成果的荟萃之地,增强了广大师生的自豪感和荣誉感。目前已搜集到170名教师的213册著作。

图43 古籍文献展阅室

四、图书馆服务开展情况

呼和浩特民族学院图书馆积极开展信息素质教育活动,通过各种形式的参考咨询服务和各种类型的教学、培训工作,不断提高全校读者的信息意识和信息能力。

图书馆除了提供传统的书刊借阅等服务外,从2011开始还为读者提供文献复制、参考咨询、信息服务、音像、电子阅览及计算机检索等多层次、多方式的读者服务和学生信息素质教育工作,不断满足读者对文献的需求和满意度,充分发挥图书馆为学校教学科研服务的作用。图书馆为了读者更好利用馆藏文献信息

第三章 本科院校图书馆篇

图44 图书馆文库

资源,加大了信息素质教育培训力度,2015又年将文献检索课列为学生选修课的内容,每年对新生进行"大学生如何利用图书馆"教育。

五、科研成果及所获荣誉

1.科研成果

多年来,呼和浩特民族学院对科研工作十分重视。2000年至2018年图书馆人员公开发表论文179篇,主持国家级课题3项,教育厅课题5项,内蒙古民委课题3项,学校课题4项。

2018年图书馆人员共有9篇论文发表,主持省级课题1项,厅级课题2项,校级课题1项。

2.所获荣誉

(1)自治区图书馆学会2010—2014年度先进集体。

(2)2016—2017年度高等学校图书馆工作先进集体。

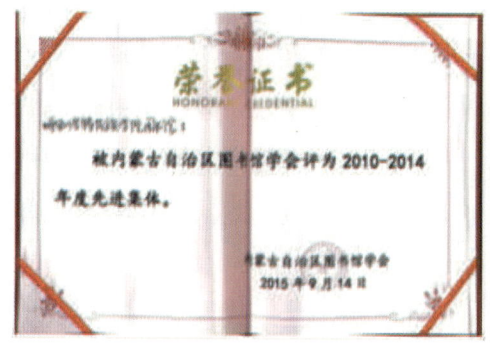

图45 荣誉证书

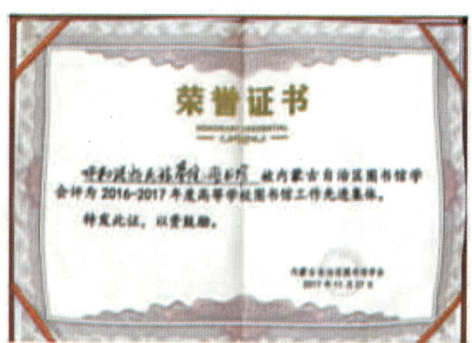

图46 荣誉证书

呼和浩特地区图书馆概况

六、图书馆近十年的变化

2011年新馆建成以前,呼和浩特民族学院图书馆馆舍面积为3696平方米,藏书40万册,工作人员20多人,当时图书馆只有4个阅览室(蒙古文、汉文、期刊、工具书),阅览座位400个,服务器2台。学院每年只有30万元的经费投入用于图书馆建设。

近十年来,呼和浩特民族学院图书馆在各个方面都有了显著的变化,尤其是2009年学院升格为本科院校以来,学院对图书馆的投入也不断加大。每年用于图书馆建设的经费已达750万元。如今新馆面积12464平方米,图书馆现有阅览座位1292席,有蒙、汉、外文图书和报刊的藏、借、阅、参考咨询服务为一体的阅览室、书库和自习室共15个。图书馆2011年引进汇文计算机自动化集成管理系统,使文献采访、编目、典藏、流通等业务工作都实现了自动化、网络化,也为读者提供了目录查询、文献检索、网上借阅以及在线咨询的基础平台。图书馆近5年共借阅图书39945册,接待读者513411人次,电子资源访问量达5577720次,电子资源下载量达901745次,点击量达2731537次。

当前,高校图书馆事业进入了一个新的发展阶段,对图书馆的服务功能、内容和形式都提出了新的要求。图书馆始终坚持"读者第一、服务至上"的服务宗旨,更新观念、创新管理、扩大服务范围、提高服务效率、创新服务能力、以地方文献资源开放与利用为突破口,注重民族地区重点学科文献资源建设,全力推进地区文献资源整合,保证图书馆工作全面、协调、可持续发展,努力将呼和浩特民族学院图书馆建设成为服务研究型、开放式、数字化、网络化的自治区高校一流现代化图书馆。

注:以上数据截至2018年12月,均由被采访单位提供。

第三章 本科院校图书馆篇

内蒙古艺术学院图书馆

一、图书馆基本情况

1.馆舍情况

内蒙古艺术学院图书馆的前身是内蒙古艺术学校图书馆,内蒙古艺术学校始建于1957年,是全国重点艺术中专。1987年3月,经国家教委批准,成立内蒙古大学艺术学院,内蒙古艺术学校作为艺术学院的中专部保留。2015年,在内蒙古大学艺术学院基础上独立设置内蒙古艺术学院,属全日制公办本科高等学校。

内蒙古艺术学院图书馆位于呼和浩特市新城区新华东街101号,2007年陆续搬进现用馆舍,现有面积1000多平方米,内设流通部、阅览部、采编部、综合业务部4个部门,图书馆在建筑的一至六层。图书馆一楼设有保存本书库,为了保证图书馆所购买的每种图书都能在馆供读者阅览,图书馆将每种图书选出一本作为保存本,保存本图书只阅览不外借;二楼设有现刊阅览室、过期报纸阅览室,现刊阅览室同时也是自习室,配有阅览桌椅72席;三楼设有过刊阅览室,到馆的期刊每年装订成册后,放入过期期刊阅览室;四楼设有人文社科流通室,主要收藏社会科学、政治、法律、文化、科学、教育、综合类图书;五楼设有音乐、蒙古文图书流通室和捐赠书库,收藏音乐、舞蹈、戏剧、表演和主持和个人和机构的捐赠图书。因馆舍的局限性,流通室的书籍主要用于外借阅览、不设阅读桌椅。

图书馆实行自动化管理,采用汇文文献信息服务系统,实现采编、流通、阅览、统计等自动化管理。近年来,图书馆的建设得到学院重视,管理水平不断提高,已形成了集采、编、流、阅览、资料复制、视听欣赏等一体化的全方位的服务格局,形成了现代化的专业图书馆管理,成为促进学院教学和科研发展的不可缺少的部门。

2.人员结构

图书馆现有工作人员 19 人,其中研究生 5 人,本科生 6 人,大专生 6 人,大专及以下学历 2 人;副高级职称 3 人,中级职称 3 人;男性 3 人,女性 16 人;具有图书情报专业背景人才 1 人。图书馆非常注重自身人才队伍的建设和培养,陆续引进专业人才,积极参加图书馆业界交流和图书馆相关的论坛峰会,每周进行馆内人员部门间或全馆业务培训,有效保证了图书馆工作人员自身素质的全面发展和业务能力的提高。

图 47 图书馆办公室

二、图书馆馆藏建设情况

内蒙古艺术学院图书馆经过多年的资源累积,建成了以音乐、舞蹈、美术、艺术类为主,娱乐、教育、休闲为辅的综合性藏书体系。近年来由于院领导对图书馆的大力支持,图书馆文献资源建设资金呈稳步增长趋势,2009年至今投入资金近700万元,从3万册的原始馆藏增加到现有的36万余册,平均每年增加藏书约3万册,其中蒙古文类图书15231册。征订期刊479种,报纸27种。

在馆藏建设中图书馆积极与二级学院的教师、专业人士进行合作,采取教师推荐、馆员实地采访相结合的方式购买书籍,确保了馆藏结构的专业性和实用性。

由于图书馆在发展建设中,现暂未购买数字资源。但是,图书馆自建了一个视频数据库,将图书馆多年收藏和持续购买的DVD等视频资源转换为网络可观看模式,方便读者在网站上观看和使用,同时也提高了馆藏音像资源的利用。

三、图书馆服务开展情况

图书馆开放时间为8:30—12:00,14:30—17:30。现刊阅览室作为阅览室和自习室同时在晚上开放,时间为19:00—22:00,其余部门均开放到17:30,周开馆时间66.5小时。阅览部、流通部提供文献资源阅览和借阅服务,阅览部配有阅览座位72席。近几年由于馆藏建设的日趋完善,图书馆每年的流通量也相对平稳,2014年流通书刊2178册,2015年2351册,2016年1485册。

图48 图书馆采编部和保存本书库

图书馆网站2012年建成并投入使用，读者可以登录图书馆网站了解图书馆的最新信息、检索图书、观看视频、获知图书和期刊更新动态和推送等，网站界面简洁大方，内容充分翔实，为读者了解图书馆、利用图书馆资源带来极大的便利性。

四、图书馆近十年的变化

2007年至2017年是内蒙古艺术学院图书馆飞速发展的十年，图书馆2007年搬入新馆舍，设备、桌椅等均购置一新，馆舍也从最早的几个阅览室发展到现在1000多平方米的新式图书馆。资金投入方面，图书馆十年间累计投入700万元，从一开始的3万原始馆藏，发展到现在的36万馆藏，形成具有艺校特色的藏书体系。设备方面，配备了多种新设备和新系统，如图书条码机、图书采集器、电脑更新，系统升级成更人性化的汇文系统等等。近几年图书馆更加重视人才培养，每周进行图书馆内部人员的培训并坚持继续教育，2016年引进图书馆学专业硕士和计算机专业人才，为图书馆的发展储备良好的人才队伍。

图书馆即将随内蒙古艺术学院搬迁到新址，下一步将重点建设专业化的人才队伍，整合现有资源，在图书馆即将进行的新馆建设中，更上一层楼。

注：以上数据截至2017年5月，均由被采访单位提供。

内蒙古大学创业学院图书馆

一、图书馆基本情况

内蒙古大学创业学院(以下简称"学院")是内蒙古大学与社会投资方——东达蒙古王集团合作创办的一所综合性全日制本科层次的独立学院。学院于2005年开始筹建,2008年经教育部正式批准设立并在当年开始招生。2012年,经内蒙古自治区学位委员会审查批准,获得学士学位授予权。学院位于内蒙古自治区首府呼和浩特市,毗邻南湖湿地公园和内蒙古大学南校区,环境优美、交通便利,地理位置优越。

内蒙古大学创业学院图书馆成立于2008年,图书馆设有图书阅览室、基藏库、自习室、档案室、采编室及馆长室。馆舍总面积4973平方米,阅览座位922席,周开馆时间90小时。图书馆现有工作人员15人,其中馆员一人、助理馆员5人;图书馆专业1人;硕士学历2人,其余全部为本科。

图49　图书馆藏书

二、馆藏资源布局和开放时间

部门	开放时间	馆藏资源与读者服务
阅览室 (创新北楼一、二楼)	星期一至星期五 8:00—22:00 星期六至星期日 9:00—22:00	收藏科技类、社科类中文图书28万余册,对有借阅权限的本校师生开架借阅。配置自助查询机6台。 收藏中文现刊178种、中文报纸41种、期刊报纸合订本200余种3000余册,全部开架陈列,读者凭证阅览,不外借。 还书、图书赔偿、超期罚款等。
采编室 (创新北楼一楼)	星期一至星期五 8:00—12:00 14:30—17:30 星期六、日不开放	负责文献资源建设,主要有图书订购、分编、加工、验收;订阅期刊报纸等。 服务对象:本校有借阅权限的师生。 办理借阅证、挂失、手续、咨询服务,提供打印复印。
馆长室 (创新北楼二楼)	星期一至星期五 8:00—12:00 14:30—17:30 星期六、日不开放	制定图书馆发展规划。统筹规划和协调全院文献资源建设工作;确定工作目标、年度计划及主要实施措施。 服务对象:本校师生。
自习室 (创博楼二楼)	星期一至星期日 8:00—22:00	供读者自修。 服务对象:本校师生。
档案室 (创博楼206)	星期一至星期五 8:00—12:00 14:30—17:30 星期六、日不开放	存放、查询学院各类相关文档。 服务对象:本校师生。
基藏库 (创博楼一楼)	不开放	存放下架书籍,过期报刊。

三、图书馆服务开展情况

创业学院图书馆除了提供常规的书刊借阅等服务外,还根据学院师生需求提供各类电子资源检索、馆际互借、文献传递、文献推荐、论文查询等服务项目。

从2008年开展新生入馆教育以来,图书馆每年为入学新生以班级为单位,通过现场参观、讲解、示范等行之有效的方法对新生进行"大学生如何利用图书馆"教育。

2009年,在学院图书馆的统一安排领导下成立了"内蒙古大学创业学院图书馆读书指导委员会"(以下简称"读委会")。"读委会"是由本校自愿为图书馆服务的学生组成的学生组织,现有40多人。"读委会"参与图书馆管理、服务、宣传、教育等活动,并协助图书馆开展各类读书讲座、知识竞赛、新书推荐、读书月宣传等工作。

四、图书馆近十年的变化

十年来,内蒙古大学创业学院图书馆在各方面都有了巨大的变化。图书馆馆舍面积、人员结构、馆藏资源、读者服务等方面都有了较快发展。尤其是2015年3月新馆搬迁以来,学院十分重视图书馆建设。近几年年投入经费300万元左右,每年购置图书约10万册左右。图书馆馆藏文献资源日益丰富,形成了理、工、管、文相结合,以艺术、文学、外语、信息工程、土木工程、财经为重点的多学科藏书体系,并且每年保障中国知网等至少3个数据库为全院师生服务。可满足全院师生对所需电子文献的网上浏览、阅读和下载,为学院的教学、科研提供了丰富的文献信息保障。

近年来,图书馆大力推进自动化、数字化、网络化建设,管理系统有原来的"单程系统"更换为现在使用的"汇文系统",实现了编目、查询、借阅系统的自动化、网络化。图书馆也特别重视对专业人才的引进,并于招录图书馆专业人才一名。图书馆采取有力措施吸引师生走进图书馆、利用图书馆,近几年读者接待人数、图书借还量为都有了大幅提高。

内蒙古大学创业学院图书馆全体人员本着"读者至上、服务第一"的宗旨,全面实施"质量立馆、科技建馆、人才兴馆"战略,努力为全学院师生营造文明有序、舒适开放的学习和信息资源利用环境,为学院的人才培养和科学研究提供强有力的文献信息保障,使图书馆建设成为创业学院孕育人才的第二课堂。

注:以上数据截至2017年6月,均由被采访单位提供。

第三章　本科院校图书馆篇

内蒙古师范大学鸿德学院图书馆

一、图书馆基本情况

内蒙古师范大学鸿德学院位于呼和浩特市赛罕区机场路29号,是2008年由国家教育部正式批准(教发函〔2008〕149号)设立的本科层次的独立学院,也是内蒙古自治区仅有的两所独立学院之一(另外一所为内蒙古大学创业学院)。2016年12月,鸿德学院被正式确定为自治区本科高校转型发展试点学校。内蒙古师范大学鸿德学院图书馆随着学院的成立而建成,当时位于学校教学主楼西侧,是个面积约500平方米的图书室,初期有工作人员2人。2009年,图书馆新建馆舍工程竣工,同年4月迁入新馆,9月正式对全院师生读者全面开放。新馆舍整体建筑设计大气朴素,简洁实用,建筑的设计灵感来源于中国古代"心"字的写法。因为中国古人觉得主导人的思维的是心脏这个器官,人是用心而非大脑来思考问题的,而建筑的中心是深深的天井,喻示人的空阔的大脑需要丰富的知识去填充。这样的构思和设计是希望莘莘学子要在现实嘈杂的信息社会里潜心读书、静心思考、提升自我、学有所用。

图书馆新馆舍总面积22000多平方米,单体五层建筑,设有9个图书借阅室、2个电子阅览室、1个密集书库、4个学术展厅、1个报告厅、1个书画室及1个活动室。提供图书外借、阅览、读者咨询等服务,以及开展讲座、培训、展览、学术交流等活动。馆舍条件的改善使得馆藏布局更加科学合理。新馆采用开放灵活的藏、借、阅、查一体的新型服务模式，藏书全部对读者开放。一楼为(中文社科)第四借阅室；二楼设(中文社科)第一、第五借阅室、自然科学图书借阅室；三楼设开放自习区,(中文社科)第二、第三借阅室,共青团"青春好旺角"图书室；四楼设开放自习区、经济类图书借阅室、期刊报纸借阅室、工具书阅览室；五楼设珍藏馆、马苏德馆、书画室及校史馆。详细馆藏分布情况如表10。

表10 图书馆馆藏分布情况

楼层	布局	馆藏内容	说明
一楼	(中文社科)第四借阅室	G、H类图书	开架,可外借、阅览
二楼	二楼中厅	馆藏书目检索、电子读报、虚拟展厅	读者出入
	(中文社科)第一借阅室	A、B、C、E类图书	开架,可外借、阅览
	自然科学图书借阅室	T、Q、U、R、S、X、Z类图书	开架,可外借、阅览
	(中文社科)第五借阅室	D、T类图书	开架,可外借、阅览
三楼	开放式自习室	读者自习	
	(中文社科)第二借阅室	I类图书	开架,可外借、阅览
	(中文社科)第三借阅室	J、K类图书	开架,可外借、阅览
	共青团"青春好旺角"图书室	老师、学生们捐的各类书刊	可阅览,不外借
四楼	经济类图书借阅室	F类图书	开架,可外借、阅览
	期刊、报纸借阅室	期刊、报纸	可阅览,不外借
	工具书阅览室	工具书	可阅览,不外借

楼层	布局	馆藏内容	说明
五楼	珍藏馆	藏有古籍、陶瓷、石器等历史文物	供参观以及学生实习实训
	马苏德馆	藏有外文图书及报刊	可阅览,不外借
	校史馆	收藏学院发展历史资料及学院获得的荣誉	供参观以及学生实习实训
	书画室	藏有学院友人的字画、书法作品	供参观以及学生实习实训

图书馆目前设置业务部、办公室和馆长办公室,专职工作人员8人,兼职工作人员6人。其中研究生学历4人,本科学历9人(1人为图书馆学专业人员),大专1人,大专及以下学历1人。

图 50 内蒙古师范大学鸿德学院图书馆外观

图 51　图书馆二楼大厅　　图 52　三楼中文社科第二借阅室

二、图书馆馆藏建设情况

建馆初始,图书馆多依托于母校内蒙古师范大学的文献资源和技术支持,伴随学院的不断发展壮大,图书馆的馆藏资源也日益丰富。自 2008 年成为独立学院以来,图书馆馆藏建设注重支持学院学科的发展方向,形成了以英语、艺术、人文等专业为主的适合学院专业特色的馆藏体系。截至 2017 年 5 月,馆藏各类纸质图书 90 余万册,生均图书达 100 多册。每年订购中文期刊 210 多种,报纸资源收入国内 40 多种报纸。近 3 年平均每年新入藏纸质图书 10 万册之多。此外,图书馆在大力加强纸质文献资源建设的同时,加大数字资源建设的力度。2015 年图书馆购买了中国知网 CNKI 数据库,且每年均能保证数据库的维护和续购。与此同时,图书馆还经常与数据商联系,保证每年有试用数据库在馆运用。

在文献采购方面,图书馆始终遵循实用性、时效性、经济性原则,在丰富馆藏资源数量的基础上,严把质量关,有针对性地购买,严格避免资源的重购。近两年,每年采购图书之前,图书馆首先向各院系征求采购意见,让广大师生参与到图书采访工作之中,图书馆最终制定具体采购计划,指派工作人员进行现场图书采购。

三、特色馆藏

鸿德学院图书馆特色馆藏建设始于2009年迁入新馆后。图书馆注重特色馆藏建设,现建有共青团"青春好旺角"图书室、珍藏馆和马苏德馆。

1. 共青团"青春好旺角"图书室

图书室建成于2014年,占地600平方米,内设80个席位,藏有4万多册书刊,是全院师生自主捐的书,称为"学生们自己的图书馆"。共青团"青春好望角"图书室建设初衷是为了增强全校师生低碳意识,提高馆藏资源利用率和丰富广大师生课外生活,实现"你捐我看,我看你赏,互看共学,资源共享"的效果。学生们为了利用好、管理好自己的图书室,还专门成立了"青春好旺角"图书室管理协会,并制定协会规章制度和具体工作细则。"青春好旺角"图书室的建立不仅使图书馆的馆藏资源利用率进一步提高,还拉近了学生读者与图书馆的距离,助力读者服务工作更好的开展。

2. 珍藏馆

建成于2011年底,2012年面向读者开放。馆舍面积约100平方米,馆内藏有清末民初时的藏书,约1000册左右,还有很多陶瓷、石器等历史文物,增加了学院的文化底蕴。

3. 马苏德馆

建成于2011年,2012年面向读者开放。馆舍面积约200多平方米,是根据巴基斯坦大使马苏德汗的名字命名的。马苏德馆主要藏有马苏德汗大使为感谢学院在巴基斯坦灾难时期的捐赠回赠学院的图书,更是藏有英、法、德、俄、日、西班牙、阿拉伯文等

呼和浩特地区图书馆概况

文种的外文图书,约5000册,还有巴基斯坦报纸和期刊,主要靠交换生、交换教师提供。该馆藏书不仅可以拓宽学生的知识面,也是学院与巴基斯坦建立友谊的桥梁。

四、图书馆服务开展情况

图书馆各个阅览室按学科划分,全开架借阅,最大化方便读者。各书刊阅览室开放时间为星期一至星期五9:30—11:30,14:00—17:20。

图书馆除向读者提供纸质文献资源的借阅服务外,在人力有限的情况下,还积极开展读书宣传、入馆教育等读者活动。每年"世界读书日"来临之际,图书馆协助学院团委举办读书日系列活动,包括读书宣传、图书捐赠、好书推荐、新书推荐等活动内容。同时,为帮助读者更好地利用馆藏资源,图书馆自2013年开始,每年新生报到后的一个月内,以院系为单位,对新入学大学生开展入馆教育。入馆教育主要采用现场参观、讲解的形式,图书馆工作人员从图书馆概况、开放时间、馆藏分布、图书借阅规则、读者常识(包括使用借阅证注意事项、图书分类排架方法、图书检索)、读者行为规范等方面作介绍,让新生尽快学会利用图书馆的必要知识和技能,从而提高学习效率。

五、图书馆近十年的变化

2008年以前,内蒙古师范大学鸿德学院是一所全日制高等专科院校,2008年成为一所全日制本科独立学院。随着学校办学规模的不断扩大,图书馆馆舍建筑、设备升级、文献采购诸方面得到极大改善。在馆舍环境条件改进方面,2010年之前,图书馆是个面积仅500平方米的大开间布局图书室。现在的新馆舍面积是曾经的40倍,阅览座席增加50倍之多。新馆顶棚采用玻璃幕墙装饰,阅览室及自习室利用多个采光窗采光,极大地节约了照明用电,且照明度比老馆提升70%以上。在馆藏资源及人力方面,搬迁之前馆藏仅6万多册纸质图书报刊,如今藏书是曾经的15倍之多,且现在每年新增纸质藏书就有10万册之多。图书馆工作人员也由曾经的2人增加到现在的14人,其中包括新引入图书专业人员1人。在信息化建设方面,随着近5年学院年拨经费的逐年递增,图书馆信息化建设脚步加快。2011年,图书馆引入先进的"汇文Libsys5.5"图书馆管理系统,实现了图书采访、编目、典藏、流通、书目查询、期刊管理等功能。由此,图书馆告别了传统手工卡片式借阅方式,实现了馆藏资源标准化、数字化管理。2015年,引入中国知网电子资源填补了学院图书馆零数字资源的空白。同年,购入3台立式触摸查询机,查询系统多功能,可以实现馆藏书目检索、读报、动画观看珍藏馆内的字画、石器、陶罐等功能。如今,随着学院的迅速发展,鸿德学院图书馆本着立足学院、服务师生的总体发展思路,正逐步成为集学习、研究、文化交流为一体的重要文化教育中心和对外文化交流的重要窗口。

注:以上数据截至2017年5月,均由被采访单位提供。

呼和浩特地区图书馆概况

内蒙古师范大学青年政治学院图书馆

一、图书馆基本情况

内蒙古师范大学青年政治学院的前身是内蒙古自治区团校，始建于1950年3月，是我国少数民族地区建立的第一所团属院校。从在大草原上举办第一期团干部培训班至今，学校传播革命理论、培育建设英才、弘扬先进文化、铸造优良学风，已走过了60多年的光辉历程。

2000年，经自治区人民政府批准，自治区团委和内蒙古师范大学在内蒙古自治区团校的基础上，开始筹建内蒙古师范大学青年政治学院。2014年，学校成为内蒙古师范大学少年儿童组织与思想意识教育硕士研究生培养点和社会工作专业硕士研究生实践环节培养点。如今，学校已发展成为一所集青少年理论研究与师范类专业教育为一体，培养培训青年工作专门人才和共青团干部的高等学府。现已形成了适应内蒙古自治区经济社会发展和市场需要的专业群。

内蒙古师范大学青年政治学院图书馆作为学院的文化中心始建于20世纪80年代，是学校教务处的下设机构之一。建校初期，图书馆并没有独立的馆舍，而是依托于各个学院的资料室，学院于2003年2月整体迁址内蒙古青少年生态园，整体占地面积20万平方米，校舍总建筑面积60000多平方米。图书馆占地面积1100平方米。图书馆设在教学楼的一楼。一楼有馆长办公室、综合办公室、资源建设部,共设有自习室2个(一个在一楼半,另一个在三楼),借阅部2个,包括蒙古文借阅部及阅览室,密集书库设在艺术楼。

全馆共设有5个部门,分别为综合办公室,借阅部,信息资源部,资源建设部,阅览室。全馆共有工作人员13人,在编人员9人,其中副高级职称2人,中级职称3人,初级职称3人;共有硕士3人,本科10人。

图53 内蒙古师范大学青年政治学院图书馆外景

二、图书馆馆藏建设情况

内蒙古师范大学青年政治学院图书馆共有藏书23万册,其中纸质文献总量达15.5万册,电子图书总量7.5万册。除蒙古文书籍采用蒙克利软件自行编目,其他书籍的编目工作均已实现外包。内蒙古师范大学青年政治学院图书馆的馆藏文献与学校的专业设置相结合,主要以思政类藏书为主,其他各种类型藏书为辅。作为具有民族特色的团属院校,且蒙古族学生较多,内蒙古

图54 内蒙古师范大学青年政治学院图书馆书库

图55 内蒙古师范大学青年政治学院图书馆期刊阅览室

师范大学青年政治学院图书馆还设有蒙古文借阅部。虽然图书馆的经费有限,不能够持续批量的采购图书,但是内蒙古师范大学青年政治学院图书馆依然成立了由教师和馆员组成的采购小组,公开征集学生推荐书目,使采购到的书目能最大限度地满足师生的学习和科研。同时内蒙古师范大学青年政治学院图书馆为全校提供期刊及报纸的订阅工作,全年订阅期刊364种,报纸27种。

三、图书馆服务开展情况

内蒙古师范大学青年政治学院图书馆的开放时间为08:40—11:30,14:30—16:50。图书馆共为学生提供了440席座位,以便广大师生在图书馆进行阅读及学习。虽然学校现只有全日制在校本、专科生、研究生5000人左右但是近3年的流通数量均达40000册。

为了更好的宣传图书馆,使图书馆的利用率得到最大化,内蒙古师范大学青年政治学院图书馆在每年的读书月都举办丰富多彩的活动。其中开展的"诚信借阅,自由阅读区"和"知识因传播而美丽"读书交流会获得广大师生的一致好评。为了紧跟读者的步伐,追赶时代的潮流,内蒙古师范大学青年政治学院图书馆还开发了微信公众平台,一方面读者可以及时了解图书馆的最新动态,另一方面是图书馆能够更好地联络读者,赢得广大读者的喜爱。内蒙古师范大学青年政治学院图书馆还积极开展新生入馆教育活动,目的是引导大学生了解图书馆、热爱图书馆,并掌握一定的文献检索知识,从而合理地、有效地利用图书馆。内蒙古师范大学青年政治学院图书馆作为学校的文化学习中心,开展入馆教育将对新生今后的学习以及综合素质的提高起着非常重要的作用。

图 56　内蒙古师范大学青年政治学院图书馆自习室(一楼半自习室)

四、科研成果

内蒙古师范大学青年政治学院图书馆有以下科研成果:

表 11　内蒙古师范大学青年政治学院图书馆学术成果登记表

序号	科研成果名称	形式	主要完成者	合作者	出版社或发表刊物年度、刊期	刊物级别	时间
1	浅谈信息时代图书馆员的角色	论文	乔建虹		海南省科学技术厅大科技杂志 2011 年 2 月	省级	2011
2	浅谈高校图书馆文献配置	论文	呼斯楞		内蒙古师范大学学报出版社,不能够师范大学学报哲学社会科学(蒙文版)2010 年度第四期	省级	2011

序号	科研成果名称	形式	主要完成者	合作者	出版社或发表刊物年度、刊期	刊物级别	时间
3	浅谈网络环境下的图书馆服务理念	论文	张凤翠		城市建设理论研究 2013年4月,第78期		2013
4	浅谈高校图书馆读者服务探索	论文	张凤翠	裴毅	内蒙古科技与经济 2013年7月,第281期		2013
5	信息时代高校图书馆采编工作浅论	论文	乔建虹		内蒙古科技与经济 2012年11月,第21期		2013
6	浅谈高校图书馆的服务创新	论文	乔建虹		内蒙古图书馆工作 2013年6月,第2期		2013
7	浅谈图书馆员素质培养	论文	呼斯楞		城市建设理论研究 2013年2月,第5期		2013
8	高校图宿管读者服务与管理探究	论文	呼斯楞		中国校外教育 2016-4		2016
9	分析如何提高图书馆读者阅读率	论文	呼斯楞		卷宗 2016-2		2016
10	高校图书馆学术性的思考	论文	呼斯楞		赤峰学院学报哲学社会科学蒙古文版 2016-2		2016
11	浅论有效利用传统图书馆的重要性	论文	青克热		中国民族（蒙古语版）2016-5		2016
12	新形势下高校图书馆信息化建设的创新路径	论文	李静		才智 2016-2		2016
13	图书馆管理与阅读服务	专著	高兵 刘玉玺 乔建虹	张艳梅 王燕鹏 吴鹏 常磊	光明日报出版社 2016年5月第1版 ISBN978-7-5194-0180-1	国家级	2016

五、图书馆近十年的变化

内蒙古师范大学青年政治学院图书馆在近十年的时间里从不到400平方米的馆舍搬迁到现在1100平方米的馆舍中,并且学校已经在计划建设新的独立的图书馆馆舍。馆藏文献总量也在十年的时间里达到了23万册,增加了7.5万册的电子图书。在设备方面,内蒙古师范大学青年政治学院图书馆在2015年至2016年共引进4台歌德电子借阅机,深受广大读者的喜爱,进一步提高了阅读的便捷性和广泛性。开发了微信平台,提高了图书馆的宣传力度,为读者利用图书馆提供了更加便利的条件。内蒙古师范大学青年政治学院图书馆非常重视人才的吸收,不断纳入新鲜血液,为图书馆的发展注入一丝活力,近十年的时间引进人才10人左右。在这十年中,图书馆积极地联系读者,和读者建立了良好的合作关系,使得图书馆的借阅量和利用率不断呈上升趋势。虽然还有很多不尽如人意的地方,但是相信在不久的将来内蒙古师范大学青年政治学院图书馆会更上一层楼,为学校广大的读者提供更多更好的书籍以及更加优质舒适的阅读环境。

注:以上数据截至2017年5月,均由被采访单位提供。

呼和浩特地区图书馆概况

第三节 呼和浩特地区本科院校图书馆现状分析

高等学校图书馆是为高等学校教学和科学研究服务的图书馆,是高等学校的文献情报中心,高等学校图书馆担负着为教学和科研服务的双重任务,是培养人才和开展科学研究的重要基地之一。其任务包括:采集各种类型的文献资料,进行科学的加工整序和管理,为学校的教学和科学研究工作提供文献资源保障;开展阅览和读者辅导工作;开展读者教育,培养师生的情报意识和利用文献情报的技能;开展参考咨询和情报服务工作,开发文献情报资源;统筹、协调全校的文献情报工作;开展馆际协作,实现更大范围的资源共享,参加全国图书馆和情报事业的整体化建设;开展学术研究和交流活动。

目前,呼和浩特地区共有本科院校 11 所,分别是:内蒙古大学、内蒙古师范大学、内蒙古农业大学、内蒙古财经大学、内蒙古工业大学、内蒙古医科大学、内蒙古大学创业学院、内蒙古师范大学鸿德学院、内蒙古艺术学院、呼和浩特民族学院、内蒙古师范大学青年政治学院。本书通过对这 11 所本科院校图书馆的走访调研,对其发展沿革、基本情况有了较全面的了解。总结这些院校近十年的变化,从馆舍情况、人员构成、馆藏文献、服务活动、科研交流、数字资源等方面都有显著提高。可以发现呼和浩特地区的本科院校基本实现了图书馆现代化与数字化的过程,并逐步向更高阶段迈进。

一、办馆理念

办馆理念是图书馆精神价值之所在,它不仅是图书馆馆员的价值导向和行为规范,也是图书馆开展各项工作的导向,具有继承性、前瞻性、导向性。根据《普通高等学校图书馆规程》第七章第三十八条,"高等学校应秉持改革与创新的理念,确定图书馆办馆宗旨"。从调查结果来看,呼和浩特地区11所高校图书馆有7所有办馆理念,占调查总数的64%,分别是:内蒙古医科大学"读者第一、服务至上",内蒙古工业大学"读者第一、服务育人",内蒙古农业大学"以人为本、服务创新",内蒙古财经大学"读者第一、服务至上",内蒙古师范大学"读者第一",内蒙古大学创业学院"读者至上、服务第一",呼和浩特民族学院"读者第一、服务至上"。可以看出,这几所高校图书馆都把"以人为本"的服务理念作为图书馆的核心价值。

表12　呼和浩特地区高校图书馆办馆理念调查表

序号	单位	办馆理念
1	内蒙古大学	—
2	内蒙古师范大学	读者第一
3	内蒙古农业大学	以人为本、服务创新
4	内蒙古工业大学	读者第一、服务育人
5	内蒙古财经大学	读者第一、服务至上
6	内蒙古医科大学	读者第一、服务至上
7	呼和浩特民族学院	读者第一、服务至上
8	内蒙古艺术学院	—
9	内蒙古大学创业学院	读者至上、服务第一
10	内蒙古师范大学鸿德学院	—
11	内蒙古师范大学青年政治学院	—

呼和浩特地区图书馆概况

二、馆舍情况

图书馆作为高校办学的三大支柱之一,它的馆舍往往也是一所高校的地标性建筑。根据《普通高等学校图书馆规程》(教高〔2015〕14号)第四章第十九条指出"高等学校应按照国家有关法规和标准,建造独立专用的图书馆馆舍。馆舍应充分考虑学校发展规模,适应现代化管理,满足图书馆的功能需求,节能环保,并具有空间调整的灵活性。馆舍建筑面积和馆内各类用房面积须达到国家规定的校舍规划面积定额标准。"各类高校根据办学规模和学生数量,馆舍面积也有不同的要求。

表13 呼和浩特地区本科院校图书馆生均面积表

序号	单位	面积(平方米)	人数(名)	生均面积(平方米)
1	内蒙古大学	44170	30670	1.44
2	内蒙古师范大学	31327	34134	0.92
3	内蒙古农业大学	22570	37647	0.60
4	内蒙古工业大学	28000	29526	0.95
5	内蒙古财经大学	31700	22620	1.40
6	内蒙古医科大学	30381.64	16044	1.89
7	呼和浩特民族学院	12464	8584	1.45
8	内蒙古艺术学院	1000	5600	0.18
9	内蒙古大学创业学院	4973	7024	0.71
10	内蒙古师范大学鸿德学院	22000	7450	2.95
11	内蒙古师范大学青年政治学院	1100	5300	0.21
	总计	229685.64	204599	1.12

备注:表中面积数据来自调研结果,表中人数包括高校教师、本科生、研究生、博士生,来源于各高校官方网页。

在过去十年中,呼和浩特地区的高校图书馆基本都实现了面积的大幅增长,很多图书馆拥有新旧两座图书馆。在本书所调研的 11 所本科院校图书馆中只有内蒙古艺术学院和内蒙古师范大学青年政治学院两所高校的图书馆没有独立的馆舍。究其原因,这两所院校成立时间较短,占地面积较小,从而导致图书馆和教学楼没有独立建设,其余 9 所均有独立馆舍。拥有独立馆舍的高校图书馆占调查高校图书馆的 82%,可以说这个比例还是非常可观的。由表 13 可见,呼和浩特地区高校图书馆生均面积超过 1.12 平方米/人的有 5 所,占调查高校图书馆总数的 45%。其中 4 所均为拥有新(扩)建馆的院校,可以看出新(扩)建后的高校图书馆的建筑面积,已经达到或稍稍超过了教育部所规定的生均面积指标,这说明新馆建筑是以教育部规定为标准的,在观念上紧跟时代的发展步伐。

在馆舍的内部环境方面,在《普通高等学校图书馆规程》(教高〔2015〕14 号)第四章第二十一条明确要求:"高等学校应做好图书馆馆舍、设备的维护维修,根据需要持续改善图书馆的服务设施,重视图书馆内外环境的美化绿化,落实防火、防水、防潮、防虫等防护措施。"高校图书馆作为学校的文献信息中心,以丰富的馆藏、优质的服务、舒适的环境吸引广大读者,环境的好坏直接影响读者的到馆体验和对图书馆的印象。在呼和浩特地区 11 所本科院校图书馆中大多数图书馆都在馆内设置沙发、卡坐等休闲区域,还摆放了许多绿植花卉,为读者创造了优雅的学习环境;在墙面上悬挂张贴名人名言和名家画作,为读者营造了良好的学习氛围。为了更好地保护图书以及珍贵的古籍文献,许多图书馆投入大量经费购买先进设备,保证图书馆内的温度湿度利于图书古籍的保存。

三、人员构成

《普通高等学校图书馆规程》(教高〔2015〕14号)第三章第十一条指出:"图书馆馆员包括专业馆员和辅助馆员,专业馆员的数量应不低于馆员总数的50%。专业馆员一般应具有硕士研究生及以上层次学历或高级专业技术职务,并经过图书馆学专业教育或系统培训。"目前,11所本科院校图书馆共有在岗在编图书馆员644人,其中博士19人(7人在读),占总数的3%;硕士153人,占总数的23.8%;高级职称156人,占总数的24%;图书馆学专业教育人员38人,占总数的6%。总体来看,呼和浩特地区高校图书馆的馆员数量还是比较符合高校图书馆办学标准的。但在人员结构上依然存在大部分图书馆都存在的问题,比如:人员老龄化,结构断层,学历偏低,专业人员缺乏,男女比例失调等。图书馆作为全校的文献信息获取中心,图书馆员也因此成为保障信息查询与获取的核心社会分工,馆员的整体素质间接影响了高校的办学水平。因此,加强对专业人才的引进制度是呼和浩特地区本科院校图书馆继续发展壮大的必经之路。

表14 呼和浩特地区本科院校图书馆人员构成情况表

序号	单位	人员构成				
		总人数	专业人员	博士	硕士	高级职称
1	内蒙古大学	108	21	6(包括在读博士3人)	27	21
2	内蒙古师范大学	128	—	8(包括在读博士4人)	29	29
3	内蒙古农业大学	76	—	5	22	33
4	内蒙古工业大学	99	11	—	27	18
5	内蒙古财经大学	57	3	—	10	13

序号	单位	人员构成				
		总人数	专业人员	博士	硕士	高级职称
6	内蒙古医科大学	70	—	—	15	27
7	呼和浩特民族学院	45	—	—	9	10
8	内蒙古艺术学院	19	1	—	5	3
9	内蒙古大学创业学院	15	1	—	2	—
10	内蒙古师范大学鸿德学院	14	1	—	4	—
11	内蒙古师范大学青年政治学院	13	—	—	3	2
	合计	644	38	19	153	156

四、馆藏情况

根据《普通高等学校图书馆规程》（教高〔2015〕14号）第五章第二十三条，"图书馆在文献信息资源体系建设中应统筹纸质资源、数字资源和其他载体资源；保持重要文献、特色资源的完整性与连续性；注重收藏本校以及与本校有关的各类型载体的教学、科研资料与成果；寻访和接受社会捐赠；形成具有本校特色的文献信息资源体系。"想要实现上述馆藏文献体系的建设就需要充足经费的支持，经费是图书馆发展事业、开展日常活动的资金，也是图书馆日常工作的必要条件。《普通高等学校图书馆规程》（教高〔2015〕14号）第四章第十六条指出："高等学校应保证图书馆正常运行和持续发展所必需的经费和物质条件"；第十七条："高等学校要把图书馆的经费列入学校预算，并根据发展需要逐年增加。"

在呼和浩特地区11所本科院校图书馆中，大部分图书馆的馆藏量都超过百万册，且年进书量保持稳定增长，随着国家对高校教育事业的重视，图书馆的经费也得到了保障，有多所院校图书馆年经费在千万元以上。在纸质图书量增长的同时，各院校图

呼和浩特地区图书馆概况

书馆还加大设备方面的投入,内蒙古财经大学曾在 2016 年一次性投入 1500 万元用于购买各种新型的机器设备,基本实现了图书馆自动化与数字化。这些设备包括门禁系统、读报机、RFID、歌德电子书借阅机、LED 屏等。随着手机图书馆的发展,各高校图书馆的电子资源也在不断上升中,在呼和浩特地区本科院校图书馆的经费构成中,基本可以分为日常办公,以及纸质图书采购、期刊报纸采购、期刊报纸装订、电子资源采购和设备采购。从调研中可以发现,电子资源采购的费用在逐年加大,有赶超纸质资源的趋势,这也是呼和浩特地区高校图书馆为适应读者阅读方式而做出的调整,同时也适应了当代图书馆发展的潮流。

表 15 呼和浩特地区本科院校图书馆馆藏情况调查表

序号	单位	纸质图书总量(万册)	电子图书总量(万册)	刊、报总量(种)	数据库(个)
1	内蒙古大学	274	26	—	89
2	内蒙古师范大学	250	110	1400	73
3	内蒙古农业大学	161	194.1	1206	77
4	内蒙古工业大学	140	156	1200	79
5	内蒙古财经大学	150	100	1277	38
6	内蒙古医科大学	156.96	79.99	1142	65
7	呼和浩特民族学院	79.5225	93.4655	1405	29
8	内蒙古艺术学院	36	—	506	1
9	内蒙古大学创业学院	28 余	—	219	—
10	内蒙古师范大学鸿德学院	90 余	—	250	1
11	内蒙古师范大学青年政治学院	15.5	7.5	391	
	总计	1380.9825	767.0555	7591	452

呼和浩特地区本科院校图书馆非常重视古籍的收藏和保存，内蒙古大学藏有各文种、各类型蒙古学文献3万余册(件)，其中蒙古学古籍清代朱字木刻本《御制蒙古文甘珠尔经》、托忒蒙古文清代竹笔手抄本《西游记》、1721年巴黎版《贴木尔武工记》、刺失丁著《史集》、1836年巴黎法文版等系蒙古学文献的稀世珍品。其中1720年御制北京木刻版蒙古文109卷、5000多万字的《甘珠尔经》是世界最全版本，也是内蒙古大学图书馆的镇馆之宝。《四库全书》系列文献亦颇丰富，有台湾文渊阁版《四库全书》、台湾版《四库全书荟要》、《四库全书存目丛书》等重要文献及其相关文献。内蒙古师范大学所藏清雍正朝蒙古文写本《宁玛派伏藏》(369卷)、《宁玛派伏藏注疏》(149卷)和《大唐六典》(30卷)入选《国家珍贵古籍名录》。内蒙古医科大学收藏珍贵的甘珠尔经(103卷)和丹珠尔经(213卷)等文献10575册。呼和浩特民族学院馆内收藏文字独特，版本珍贵，内容丰富，具有较高收藏、研究价值的大藏经译著之清代金字抄本《八千颂》、上海版《四库全书》、《乾隆大藏经》等线装古籍。除此之外，呼和浩特地区本科院校图书馆坚持特色立馆的原则，积极建设本馆的特色文库，现已建成的特色馆藏体系，通过下表详细了解各图书馆的特色馆藏。

表16 呼和浩特地区本科院校图书馆特色馆藏建设情况调查表

序号	单位	特色馆藏
1	内蒙古大学	蒙古学特色库
		生命科学特色库
		内蒙古大学CALIS重点学科网络资源导航
		内蒙古大学文库
		蒙古学信息网
		中国蒙古文期刊网

序号	单位	特色馆藏
2	内蒙古师范大学	内蒙古师范大学文库
		内蒙古师范大学博硕士论文提交系统
		内蒙古地区中小学教科书文库
3	内蒙古农业大学	草原文化小屋
		承文堂
		农大文库
4	内蒙古工业大学	内蒙古工业大学文库(简称"工大文库")
		内蒙古工业大学博、硕士学位论文管理系统
5	内蒙古财经大学	财大文库
		特藏文库
		草原丝绸之路文库
6	内蒙古医科大学□	蒙医药及相关文献数据库
		内医人文库
		IBM-PMC"云数据"机房
7	呼和浩特民族学院	呼和浩特民族学院文库
8	内蒙古艺术学院	—
9	内蒙古大学创业学院	—
10	内蒙古师范大学鸿德学院	共青团"青春好旺角"图书室。
		珍藏馆
		马苏德馆
11	内蒙古师范大学青年政治学院	—

五、服务开展情况

呼和浩特地区本科院校图书馆在近十年的时间里,改变了传统的图书馆模式,除了提供阅读场所、借阅服务和常规的读书月活动外,随着技术的发展、设备的先进,还为读者提供自助打印、自助借还、网上选座等自动化服务。许多院校图书馆还建设手机微信平台和微博平台,使读者可以更好地与图书馆进行沟通交流,同时也使读者能更加及时便捷地了解图书馆的各项动态。此外,呼和浩特地区本科院校图书馆还提供专业性、技术性较强的服务,如学科服务、课题查新等。

开馆时间是图书馆服务的时间量度,是衡量图书馆管理水平和服务水平的重要指标。因此,它被上级主管部门列入对图书馆进行评估的硬指标。《普通高等学校图书馆规程》(教高〔2015〕14号)第六章第二十九条中规定:"图书馆在学校教学时间内开馆每周不低于90小时,假期也应有必要的开放时间,有条件的学校可以根据实际需要全天开放;网上资源的服务应做到全天24小时开放。"在调查的呼和浩特地区本科院校图书馆中,内蒙古大学开馆101.5小时/周,内蒙古师范大学98小时/周,内蒙古农业大学73.5小时/周,内蒙古工业大学105小时/周,内蒙古财经大学115.5小时/周,内蒙古医科大学108.5小时/周,内蒙古师范大学鸿德学院约27小时/周,内蒙古大学创业学院90小时/周,内蒙古艺术学院66.5小时/周,呼和浩特民族学院82小时/周,内蒙古师范大学青年政治学院36小时/周。符合上述规程要求的院校有6所,占总数的55%,可见在开馆时间方面,呼和浩特地区各本科院校图书馆还有待提高。值得欣慰的是,11所图书馆均在醒目位置设有明确标识,且在官网可以找到确定的图书馆开馆时间。

高校图书馆作为学校的教辅部门,是为教学和科研服务的学术性机构,是学校信息化和社会信息化的重要基地,高校图书馆还应发挥第二课堂的作用,采用多种方式全面提升学生综合素质。《普通高等学校图书馆规程》(教高〔2015〕14号)第六章第三十一条指出:"图书馆应重视开展信息素养教育,采用现代教育技术,加强信息素质课程体系建设,完善和创新新生培训、专题讲座的形式和内容。"第三十二条:"图书馆应积极参与校园文化建设,积极采用新媒体,开展阅读推广等文化活动。"呼和浩特地

呼和浩特地区图书馆概况

区 11 所本科院校图书馆在开展新生入馆教育、文检课、讲座、活动方面,相较十年前有很大的进展。

表 17 呼和浩特地区本科院校图书馆服务情况调查表

序号	单位	新生入馆教育	文检课	活动/讲座/培训
1	内蒙古大学	有	有	读书月活动 《图书馆利用》讲座 《文献信息资源检索与利用》专题讲座
2	内蒙古师范大学	有	有	读书月活动
3	内蒙古农业大学	有	有	读书月活动 本科生信息素养讲座 研究生外文数据检索技能培训
4	内蒙古工业大学	有	有	读书月活动
5	内蒙古财经大学	有	—	读书月活动 教师使用数据库培训
6	内蒙古医科大学	有	有	读书月活动 服务宣传周活动
7	呼和浩特民族学院	有	有	读书月活动 信息素质教育培训
8	内蒙古艺术学院	—	—	读书月活动
9	内蒙古大学创业学院	有	—	读书月活动 讲座
10	内蒙古师范大学鸿德学院	有	—	读书月活动
11	内蒙古师范大学青年政治学院	有	—	读书月活动

通过上表我们可以清楚地看到呼和浩特地区本科院校图书馆全部实现了读书月活动,在课题组调研的过程中了解到不少图书馆在世界读书日当月举办为期一个多月的十几种丰富多彩的活动,极大地促进了读者的阅读兴趣,使广大师生与图书馆的黏合度不断提高。11所图书馆中开设新生入馆教育的有10所,占总数的91%。开设文检课的高校图书馆有6所,占总数的55%。没有开设课程和入馆教育的高校图书馆主要以新成立的馆为主,这类高校图书馆成立年限短、人员短缺,导致很多服务还不能实现,尤其是专业人员的缺乏,使得图书馆的发展略显滞后。相信在日后通过积极地招贤纳士,能逐渐改变图书馆的整体素质,为读者提供更加全面的服务。

六、培训和荣誉

我国图书馆业务工作人员的专业职务分为管理员、助理馆员、馆员、副研究馆员和研究馆员5级,不同分工的馆员对完善图书馆功能、提升图书馆服务质量都起到了重要作用。《普通高等学校图书馆规程》(教高〔2015〕14号)第七章第三十九条"高等学校应支持图书馆有计划地开展学术研究,组织和参与国内外学术交流活动,发表研究成果。支持图书馆积极参加专业学术团体,按国家有关规定申请加入国际学术组织。"高校图书馆开展馆员培训是科学技术更新换代的要求,图书馆要与时俱进就必须保持自身的先进性,馆员通过培训不断加强自身的业务素质有利于图书馆的进一步发展。目前,呼和浩特地区本科院校图书馆共有10所实现了馆员培训和派出馆员参加全国各类型学术会议,占调查总数的91%。这说明呼和浩特地区高校图书馆对提高图书馆业务和人员素质有很高的要求,同时也表明图书馆积极向发达地区图书馆不断学习的态度。

呼和浩特地区图书馆概况

表 18 呼和浩特地区本科院校图书馆馆员培训调查表

序号	单位	馆员培训	参加会议
1	内蒙古大学	有	有
2	内蒙古师范大学	有	有
3	内蒙古农业大学	有	有
4	内蒙古工业大学	有	有
5	内蒙古财经大学	有	有
6	内蒙古医科大学	有	有
7	呼和浩特民族学院	有	有
8	内蒙古艺术学院	有	有
9	内蒙古大学创业学院	有	有
10	内蒙古师范大学鸿德学院	有	有
11	内蒙古师范大学青年政治学院	—	—

经过十年的努力，呼和浩特地区本科院校图书馆在馆舍、馆藏、服务等方面都取得了巨大进步，也获得了很多荣誉。内蒙古大学图书馆是教育部高等学校图书情报工作委员会的委员馆、中国图书馆学会理事馆、中国高等教育文献保障系统(China Academic Library & Information System，简称 CALIS 中心)联合目录项目的 B 级成员馆。2005 年，在该馆成立全国十五个省中心之一"CALIS 内蒙古自治区文献信息服务中心"，同年档案馆晋升为特级馆，并被自治区评为利用考核优秀单位。2006 年，在图书馆建立了 CALIS 西部培训中心，为西部五省区提供服务。2007 年，成立了"教育部科技查新工作站(L23)"，成为自治区唯一一所教育部级科技查新站。作为学校的文献信息中心和为教学科研服务的学术性机构，图书馆在近 5 年内圆满完成了《中国蒙古文古籍总目》等文献研究科研成果 13 项，正在进行中的"蒙古文文献计算

机管理集成系统"和"蒙古文图书书目数据库光盘"开发项目等有12项,超过了前40年的总和。其中《中国蒙古文古籍总目》于1997年被定为国际图联IFLA促进发展中国家图书馆事业核心计划项目,2000年获自治区社会科学优秀成果一等奖。

内蒙古工业大学于2009年获评"华北地区高等学校图书馆协作委员,2009年度先进图书馆"称号;3名馆员获评华北地区高等学校图书馆先进工作者;2010年,获得内蒙古自治区图书馆学会"年度先进集体"称号,CNKI中国知识基础工程一级检索站;2010年,被授予"CNKI创新与创新管理知识服务"建馆示范单位;国家863计划中国数字图书馆示范工程超星数字图书馆一级站;科学引文索引——SCI一级检索站;万方数据资源系统最佳应用单位。

内蒙古师范大学于2013年获得"CALIS三级编目员队伍建设优秀奖"。2014年,荣获"CALIS联合目录项目建设突出贡献奖""CALIS联合目录编目员队伍建设先进单位奖"。2016年,再次荣获"2015—2016年度CALIS联合目录中文数据库建设先进单位奖"。截至2016年末,图书馆向CALIS中心上传高质量图书编目数据17000余条,进一步提升了图书馆在全国高校图书馆中的影响力。2013年,获得"CALIS三级编目员队伍建设优秀奖"。2014年,荣获"CALIS联合目录项目建设突出贡献奖""CALIS联合目录编目员队伍建设先进单位奖"。2015年至2017年,连续3年荣获"CALIS联合目录中文数据库建设先进单位奖"。2018年,图书馆与CALIS合作实现了蒙古文图书的联机编目,批量上传蒙古文书目数据16000余条,填补了CALIS联合目录蒙古文书目资源的空白,获得了"CALIS联合目录民族文献突出贡献奖",更加凸显内蒙古师范大学图书馆的区域特色和民族教育特色。

呼和浩特地区图书馆概况

内蒙古医科大学于 2009 年被授予 CNKI 机构及个人数字图书馆应用示范单位。2015 年,荣获内蒙古图书馆学会先进单位。2016 年,荣获内蒙古自治区"工人先锋号",2016—2017 年度高等学校图书馆工作先进集体;荣获 2012—2016 年度华北地区高校图书馆先进集体。2017 年,荣获内蒙古图书馆学会先进单位。

呼和浩特民族学院荣获自治区图书馆学会 2010—2014 年度先进集体。2016—2017 年度高等学校图书馆工作先进集体。

七、参加课题情况

《普通高等学校图书馆规程》(教高〔2015〕14 号)第七章第四十条规定:"图书馆应鼓励馆员申报各级各类科研项目,有条件的可根据需要自行设立科研课题。"图书馆员积极地进行科学研究一方面是对自身业务技能方面的学习和提高,另一方面也是对图书馆工作的总结和探索。目前,11 所本科院校图书馆中除了少部分学校在课题方面处于滞后状态,其余院校基本上都参与课题项目的研究。下面将部分呼和浩特地区高校图书馆近几年的科研成果做一个简单展示。

内蒙古大学图书馆在近 5 年内圆满完成了《中国蒙古文古籍总目》等文献研究科研成果 13 项,正在进行中的"蒙古文文献计算机管理集成系统"和"蒙古文图书书目数据库光盘"开发项目等有 12 项,超过了前 40 年的总和。

内蒙古工业大学截至 2014 年度,全馆有 20 余篇学术论文被核心期刊、CSSCI 来源刊刊发,其中 10 篇获学校科技论文二、三等奖。2014 年,张玉慧等编著的《网络信息检索与利用》由北京理工大学出版社出版。2013 年,王福、周文学编著的《图书情报专业学术论文写作》由内蒙古大学出版社出版。2011 年,郭俊平编著的《大学生信息素质教育读本》(高等院校信息素质教育专用教材）由印刷工业出版社出版。

内蒙古医科大学2015年申报高校文献保障体系（CALIS）医学中心项目2项，承担课题项目10项。其中承担国家级调研项目1项、省级研究项目6项、校级教改项目2项及实验室开放基金项目1项。发表论文22篇，参编著作6部。2016年，承担科研项目9项，其中承担教育厅"图书情报科技与文献资源建设"专项项目1项、CALIS全国医学文献信息中心2016年科技基金项目1项、2016年内蒙古自治区语言文字科研资助项目1项、校级教改项目3项、实验室开放基金项目1项等。发表学术论文26篇，参编著作9部。2017年，《蒙医药文献索引图录》项目获得CALIS全国文献信息中心科研基金项目三等奖。获批校级教改项目2项，发表学术论文18篇，参编著作7部，获批实用新型专利3项。2018年，获批CALIS全国医学文献信息中心科研基金项目1项。校级教改项目2项，内蒙古医科大学青年创新基金项目1项，发表学术论文24篇，参编著作18部，获批实用新型专利、软件著作权3项。

2000年至2018年，呼和浩特民族学院图书馆人员公开发表论文179篇，主持国家级课题3项，教育厅课题5项，内蒙古民委课题3项，学校课题4项。2018年，图书馆人员共有9篇论文发表，主持省级课题1项，厅级课题2项，校级课题1项。

呼和浩特地区本科院校图书馆在近十年的过程中，通过人才培养、参加学术会议、引进专业人才等方式使图书馆在科学研究方面有了大步提升，很多学术成果获得了国际社会的肯定。在日后的发展中，呼和浩特地区本科院校图书馆应该更加重视人才的引进和培养。通过不断的学习，实现馆员的自我成长，着力培养一支具有科研能力的学术团队。

呼和浩特地区图书馆概况

总体而言,呼和浩特地区本科院校图书馆在近十年的时间里实现了综合实力跨越式的变革,图书馆逐渐成为广大师生学习和科研的重要场所。虽然在某些领域某些方面还有不足之处,与《普通高等学校图书馆规程》还有一定差距,但是相信在图书馆同行的一致努力下,呼和浩特地区本科院校图书馆会越办越好,更好地为读者提供服务,努力奠定图书馆高校三大支柱的地位。

第四章 高职院校图书馆篇

第一节 高职院校图书馆简介

一、背景

1.高职教育

高职教育是高等职业教育的简称,高等职业教育包括高等专科教育、高等职业教育和成人高等教育,是教育发展中的一个类型,肩负着为经济社会建设与发展培养人才的使命。同时,高等职业教育也是我国职业教育体系中的高层次教育。1999年6月13日发布的《中共中央国务院关于深化教育改革全面推进素质教育的决定》将高职教育明确为是高等教育的重要组成部分。

高职教育以适应社会需要为目标,以培养技术应用能力为主线来设计学生的知识、能力、素质结构和培养方案。培养的是面向生产、建设、管理、服务第一线,能够从事技术开发和应用,具有较强实践能力、创新意识和创新能力的高端技能型人才。高职教育强调理论教学和实践训练的结合,毕业生具有直接上岗工作的能力,能够为经济建设提供强力支撑。同时,高职教育作为普通高等教育的重要组成部分,与其他高等教育一起,共同探索我国高等教育的多样化发展之路。

2. 高职教育发展历程

从全世界范围看，职业教育经过200多年的发展，已经比较成熟。17世纪中叶，欧洲进入资本主义自由竞争时期，由于资本主义工商业的迅速发展，出现了为资产阶级子弟和平民开设的实验中学和工艺学校，是世界上最早的一批职业学校。二十世纪六七十年代是高职教育发展的黄金时期，在新技术的推动下，高职教育蓬勃发展，走向成熟。据统计，已有97个国家设立了具有专科层次的高职教育体系。

拥有世界先进教育体系的美国，其高职教育创建于1911年，20世纪60年代大体形成了独具特色的高职教育体系，高职在校生占高等教育学生的40%。美国高职教育主要由2年制的社区大学和4年制技术学院组成，社区大学是高职教育的最主要机构。美国现有1200多所社区学院，拥有注册学生1000多万，在校生占大学生总数约44%。社区学院通常按人口密度分布设立，每个学校的办学规模为2~4万人，几乎遍及全美各社区。

我国最早的高职教育可以追溯到清朝末年，鸦片战争之后我国大力发展实业救国，职业教育的主要形态是军事学校、实业学堂等，这种形态算是中国近代最早的高职院校。1949年后，对职业教育进行整顿。1966年至1976年职业教育处于停滞期。1978年党的十一届三中全会做出关于经济体制改革的决定，大力发展生产力。为了跟上经济发展的步伐，1985年中央颁布《中共中央关于教育体制改革的决定》，明确提出"调整中等教育结构，大力发展职业技术院校"。全国先后建立起120余所职业大学，举办职业教育。

直到20世纪90年代末，我国职业教育一直以中等职业教育为主。2000年，高职审批权下放到省市，自此高职院校的数量大幅增加,其中很大一部分为中专、成人教育、广播电视大学等合并升格的院校,高职教育迅速增长。同时,举办的高职类型多样化,到20世纪90年代末,举办高职的学校有：短期职业大学、职业技术学院、具有高等学历教育资格的民办高校、普通高等专科学校、本科院校内设置的高职机构(二级学院)、经教育部批准的极少数国家级重点中等专业学校、办学规格达到国家规定合格标准的成人高校。

我国高职院校的发展速度惊人,规模不断扩大。据国家统计局最新公布的数据,截至2017年,全国共有2631所普通高等学校,其中高职院校1388所,约占普通高等院学校的52.7%,高职院校已经占据了我国普通高等教育的半壁江山。

作为高等教育的重要组成部分,高职教育在推动社会和谐可持续发展和实现经济增长方式的转变过程中起到了重要作用。高职教育培养的高技能应用型人才以适应社会需要为目标、以实际生产应用为宗旨,培养学生的实践动手能力,是解决我国经济转型升级的重要途径之一,也是缓解劳动力供求结构矛盾的关键环节。但是高职教育由于其迅速发展和扩张,面临的问题也日渐凸显：职业教育滞后于产业的发展；高职院校的内涵和质量的虚空；高职院校不断扩张导致的债台高筑；供需"两难",高职"招生难、就业难"与企业急需人才"难"；高职教育管理体制、运行机制与国家政策保障和高职院校实际办学之间的困惑等。

二、高职院校图书馆

1.概述

高职院校图书馆是根据高等职业技术教育的发展需要而发展起来的。它不仅受高等职业技术教育的影响,也受到其自身条件的制约,它的服务对象与目标、资源建设、发展方向等都与高职教育的需要相适应。因此,高职图书馆在国家大力发展高职教育的情况下稳步向前。

中国高等学校图书馆事业在中华人民共和国成立后获得了巨大的发展,尤其是近十年来,图书馆从传统型逐步向现代型迈进,管理更加科学,馆舍进一步扩大,从以"书"为中心到以"人"为中心,"读者第一,全心全意为读者服务"已成为图书馆界的共识。自动化、网络化、创新服务全面开展,纸质资源与电子资源双管齐下,图书馆事业欣欣向荣。

2.高职图书馆的职能

图书馆的职能是指图书馆这一机构所应有的作用和功能。《普通高等学校图书馆规程》中对高校图书馆的职能作了明确定位:"高等学校图书馆必须贯彻国家的教育方针,履行教育职能和信息服务职能。"图书馆是一个专门收集、整理、保存、传播文献并提供利用的科学、文化、教育和科研机构。高职图书馆的信息职能主要指,高职院校图书馆是学校文献信息资源的收藏、研究和服务中心,信息是图书馆服务的主要载体,图书馆提供多种信息服务以配合高职院校的教育教学和科学研究。高职图书馆的教育职能包括多种方式,如思想道德教育、信息素养教育和终身教育等。

3.高职图书馆面临的问题和挑战

多年来,由于高职院校图书馆在规划定位、人员和资源配置等方面存在不足,加之受重视程度不够,很多学者研究发现高职图书馆整体发展跟不上高职教育的发展,高职图书馆在图书馆管理实践上和其他主流图书馆拉开了距离,导致高职图书馆在发展理念和管理思想上缺乏主动性、前瞻性。同时,高职图书馆一直以来都有藏书量不足、资料老旧、资源利用率不高及服务项目过少的问题。近几年网络对图书馆的冲击,使图书馆面临内忧外患的局面。图书馆的服务内容、服务方式和服务手段都发生着深刻变革,亟须重新定位和转型。

根据高职高专教育网统计,截至 2016 年,内蒙古自治区共有高职高专院校 34 所,其中呼和浩特地区有高职院校 13 所。

呼和浩特市作为内蒙古自治区首府,是自治区的教育中心,高职教育在十几年的快速发展过程中,为自治区乃至全国输送了大量面向生产、建设、管理、服务第一线的高端技能型人才。课题组调研了呼和浩特地区 13 所高职院校中的 8 所公办高职院校图书馆,分别是呼和浩特职业学院图书馆、内蒙古机电职业技术学院图书馆、内蒙古电子信息职业技术学院图书馆、内蒙古商贸职业学院图书馆、内蒙古化工职业学院图书馆、内蒙古建筑职业技术学院图书馆、内蒙古警察职业学院图书馆、内蒙古体育职业学院图书馆。各高职高专图书馆经过近 30 年的发展,基本上可以承担学校信息中心这一职能,服务水平和服务质量均有所提高,进入了较好的发展时期。

本章旨在通过这 8 所图书馆了解呼和浩特地区高职院校图书馆发展的基本现状、存在的问题和未来发展趋势,让读者对呼和浩特地区高职院校图书馆有一个基本的了解和认识,于广大读者面前呈现一幅呼和浩特地区高职院校图书馆繁荣发展的崭新画卷。

呼和浩特地区图书馆概况

第二节 呼和浩特地区高职院校图书馆

呼和浩特职业学院图书馆

一、图书馆基本情况

1. 历史沿革

呼和浩特职业学院是一所有着百年办学历史的学校,其源头可追溯到清朝末年"废科举,兴学堂"的年代,即1907年的归绥师范学堂,是呼和浩特地区师范教育之始。1922年,改为绥远师范学校,其后几经辗转、几次更名,直到1945年迁回原址,进入蓬勃发展时期。1954年,更名为呼和浩特师范学校;1977年,恢复高考后开始招收普通师范大专生。2000年9月,呼和浩特师范学校并入呼和浩特教育学院,组建新的呼和浩特教育学院。2002年,由呼和浩特教育学院、呼和浩特管理干部学院、呼和浩特职工大学、呼和浩特广播电视大学4所院校合并组建呼和浩特职业学院。2004年至2006年,先后接收了内蒙古广播电视大学呼和浩特铁路局分校、呼和浩特铁路中等专业学校、内蒙古广播电视学校、内蒙古技师培训学院,至此完成了九校合并。

如今,呼和浩特职业学院由东、西两个校区构成,每个校区内都建有一所特色鲜明的图书馆。2018年8月,呼和浩特市出台了《关于推动西部城区一体化高质量发展的意见》,市政府为呼和浩特职业学院在金山开发区划拨土地 100 万平方米，作为新的西校区。彼时将会配备新的图书馆，以此保证每个校区的教职工和学生都拥有属于自己的书籍世界。

图 1 呼和浩特职业学院东校区图书馆

2.馆舍情况

目前，呼和浩特职业学院共有东、西两个校区。西校区图书馆位于新城区通道北路 58 号，馆舍面积 16000 平方米，分为三层，一层东侧设有自习室、西侧设有密集书库；二层东侧设有自习室、西侧设有期刊阅览室、南侧设有特藏书库、北侧设有电子阅览室；三层东侧设有社科图书借阅室、西侧设有自然科学图书借阅室、南侧设有外文书库及工具书库、教工阅览室。由于学校搬迁，该校区图书馆将于 2018 年 12 月底完成搬迁工作，全部图书、设备、阅览桌椅搬入东校区图书馆。调研时，搬迁正在进行。

东校区图书馆位于赛罕区巴彦镇罗家营村高职园区，馆舍面积 46263 平方米。一楼设有密集书库、校史展览馆、教学机房、档案室；二楼南、北两侧为自习室，北侧自习室后期计划改造为环境舒适、设备先进的多功能阅览室(目前该项目已获审批，正在进行改造前的积极筹备)。二楼北侧走廊尽头设有一个清新、文艺的新华书店供读者休闲阅读，该书店为新华书店与学校的合作

图 2　呼和浩特职业学院西校区图书馆

项目,书店内部装修、图书供给与管理均由新华书店负责,目前已成为图书馆的亮点空间。读者在学习之余可以进去喝杯茶看看书,享受温馨的读书环境,度过一段充实而安静的时光。书店内开辟了一片学生 DIY 艺术品展示区,里面展示了呼和浩特职业学院美术与传媒学院学生的艺术设计作品,如团扇、画作等,给学生们提供了施展才艺的平台。

图 3~4　呼和浩特职业学院图书馆二楼新华书店

图书馆三到六楼为各书刊借阅室。三楼设有:期刊阅览室(收藏报纸、期刊 500 余种);社会科学图书借阅室(收藏文学类图书,包括小说、诗歌、散文、作品集、各国文学作品等);自然科学阅览室(收藏自然科学、天文地球、农业、环境及航天类的图书);电子阅览室(拥有机位 108 个,免费为读者提供全方位的数字资源服务)。四楼设有:社会科学图书借阅室(收藏历史、地理、文化、科学、教育、体育、语言、文字类图书);自然科学图书借阅室(藏有工业技术,生物科学,交通运输,医药、卫生类图书);数理化科学阅览室;政治法律图书阅览室;西文书库(目前暂不开放)。五楼设有:特藏书库;经济图书借阅室(藏有经济类图书);社会科学图书借阅室(收藏哲学、社会科学、军事、艺术类图书);过刊库(目前暂不开放);工具书库(目前暂不开放)。六楼设有:社会科学阅览室(藏有工业、矿业、石油、冶金、机械、电工技术、化工技术、水利工程等图书);自然科学阅览室(藏有建筑科学类图书)。

3.人员结构

目前,图书馆共有工作人员31人。其中研究生4人,本科23人,专科及以下4人;副高级职称12人,中级职称7人,助理级职称6人;男性职工8人,其余为女性。20~40岁年龄段的工作人员11人,约占总人数的35.5%,图书馆学专业背景人员9人,占总人数的29%。近年来,呼和浩特职业学院高度重视人才队伍培养。2018年,先后派馆员前往安徽、广州、河北、山西、广西等地进行培训学习,有10余人次之多。培训回来后,图书馆定期开展馆内业务学习会,组织外培的工作人员汇报学习成果,将学到的知识传播到全馆上下。此外,图书馆积极参加华北高校图书馆协会年会、内蒙古图书馆协会年会等活动,不断加强与其他图书馆的沟通与联系。

二、图书馆馆藏建设情况

近几年,学院非常重视图书馆的发展,每年下拨经费基本稳定在150万元左右,保证了图书馆有计划地购置专业类图书,以辅助学院的教学工作。目前,呼和浩特职业学院图书馆的馆藏图书类型以高职类、师范类、铁道、建筑、机电、计算机等重点专业为主,年更新量2万余册。全馆现拥有纸质图书80万余册,纸质期刊、报纸1000多种,电子图书31.7万册。拥有电子资源数据库10个,存储空间40TB,实体服务器2台。引进歌德电子书借阅机

1台,配备检索机5台。西校区图书馆搬迁完毕后,计划将增加其他各类自助服务设备,为读者提供更加便捷的现代化服务。

随着学院的建设和发展,图书馆根据学科发展需要,大力推进数字资源建设步伐,先

图5 呼和浩特职业学院东校区图书馆阅览室内部

后引进了各类型数据库,包括CNKI中国知网电子期刊类数据库、书生、方正Apabi电子图书类数据库,高等教育应用资源服务平台、软件通、新东方多媒体类专业数据库,百链云、读秀综合类数据库,引进其他资源平台如VERS维普考试资源系统、万方数据知识服务平台等。截至2018年11月,图书馆共购买各类数据库10个,同时与NSTL合作开通共享外文数据库12个。各类数字资源的引进不仅提高了馆藏文献总量,还切实提高了读者获取信息资源的效率。据了解,这些资源的引入受到广大师生的热烈欢迎,不仅学生可以自学新的技能,许多教师也可根据自身兴趣扩展相关技术。与此同时,图书馆通过与数据商企业、各二级院校的动态合作,全力提高馆藏资源利用率,从而提升图书馆的教辅效用。如今,通过不断加强专业化、规范化建设,呼和浩特职业学院图书馆为学院教学和科研工作提供了良好的信息化平台。

三、图书馆服务开展情况

1.基础服务

近年来,图书馆的基础服务工作稳步提升,通过更新设备、软件等途径不断提高服务效能,保证质与量的双向结合。2007年,图书馆摒弃传统的手工编目模式,引进较先进的"清大新洋

图书集成系统"进行图书编目,大大提高了图书加工上架的速度和图书编目的准确率。2015年底,图书馆将"清大新洋图书集成系统"升级为目前高校图书馆应用较广泛的"汇文图书馆管理系统",开启了新书推荐、馆藏查询、网上订购等多项服务模块,进一步拓宽了图书馆与读者、出版商、其他高校以及CALIS等多方面的交流渠道。现在,随着学院办公自动化软件的更新,全院师生只需登录自己的CRP系统就可以在主页面清楚地看到本人在图书馆的借阅信息,点击进入后即可查看借阅记录、预约记录、超期图书、委托到书等全面信息,极大地方便了读者。

此外,在图书、期刊、电子资源的采买过程中,图书馆不断加强与各二级学院的沟通与合作,听取专业教师的推荐意见,全力采买教师教学、科研中迫切需要的教辅类书籍及专业数字资源,从而更好地完成图书馆的教辅重任。在此基础上,图书馆还帮助各二级学院建立自己的图书资料室。通过二级学院一线教师的挑选,图书馆将满足专业建设需求的图书分藏于各图书资料室,并定期更新,进一步提高了师生利用专业图书的便捷性。目前,图书馆各阅览室的开放时间为:星期一到星期五,8:30—12:00,14:00—17:30。自习室开放时间为:星期一到星期日 8:30—21:30。二楼新华书店开放时间:星期一到星期六,9:00—18:00。

2.读者活动

图书馆通过定期、不定期地举办各类读者活动,进一步提升了服务水平和服务质量。以下为呼和浩特职业学院图书馆举办的部分读者活动:

(1)图书馆的可利用资源不局限于馆藏文献,空间和环境也是服务广大师生的重要资源。图书馆长期向各院系兴趣协会开放场地,帮助社团、协会在图书馆举办各类型的展览、讲座及活动,如美术学院的书画展、各二级学院的迎新晚会等。动静结合的各类活动给图书馆带来了更多人气、亲和力和生命力。

（2）积极开展读书月系列活动。图书馆以"世界读书日"为主题,组织开展各项读者活动,包括"校园读书达人"评选活动、新书推荐展览以及免费为全院教职工办理呼和浩特市图书馆借阅证等活动。这些活动不仅帮助师生更好地利用馆藏资源,同时促进了读者享受图书馆的空间、人力、环境等各种资源,在全院范围内营造了浓厚的读书氛围。

（3）成立项目组开展新生入馆教育活动。图书馆根据入馆素质教育培训的要求,专门成立入馆教育项目组,制定详细的入馆教育方案。入馆教育分为三部分,第一部分"认识图书馆",通过集中讲授让学生全面了解图书馆基本情况、馆藏布局、开放时间和图书馆网站等内容;第二部分"使用图书馆",主要讲授图书馆纸质图书的检索、各类数据库的使用方法和技巧以及图书馆的各项服务等;第三部分"走进图书馆",将同学们带至各个书库,由专业管理人员实地讲解图书分类、借阅流程、借阅规则等内容,并大力号召同学们要多读书、读好书,养成爱读书的良好习惯。入馆教育的开展,让新生对图书馆资源有系统、全面的认识,为各项读者工作的顺利开展奠定了良好的基础。

（4）积极联系数据商开展数字资源使用培训。2018年10月,图书馆联合学院发展规划与科技处,对全院课题主持人、科研团队成员及分管科研相关领导等教职工进行了CNKI知网数据库使用培训;11月,对人文旅游学院学生进行了现代办公软件应用的培训,充分发挥了图书馆提升本院教职工及学生信息素养的作用。

四、所获荣誉

图书馆于2017年被内蒙古自治区图书馆学会评为"2016—

2017年度高等学校图书馆文化环境建设先进单位"。

五、图书馆近十年的变化

十年间,呼和浩特职业学院图书馆在各个方面都发生了显著的变化。在资金投入方面:图书馆经费逐年稳定增长,学院大力支持图书资源采购和设备更新。2015年至2016年,每年下拨资金250万元,使图书馆各项工作更加规范化、专业化、现代化。2017年至2018年,每年经费稳定在150万元左右,基本保证了图书馆的日常运营、人员培训及读者服务工作的开展。在软、硬件建设方面:建设了46000余平方米的新馆舍;更新了馆员工作用电脑及学生用机,安装了门禁系统、检索机等;升级了图书馆管理系统,使各项工作更加标准化、规范化、专业化;购买了丰富多样的电子资源数据库,并力争将电子资源服务平台打造成为该馆的特色数字馆藏。在读者服务方面:图书馆不断加强与各二级院校的联系,帮助其创办自己的专业图书资料室;通过开展入馆教育及其他各类读者活动,帮助学生认识图书馆,更好地利用馆藏资源。在人才培养与队伍建设方面:图书馆通过不懈努力引进了专业图书馆学人员4人,专业人员总量从原来的5人上升到9人,并积极推动馆员培训,派送馆员外出学习,提高了整体队伍的专业素养。

总之,呼和浩特职业学院图书馆取得了瞩目的成绩,不论是馆舍建设方面还是服务提升方面,都成为呼和浩特地区高职院校图书馆的领军机构。下一步,呼和浩特职业学院图书馆将集中力量投入到读者服务工作中,以先进的管理理念、先进的设备设施和技术手段,帮助读者更快更好地获取所需信息资源。相信呼和浩特职业学院图书馆未来将会取得更大的发展与成绩。

注:以上数据截至2018年11月,均由被采访单位提供。

内蒙古机电职业技术学院图书馆

一、图书馆基本情况

1.历史沿革

内蒙古机电职业技术学院前身为内蒙古工业学校,创建于1952年9月,原名为扎兰屯工业学校。1953年7月,经内蒙古自治区政府工业部批准更名为"内蒙古工业学校"。1956年8月,由扎兰屯市迁到呼和浩特市海拉尔大街40号,是中华人民共和国成立后内蒙古自治区成立的第一所工科类中等专业学校。2003年5月,经自治区人民政府批准,升格为高等职业技术学院,更名

图6 内蒙古机电职业技术学院图书馆

为内蒙古机电职业技术学院,隶属于自治区人民政府。建校58年来,培养35000多名毕业生,在推动自治区工业化进程中发挥了重要作用,是内蒙古能源、冶金行业最大的高素质、高级技能型专门人才培养基地。2009年8月,内蒙古机电职业技术学院整体迁入新校区,新校区位于呼和浩特市赛罕区罗家营村高职园区,总建筑面积33万平方米。

2.馆舍情况

内蒙古机电职业技术学院图书馆位于新校区中心位置,总面积18000平方米。随着学院专业化建设成果越来越显著,2017年伊始,图书馆将原有的"服务至上、读者第一"的办馆理念,深刻提升为"以人为本、改革创新、突出特色"。本着以专业化发展为目标的信念,图书馆立志凸显馆藏特色,开设基本书库、教材样本书库、社科图书借阅区、专业图书借阅区、工具书阅览室、期刊报纸阅览区、电子阅览室、特色文献典藏室等开放书库,馆内阅览座位超过1500个。全楼共分为六层,一层设有基本书库、创客空间;二层设有图书馆行政办公室;三层设有专业图书阅览室(自然科学图书阅览室)、社科图书阅览室、过刊阅览室;四层设有报纸期刊阅览室、电子阅览室(阅览室放置有最新型号电脑设备83台);五层为采编室、工

图7 内蒙古机电职业技术学院图书馆阅览室

作区域;六层设有工具样板书库(1)、工具样板书库(2)、资料室。

3.人员结构

目前,内蒙古机电职业技术学院图书馆有工作人员22人,其中副高级职称11人,中级职称9人;硕士学位2人,本科学位6人,大专学历13人。为了更好地提高图书馆员的职业素养,图书馆近年来积极向学院申请聘用图书馆学相关专业毕业生,希望可以通过新生力量给本馆带来新的服务理念和服务创新,更大程度地服务读者。与此同时,图书馆不定期地邀请业内专家给馆员进行业务讲座和培训,提高在馆人员的专业素养。

二、图书馆馆藏建设情况

在学院的大力支持下,图书馆获得的经费逐年增加,近几年保证在50万元~60万元/年的图书资源投入额,纸质图书和电子图书投入均在30万元~40万元/年,保证了图书馆软硬件资源的添置和更新。结合高校图书馆辅助教学的重要任务,内蒙古机电职业技术学院图书馆的藏书主要以机电、冶金、电子、水利、信息管理类为主,纸质图书总量34万余册,每年订阅纸质期刊650余种,纸质报纸20余份。

此外,图书馆将馆藏建设重点逐步转向电子资源。目前,图书馆的数字资源总量约为30TB,电子图书总量达7119GB,电子期刊、学位论文等资源6731种,并持续购买中国知网、乐学视频、万方数据、超星数字资源等数据库。除了加强纸质、电

图8 内蒙古机电职业技术学院图书馆电子阅览室

子图书资源建设,图书馆还引进了多台自助服务设备,大厅内放置有电子读报机、歌德电子书借阅机等设备,以此保证师生多方位的文献借阅需求。

三、图书馆服务开展情况

1. 基本服务

内蒙古机电职业技术学院图书馆的基本服务主要围绕师生的借还书服务、入馆教育及为二级学院教学工作进行的辅助性服务。图书馆于2007年停止过去传统的手工编目模式,换为清大新洋图书集成软件,采用电子编目方式,提高了图书资源的编目质量。2015年,馆内配备了4台检索机,方便师生查阅馆藏信息,使读者能够更准确地找到所需图书,图书资源的查全率和查准率大幅度提高。

目前,图书馆平均每年的图书借阅量稳定在5000册左右。为了更好地为读者服务,图书馆特开设专业工具书阅览室,内置与本校所设专业相关的冶金、机电、自动化等方面的大型工具书,方便师生在进行课程设计及毕业设计过程中使用,读者既可以在阅览室内完成查询抄录工作,也可以通过班级负责人申请借出工具书,在全班范围内使用。另外,图书馆还开设了特色文献典藏阅览室,收集了珍贵的古籍文献资源供师生查阅。

在数字资源馆藏方面,图书馆在其官网上开通了两个专业特色项目,包括机电一体化专业馆和机械制造与自动化专业馆。在这两个电子资源库中,师生根据官网上的网络通道,通过输入用户名和密码点击进入图书馆汇集的相关专题库,师生可以免费使用中国知网收录的该专业的所有信息。对特定电子资源的汇集开放,保证了学校重点专业所需知识信息的通道畅通、及时、便捷。

为了让广大师生更好地了解图书馆、使用图书馆,在每年的

9月开学初期,图书馆都会开展新生入馆教育,帮助学生们尽快了解校园文化环境,快速融入学习氛围。

此外,图书馆开放时间与学校上课时间相结合,全馆采用"藏、借、阅、询"一体化管理,"一站式"服务,是为学院教学、科研提供文献信息的服务中心,也是学生自主学习、休闲、交流的良好场所(表1)。

表1 内蒙古机电职业技术学院图书馆开放时间

开放部门	部门地址	开放时间
社科图书借阅厅	三楼	周一至周日 9:00—19:00
专业图书借阅厅	三楼	周一至周日 9:00—19:00
报纸期刊阅览厅	四楼	周一至周日 9:00—19:00
电子阅览室	四楼	周一至周日 9:00—19:00

2.读者活动

内蒙古机电职业技术学院图书馆作为知识和信息的传送、交流平台,不仅为在校师生提供了知识获取的通道,更为丰富多彩的校园活动提供了展示的空间。在日常工作中,图书馆经常为学校各社团提供场地,在二楼大厅中开展各种活力四射的校园活动,一方面给学生忙碌的学习生活带来青春活力,另一方面也为师生和图书馆架起了交流的桥梁。

与此同时,作为知识的提供者,图书馆自身也开展多种与读书相关的活动。每年的4月23日是"世界读书日",图书馆都会联合学院团委、学生处、各系部共同组织开展为期一至两个月的读书节系列活动。其间包括图书展示、荐书、品书活动;举办知识问答、演讲比赛、诗歌朗诵、有奖征文活动、文艺演出等主题活动;特邀校内外知名专家学者,开展读书品经典讲座;中外文经典影片欣赏展播;开展"读书之星"优秀读者评选活动;以系、部、班级为单位,利用星期一、星期四或晚自习的时间组织读书会;开展优秀专栏、橱窗、墙报读书园地评选活动;召开读书节总结表彰大会等。用丰富且质量极高的文化活动宣传读书的重要性,以表彰的形式推动"读书好、好读书、读好书"的浪潮,让读书成为流行于校园的健康风尚,推进校园文化建设。

四、科研成果

近年来,内蒙古机电职业技术学院图书馆不仅关注图书馆的专业化建设方面,还将目标投放到整个呼和浩特市高职园区高校图书馆信息资源共建共享工作中。在2015年3月,馆长王力森组织人力申请了有关《呼市大学城高职院校图书馆信息资源共建共享研究》主题的自治区级课题并通过,目前正在紧锣密鼓地进行,若该课题完成将会是高职园区各院校图书馆信息资源共享的第一步。

五、图书馆近十年的变化

可以看出,内蒙古机电职业技术学院图书馆的发展是飞速的,取得的成绩也是显著的。在馆舍面积、馆藏总量、人员结构到图书馆服务方面都取得了巨大的飞跃。每年藏书量以投入近60万元的态势增长,图书更新速度加快,纸质资源总量近35万册。电子资源购入量逐步提高,成为与纸质资源相辅相成的信息资源渠道,目前电子图书总量已达7119GB。各种电子设备和工作软件也不断更新,采编摒弃过去的手工编目方式,引进先进的电子编目软件;购买、更新电脑设备100余台,网速从最初的10MB/s提高到100MB/s;增加电子门禁、电子图书阅读器、读报机等智能电子设备,逐步提高图书馆基础设施的便捷性和科技性。

在服务方面,更加深入完善图书馆的基础服务工作,在图书配置、文献信息资源推荐、资料室建设、科研等方面融入教学辅助工作中,更大程度地发挥高校图书馆的教辅作用。除此之外,通过与学院其他部门的合作,增加校园活动和读书推荐交流,用轻松的活动形式吸引读者,更好地达到传播知识的目的。总之,通过调研我们看到了内蒙古机电职业技术学院图书馆近十年的良好成果和发展方向,相信在未来图书馆还会持续带来更多更好的变化。

注:以上数据截至 2017 年 4 月,均由被采访单位提供。

内蒙古电子信息职业技术学院图书馆

一、图书馆基本情况

内蒙古电子信息职业技术学院是公办全日制高等院校,国家示范性软件职业技术学院,自治区示范性高等职业院校。经过30年的发展,目前已形成了以高职教育为主,中等教育和成人教育为辅,兼有职业资格鉴定培训的多层次多渠道的办学格局。

内蒙古电子信息职业技术学院图书馆于2007年破土动工,2009年落成并投入使用,大楼外观设计方正厚重,线条简单凝练,建筑面积2.38万平方米,内部呈"回"字形结构,采用等柱距、等

图9　内蒙古电子信息职业技术学院图书馆外景

层高、等载荷、大开间的现代设计理念。图书馆一共分为4层,一层设有基本藏书库、图书加工室、图书验收室,其中基本藏书库约占700平方米;二层设有总服务区、检索区、教室阅览室、工具书阅览室、期刊阅览室;三层设有电子阅览室、计算机专业阅览室以及自习室;四层设有电子电工专业技术阅览室、信息管理专业阅览室、社科综合阅览室。

图书馆作为学院的教辅部门,共有工作人员22人(在编人员18人),其中研究生3人,本科生12人,其余均为专科生;副高级职称5人,中级职称3人,初级职称12人。

二、图书馆馆藏建设情况

近3年来,学院持续年均拨款100万元左右,大力支持图书馆采购新书,丰富各种专业书目,以辅助各学院的教学工

图10　内蒙古电子信息职业技术学院图书馆内景

作。为了更好地贴近读者的阅读习惯,加强与各二级学院的合作,内蒙古电子信息职业技术学院图书馆以同各二级学院老师现场采购和院系提供采购书单为主要采购方式,搭配图书馆自助采书。图书类型以电子电工专业、计算机专业、信息管理专业等重点专业藏书为主,年更新量达到5万余册。目前,全馆藏有纸质图书46万余册,电子类资源60万余册,其中电子图书12万余册,电子期刊、博士论文、硕士论文、重要会议论文、重要报纸计

12TB。

随着学院的建设和发展,图书馆顺应时代潮流,加大力度引进多个与学科相关的数据及电子资源。近几年,购买了包括中国知网、万方数据、读秀学术搜索等数据库及电子资源,不仅充实了图书馆电子期刊、电子图书的馆藏总量,还大大提高了读者获取信息资源的速度。除此之外,图书馆还引进了软件通、VERS维普考试资源、西安数图等教学与学习软件,通过视频、考试模拟板块、网络实践等方式补充日常教学和学习中的不足,达到自主学习、自我提升的效果。

三、图书馆服务开展情况

内蒙古电子信息职业技术学院图书馆有 8 个图书阅览室及 3 个自习室。阅览室开放时间为周一到周五 8:00—12:00,14:30—21:30,周六 8:00—12:00,14:30—19:30。自习室周一到周日全天开放。全馆为学生提供了 1155 席座位,为广大读者提供了一个宽敞舒适的学习阅读环境以及充裕的学习阅读时间。随着学院对图书馆的重视,图书馆持续不断地采购新书,加强各项基础服务力度,读者的阅读量日益攀升,2014 年至 2016 年的年流通量分别为 9610、10974、10944。

图 11 内蒙古电子信息职业技术学院图书馆阅览室

为了加强与学生的联系,提高读者服务质量,内蒙古电子信息技术学院图书馆举办了丰富多彩的读者服务活动,为了迎接 4 月 23 日读书日,特举办为期一个月的"每天阅读一小时，倡议签名活动"；与各二级学院联合举办的"相约电子图书馆开启阅读新模式"得到广大师生的一致好评与热烈反响；以及图书馆持续开展的"美文推荐""读书有礼"等活动都深受读者喜爱。为了方便广大师生与图书馆的联系，内蒙古电子信息技术学院图书馆在2014年推出微信公众号，至今为止关注量为8000左右，约占全校师生的75%。

图12　内蒙古电子信息职业技术学院图书馆开放时间及馆舍布局导航

图13　内蒙古电子信息职业技术学院图书馆举办的活动

图14　内蒙古电子信息职业技术学院图书馆举办的活动

四、所获荣誉

由华北地区高等学校图书馆协作委员会颁发"华北地区高校2012—2016年度先进集体"。

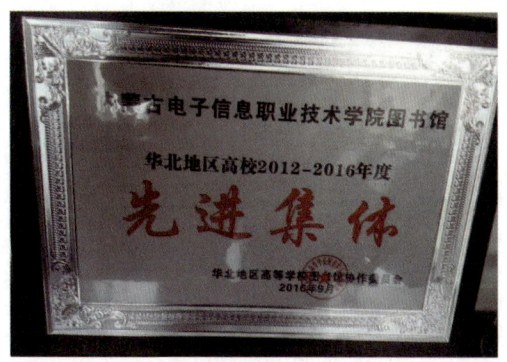

图 15 图书馆获得华北地区高校 2012—2016 年度先进集体

图 16 内蒙古电子信息职业技术学院图书馆微信公众平台和读者协会 QQ 群的二维码

五、图书馆近十年的变化

在近十年的时间里,内蒙古电子信息职业技术学院图书馆在各个方面都发生了翻天覆地的变化。在硬件方面:2009年,内蒙古电子信息职业技术学院由旧址迁到现在的高职园区校区,从一个只有1000平方米、一个阅览室、两个自习室、120个座位的图书馆,到现在的现代化图书馆。为了实现图书馆的现代化、信息化建设,图书馆购买了门禁系统、歌德电子书借阅机,增加了约15台检索机,更换了近130台电脑。学院加大对图书馆的经费投入,积极支持图书馆开展各项读者活动。在软件方面,内蒙古电子信息职业技术学院图书馆从没有电子资源到如今每年续订中国知网等电子资源,开通了微信公众号服务读者。为了更好地实现图书馆的各项建设,图书馆引进3名图书馆学专业人才,整体上提高了图书馆的业务素质,壮大了专业人员结构,使图书馆的工作更加专业化。同时,将传统的手工卡片式管理升级为清大新洋图书集成软件,使图书编目数据更加准确,并准备在近几年内更换为目前高校图书馆普遍使用的汇文系统。在服务方面,除去传统的借还书等基础服务,还不断开展多种多样的读者服务,紧密联系各二级学院和广大师生,提高了图书的流通量,发挥了图书馆的文化职能。图书馆正地实现更加人性化的服务理念。内蒙古电子信息职业技术学院图书馆将一步步紧跟时代潮流,加强各项服务力度,力争实现图书馆管理的现代化、信息化、专业化,为读者提供一个环境优美、服务优质的阅读学习场所。

注:以上数据截至2017年4月,均由被采访单位提供。

内蒙古商贸职业学院图书馆

一、图书馆基本情况

内蒙古商贸职业学院位于呼和浩特市高职园区,是教育部批准独立设置,隶属于自治区教育厅的一所学科类别齐全、面向区内外招生的公办全日制普通高等职业院校。创建于1952年,是自治区示范性高职院校建设单位、全国100所现代学徒制试点学校之一,也是内蒙古自治区唯一一所以商贸、服务、农畜产品加工、流通、旅游为主的高等职业学院。学院前身为内蒙古商业学校,创建于1952年,内蒙古工业美术设计学校建立于1979年,内蒙古粮食学校成立于1960年。

内蒙古商贸职业学院图书馆是由原内蒙古商业学校图书馆、内蒙古工业美术设计学校图书馆和内蒙古粮食学校图书馆合并组建的。目前,图书馆馆舍总面积为12000平方米,设有密集书库

图17 内蒙古商贸职业学院图书馆外景

一个,并设有自然科学、社科和电子阅览室等。可提供师生自习、阅览的座位有1500席,开放式的布局实现了藏、借、阅一体化的服务模式。图书馆设有采编部、流通部、阅览部、技术服务部、办公室等职能部门,为全院师生提供了文献检索、借阅及信息咨询等服务。现有工作人员11人,其中硕士3人、本科7人、图书馆学专业人员2人;副高级职称7人、中级职称2人、初级职称1人。

二、图书馆馆藏建设情况

自2009年新馆投入使用以来,学院每年投入图书馆经费40万元左右,用来购置各类图书,馆藏文献资源日益丰富。目前,图书馆拥有文献80万余册,其中纸质文献近34万册,电子图书、电子期刊46万册。经过多年发展,馆藏文献资源以经济学科、工程学科和艺术学科为收藏重点,兼顾其他学科,现已基本形成纸质文献和数字资源并存的新格局。2005年,图书馆引进中国知网、时代圣典、五车、超星等数字资源,可满足全院师生对所需电子文献的网上浏览、阅读和下载,为学院的教学、科研提供了丰富的文献信息保障。近3年,图书借阅量约为24000册次/年。

三、图书馆馆藏布局和开放时间

1.图书馆馆藏布局体现"以人为本、方便读者"的服务理念,实行书、刊的藏、借、阅一体化服务模式。具体布局如下:

一楼:密集书库、自习室

二楼:社会科学阅览室、

图18 图书馆期刊阅览室

自然科学阅览室

三楼：流通部、技术部、采编部、中心机房、采编室、教师阅览室、电子阅览室

四楼：馆长办公室、办公室、阅览部、期刊阅览室

2.图书馆开放时间：

为方便学生学习,图书馆自习室实行24小时开放制度,其他阅览室开放时间为：星期一至星期五,14:30—19:30；星期六、星期日,10:00—19:30。

四、图书馆近十年变化

近几年,图书馆在各个方面都有了长足发展,馆藏文献资源日益丰富,管理水平和信息服务水平不断提升,图书馆正在逐步向数字化、现代化迈进。2007年,引进清大新洋自动化集成管理系统,使文献采访、编目、典藏、流通等业务工作实现了自动化、网络化,也为读者提供了目录查询、文献检索、网上借阅及在线咨询的基础平台。馆内现有网络服务器2台,用于内部工作和读者服务的计算机200余台,网络运行良好,服务方便快捷。

图书馆十分重视馆员队伍建设,通过业务学习、学术交流、专业培训等多种方式,切实有效地提高了馆员的整体素质和专业技能,促进了图书馆各项工作的开展。

随着图书馆的建设和发展,内蒙古商贸职业学院图书馆已是内蒙古自治区图书馆学会的常务理事馆,并成为内蒙古高等教育文献保障服务中心(CALIS)的成员馆,将为实现自治区文献资源的共知、共建、共享发挥重要作用。

注：以上数据截至2017年4月,均由被采访单位提供。

呼和浩特地区图书馆概况

内蒙古化工职业学院图书馆

一、图书馆基本情况

内蒙古化工职业学院是内蒙古自治区唯一一所独立设置的化工类全日制普通高等职业学院,隶属内蒙古教育厅。2003年5月,经自治区人民政府批准,由内蒙古石油化工学校和内蒙古建材工业学校合并组建为内蒙古化工职业学院。学院新校区位于呼和浩特市赛罕区巴彦镇大学城。新校区图书馆于2011年9月正式投入使用,单体5层建筑,总建筑面积20009.7平方米,普通阅览座位2131个。图书馆建筑现代、简约、大气,内部环境优美舒适。馆舍建设体现了开放式、多功能的现代图书馆特征。图书馆

图19 内蒙古化工职业学院图书馆外观

已成为学院教学、科研的重要文献信息服务中心。

图书馆现设置采编部、系统部、流通阅览部、综合业务部4个部门,共有工作人员29人。其中,高级职称5人,中级职称7人,初级8人;博士1人,硕士研究生1人,其余27人均为本科学历;图书馆学专业人员1人。

馆舍条件的改善使图书馆各部门和书刊借阅室有了比较合理的布局(表2)。

表2 图书馆馆舍布局情况

楼层	名称	位置
一层	过刊阅览室	东北厅(105)
	密集书库	中央(128)
	自习室(一)	西北厅(120)
二层	馆长办公室	东办公区(203)
	综合业务办公室	东办公区(203)
	采编部	西办公区(230)
	会议室	东办公区(202)
	副馆长办公室	东办公区(204)
	咨询处	二楼大厅
	社会科学借阅室(一)	西北厅(203)
	社会科学借阅室(二)	东北厅(210)
三层	期刊借阅室(一)	东南厅(301)
	期刊借阅室(二)	西南厅(326)
	电子阅览室(一)	东北厅(307)
	电子阅览室(二)	西北厅(320)

楼层	名称	位置
四层	社会科学借阅室(三)	东北厅(407)
	自然科学借阅室(一)	西北厅(420)
	自然科学借阅室(二)	西南厅(426)
	资料室	东南厅(401)
五层	自然科学借阅室(三)	西南厅(526)
	自习室(三)	东南厅(501)
	自习室(二)	西北厅(520)

二、图书馆藏资源建设情况

图书馆馆藏建设注重支持学院学科的发展方向,形成了以化工、机电、材料、计算机、管理专业为主的适合学院专业特色的馆藏体系。现藏有各类纸质图书 50 余万册,专业图书 22.3 万册。每年订购中文期刊 900 多种,期刊收入煤炭科学技术、环境工程、日用化学工业、石油化工、机械工程材料、自动化仪表、计算机应用与软件等 200 余种化工类、机电类、计算机类、材料类、管理类等核心期刊,还有其他生活教育类非核心期刊。报纸资源收入国内近 100 种报纸。

近年,图书馆高度重视数字化信息资源的建设,购买了五车电子图书 30 余万册,引入中国知网 CNKI、万方等数据库,且每年保证数据库的维护和续购。图书馆积极与数据商联系,每年开通多个试用数据库供读者使用。此外,图书馆注重加强自建特色数据库建设。在充分征求各学院、各学科教授和广大读者意见的基础上,图书馆建成了自建视频资源数据库,该数据库的建立进一步丰富了馆藏资源,截至 2017 年 4 月,图书馆数字资源总量约

26TB。

为了保证馆藏文献的实用性、时效性,图书馆在采用多渠道多手段的文献采购方式。每年采购图书之前,图书馆首先向各系部、处室、中心、班级征集纸质图书采购书目。图书荐购可以按单位组织,也可以由个人直接推荐。同时,通过图书馆网站上的"读者荐购"栏目广泛征求读者意见,让全院师生积极参与图书采访工作当中,最终图书馆根据荐购情况制订具体采购计划。

三、图书馆服务开展情况

读者服务是图书馆一切工作的中心环节,其根本任务是充分利用图书馆资源,最大限度地满足读者需要。

1.基础服务

内蒙古化工职业学院图书馆本着尊重读者、关心读者的人性化服务理念,注重对环境的细节设计,为读者营造一种和谐、温馨、舒适的氛围。图书馆在大厅入口处放置馆藏布局示意图、各阅览室开放时间、图书借还规则以及图书馆规章制度等。目前,图书馆

图 20 社会科学图书借阅室

对读者开放有自习室(一)、社科图书借阅室(一)(二)(三);自然科学借阅室(一)(二)(三);电子阅览室(一)(二)及期刊借阅室(一)。其中,自习室全天 24 小时开放,各书刊阅览室开放时间为星期一到星期五 9:00—12:00,14:30—17:00;读者利用率较高的

社会科学阅览室（二）、期刊阅览室（一）、电子阅览室星期一到星期日 9:00—18:00 开放；网上数字资源全天 24 小时开放。图书馆实行藏、借、阅合一，全开架的开放模式，为师生提供良好的阅读和学习环境。

图 21　电子阅览室

图书馆内卫生清洁，采光充足，设立完备的指示标识系统。在入口处的玻璃门上张贴着最新活动通知、公告，方便读者了解图书馆最新动态。大厅内的"智慧树"既方便来馆读者随时参与"智慧"问答活动，同时装饰了大厅环境。为了给读者提供更好的多媒体阅览环境，大厅内安装了 2 台电子读报机、1 台歌德电子书借书机，机器旁边都贴有具体操作流程与使用方法说明。读报机内收入国内发行的各类报纸，每天自动更新，确保与纸质报纸同步。歌德电子书借书机里预装了 3000 种独家授权的正版图书，内容涵盖精品推荐、经典名著、成功励志、小说传记、政史军事、文学艺术、科学技术、社会法律、哲学宗教等，电子图书与出版社纸书同步发行。电子书借阅模式的开通使读者不受时间、空间限制，可以自由阅读与还书，极大地方便了读者利用图书馆的数字资源。

2.读者活动

自 2014 年以来，图书馆除了读者活动数量逐年递增外，活动类型也更加多样化，与读者的互动也越来越频繁。

图书馆通过校园网、图书馆主页及微信公众平台积极宣传馆藏资源、读者活动及其他各方面信息。每年 3~5 月期间，举办"世界读书日"系列活动,包括"智慧树""读书有礼""读书之星"等活动,并于活动开始前,通过悬挂条幅、制作展板、张贴标语、发布通知、公布活动内容等方式使全院师生对"世界读书日"活动有充分的认识,积极参与各项活动。图书馆还通过

图 22 图书馆大厅

"内化院图书馆"微信公众平台定期开展"微朗诵""微公益""微书评"等微信系列活动,积极采取新模式吸引读者关注图书馆、利用图书馆的文献资源。

自 2013 年以来,图书馆面向在校生开展信息素质教育,发挥图书馆的教育职能。图书馆主要采取 3 种方式对学生开展信息素质教育。一是开办信息资源检索课。图书馆承担本校学生的文献检索课教学任务,教授学生数据库资源检索与利用、信息分析与评价等内容,为广大学生更好地利用图书馆提供帮助与指导;二是举办数字资源检索讲座、图书信息检索大赛。每年四五月,图书馆会面向全院师生进行数字资源利用的培训讲座,以帮助读者更好地提高文献信息检索能力;三是针对新入学大学生积极开展入馆教育。每年新生报到后,图书馆对新生开展入馆教育。入馆教育主要采用现场参观、讲解的形式,对图书馆概况、馆藏分布、图书借阅、电子资源、规章制度、开放时间等内容做介绍,让新生充分了解图书馆的文献信息资源,提高信息意识和获取信息的能力,从而提高学习效率。

此外,图书馆举办其他各类读者活动,包括"图书与人——最美图书馆"摄影大赛、"文明读者、净化心灵"捐书公益活动等。

2015年,与学院团委开展了"一学一做"系列活动,包括"品读经典"影片欣赏周、"读书、成长"征文活动。图书馆丰富多彩、形式多样的活动吸引了广大学生积极参与。近3年开展各项读者活动以来,图书借阅量明显提高,平均借还量28000余册次/年,课余时间来图书馆看书的学生明显增多。

四、图书馆近十年的变化

随着学院自身的发展及现代信息技术的推动,内蒙古化工职业学院图书馆近十年发生了显著的变化。尤其自2011年新校区图书馆投入使用至今,图书馆各项条件得到明显改善。在馆舍建设方面,由曾经的400多平方米增加到现在的2万多平方米,阅览座位增加了10倍之多。馆藏文献总量和新增藏量逐年增长。服务方式不断创新,信息化水平显著提升,计算机台数、电子阅览室终端数均大幅增加,新增检索机、读报机、电子书借书机。2012年,图书馆将清大新洋图书管理系统更换作汇文图书馆管理系统,图书馆自动化管理迈上一个新台阶。2013年,图书馆申请并成功加入CALIS成员馆。2016年,开通了"内化院图书馆"微信公众平台,现读者关注量700余人。近几年,图书馆面向读者的服务活动越来越丰富多样,以前除了基础服务几乎没有对外开展其他活动,现在每年有十多项面向全院师生的读者活动。随着各项功能的完善及管理水平的不断提升,图书馆整体服务质量也大幅提高,图书馆在学院中的地位及在广大师生中的影响力也逐步提升。据统计,近3年来图书借阅量以每年10%的速度增长。越来越多的师生走进图书馆或使用网上数字资源进行阅读与学习,内蒙古化工职业学院图书馆正在迅速发展。

注:以上数据截至2016年4月,均由被采访单位提供。

内蒙古建筑职业技术学院图书馆

一、图书馆基本情况

1.历史沿革

内蒙古建筑职业技术学院的前身是成立于1956年的内蒙古建筑学校。1958年,改制为内蒙古建筑学院;1961年,恢复中专建制。1979年至1989年,共招收培养本、专科生1646人。1994年,被教育部评定为全国6所建筑类重点中专之一。1999年7月,经教育部批准独立升格为普通高职院校。建校半个多世纪以来,已为国家和自治区培养各级建筑类人才3万余人,培训各类建筑从业人员5万多人次。

内蒙古建筑职业技术学院图书馆服务于学院的教学工作和学生的阅读需求,是一所具有专业收藏特色的职业技术院校图书馆。随着学院的建设与发展,图书馆始终以全方位为学校教学、科研、学科建设服务为宗旨,以保存知识、精致服务、引领学习、合理使用为核心价值,在重视馆藏文献建设、努力提高服务质量、积极开展文化活动、大力营造积极向上的学习氛围等方面做了积极的努力。特别是自2007年学校被确定为"国家示范性高等职业院校建设计划立项建设单位"以来,图书馆管理更加规范,数字化水平进一步提高,形成了现代化、信息化的图书、档案服务管理体系,实现了由传统图书馆向复合型图书馆的转变。

图 23　内蒙古建筑职业技术学院图书馆外景

2.馆舍情况

内蒙古建筑职业技术学院图书馆现设有综合业务部、流通阅览部、文献资源建设部、信息技术服务部和档案室等职能部门。2003年前在南校区开放，位于呼和浩特新华西街钢铁路，总面积5980平方米。2003年之后迁到北校区办公，位于呼和浩特市回民区内蒙古青少年生态园南侧，总面积达18807平方米。整栋楼分为3个部分，从西向东分别是图书馆、校史馆和信息网络中心。总共六层，一层设有密集书库、自习室；二层设有电子阅览室；三层设有科技图书借阅处、教工电子阅览室；四

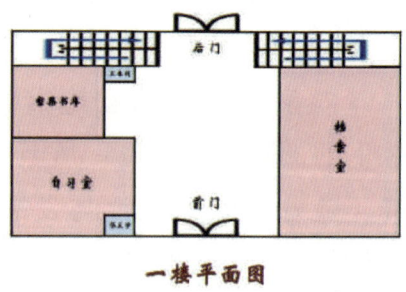

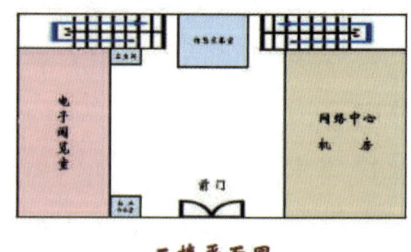

图 24　内蒙古建筑职业技术学院图书馆一、二楼平面图

层设有社科图书借阅处;五层设有期刊借阅处、过刊借阅处;六层设有样本库及外文图书借阅处。

目前,内蒙古建筑职业技术学院图书馆阅览室席位共有985个,能够满足师生在图书馆看书、自习和建筑设计的需要。

3.人员结构

内蒙古建筑职业技术学院图书馆近十年不断吸纳人才,现有图书馆员21人,其中在编人员16人;副教授2人,副研究员2人,中级馆员5人,初级馆员5人;研究生4人,本科8人,大专4人。

二、图书馆馆藏建设情况

近些年,图书馆采取"一改革、二贴近、三结合、四服务"的方式,树立"以用为主"的藏书观念,积极发挥职能作用,充分利用人才资源、馆藏资源,积极参与教学科研工作,不断增强服务意识,扩大服务范围,改进服务手段,提升服务层次,将图书馆建成有规模、有层次、特色鲜明的高等职业院校图书馆。图书馆在馆藏建设方面颇具特点,主要集中收集建筑领域文献,形成了以建筑工程技术、建筑装饰工程技术、供热通风与空调工程技术、市政工程技术等重点专业书刊为主要收藏特色的专业藏书体系,同时与各二级学院、部、处资料室共同构成了较好的学院教学、科研文献信息保障体系。

目前,内蒙古建筑职业技术学院图书馆纸质文献总量61.4万册,期刊412种,报纸25种。近年来,图书馆将电子资源建设放在重要地位,购进了大量电子图书和师生读者急需的资源数据库,基本保证了广大师生教学科研工作的需求。电子图书总量达到101.05TB,电子期刊、报纸总量达到141.7TB。为了方便读者使用这些电子资源,图书馆还特别引进一台歌德电子书阅读器放置在二楼电子阅览室,读者只要用手机扫描相应图书二维码就可以

呼和浩特地区图书馆概况

随时随地轻松阅读。

图书馆购买了14个数据库,数据总量达242.7TB。分别为:中国知网学术期刊数据库(远程,全部数据)、中国知网学术期刊数据库(本地,2012年以前、2015年数据)、中国知网博硕士论文全文数据库、中国知网重要会议论文全文数据库(远程,全部数据)、中国知网重要会议论文全文数据库(本地,2012年以前、2015年数据)、中国知网重要报纸全文数据库、中国知网"三严三实"专题教育知识库、中国知网工具书馆、中国知网国际会议论文全文数据库、读秀学术搜索、百链云图书馆、超星汇雅电子图书、网上报告厅(远程)、国家哲学社会科学学术期刊数据库(免费开放)、国家哲学社会科学文献中心(免费开放)。

为了节省成本,图书馆积极联系开发商引进10个试用数据库,分别为:起点考试网、中新金桥软件通、超星学术视频、博看期刊数据库、畅想之星光盘数据库、数图视频教育资源库——建工在线学习库、数图视频教育资源库——高职高专应用教育资源服务平台、数图视频教育资源库——微课堂教育视频资源服务平台、数图视频教育资源库——艺术教育多媒体资源服务平台、数图视频教育资源库——HD高清多媒体教育视频资源服务平台、数图视频教育资源库——美国探索、数图视频教育资源库——世界名校精品课、数图视频教育资源库——网上大学堂、数图视频教育资源库——中国探索、数图视频教育资源库——中国名校精品课、数图视频教育资源库——数图商学院、数图建筑专题数据库、万方视频数据库、"51CTO学院"IT技能学习在线数据库、乐学职业教育数据库。通过试用这些数据库,达到以最低成本提供最全面服务的效果。

除了购买上述数据库,图书馆还自建了一个建筑资料库,包括建筑网址导航、2009—2012年新规范、标准目录、建筑装饰材料与检测专业实训用书、建筑设计等资料。师生可以在校园网内登录图书馆网站使用,利用图书馆自身的整合能力为读者提供更便捷、准确的专业资料。

三、图书馆服务开展情况

1. 基本服务

内蒙古建筑职业技术学院图书馆的基本服务主要围绕师生的图书借阅、图书推荐、自习空间开放以及为二级学院教学工作提供的一些辅助性服务。为了提高馆藏图书的专业性,图书馆在每年采购专业图书期间,都会和二级学院进行交流,听取二级学院专业书籍推荐意见,采买与专业课程相关、学院急需的专业类图书。目前,图书馆平均每年的图书借阅量在29000册左右,师生使用频率和借阅反馈好评率显著上升。电子阅览室设备齐全,配备电脑200台,充分满足了学生上网查询资料及选课的需求。

图25~27 内蒙古建筑职业技术学院图书馆微信公众号

图书馆网站信息全面、清晰,包括图书馆概况、读者指南、信息资源、交流服务,将图书馆所涉及的各种信息完整公布。读者进入网站可以检索到所有馆藏图书,并且利用校园网使用图书馆购买的各类数字资源。读者还可以扫描图书馆的二维码追踪图书馆的到馆新书及最新活动,非常便捷。读者通过注册"我的图书馆",将读者信息绑定后即可在网上进行图书预约、续借、建购等业务。图书馆的微信平台也十分活跃,定期、不定期发地布与教学、科研或图书馆的相关信息,如习近平总书记系列讲话、各专业核心期刊排名、基金项目申请规则、图书馆新书推荐、数据库使用说明等内容。读者关注该馆公众号,即可进行多方位的图书馆信息查询。该公众号更新快,内容新颖,起到了良好的阅读导向作用。微信公众号版块包括三个方面:信息查询(包括读者指南、馆藏图书检索、读者推荐、图书馆官网)、阅读推广(包括微书评、好

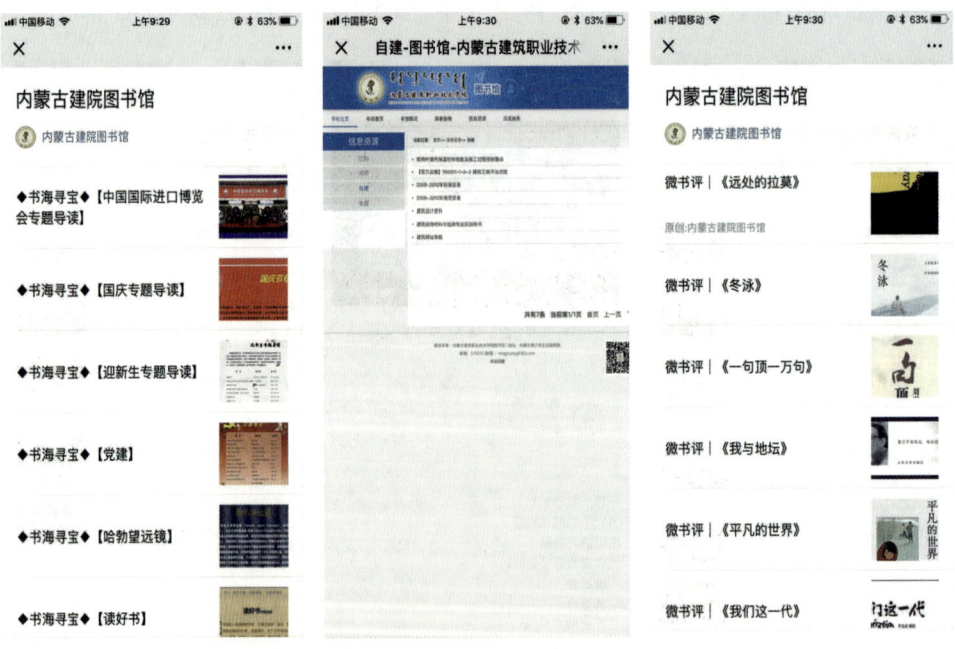

图 28~30　内蒙古建筑职业技术学院图书馆微信公众号

书推荐、静雅诵读、书海寻宝、馆藏新书)、数字资源(包括已购资源、试用资源、自建资源、免费资源)。三大版块中含多个小专题,专题内容定期发布,具有一定的连续性。如"阅者推广"版块中含有"静雅诵读"版块,定期推送美文诵读,包括图、文、语音等多种形式,制作非常用心。

图书馆开放时间:8:00—11:50,14:30—17:00;期刊阅览室下午开设到21:30。星期五下午闭馆,业务(政治)学习。星期六8:00—11:30,下午闭馆。

2.读者活动

除了基础服务,内蒙古建筑职业技术学院图书馆还坚持举办读书节、新书推荐、专题导读等系列活动。2016年6月9日,内蒙古建筑职业技术学院举办"国际档案日"系列宣传活动。全院师生通过位于图书馆档案室、教学楼、师生餐厅的档案宣传展板,零距离接触档案科普知识,感受档案的历史文化气息。2017年4月24日,图书馆与团委、学工处合作,举办第十一届"阅读·传承·圆梦"读书月活动,在强调阅读的同时突出"阅读·传承·圆梦"和喜迎自治区成立70周年的主题,并开展一系列相关活动,如"美文诵读 书声琅琅"活动、"学海泛舟"图书馆资源利用导航周活动、计算机技能自助式网络视频学习系统讲座等。通过开展与阅读相关的各种活动,内蒙古建筑职业技术学院图书馆切实发挥了校园文化阵地的核心作用,让读者了解图书、档案、阅读的重要性,丰富了广大师生的课余文化生活。

四、科研成果

内蒙古建筑职业技术学院图书馆近几年科研成果包括:《高职院校土建类图书馆(特色)数据资源服务体系的研究与建设——以内蒙古建筑职业技术学院为例》《内蒙古高职院校图书

馆编目工作的改革与创新研究》《保障内蒙古自治区高校电子阅览室高校利用的研究》等。

五、所获荣誉

努力为读者服务、建设有特色馆藏的工作会得到相应的回报。通过不懈的努力和热情、专业的服务态度,内蒙古建筑职业技术学院图书馆被华北地区高等学校图书馆协作委员会授予"2007—2009年度华北地区高等学校图书馆先进集体"荣誉称号。同时,被国家教育部高校图工委确定为"联机合作编目成员馆D级馆"。这些荣誉和肯定给内蒙古建筑职业技术学院图书馆带来了无穷的动力,敦促着图书馆继续努力,把更多的热情投入到读者服务和学院文献资源建设工作中。

六、图书馆近十年的变化

内蒙古建筑职业技术学院图书馆在近十年间发生了巨大的变化。馆舍面积从南校区的5980平方米扩大到北校区的18807平方米。文献资源总量增加30万册左右,并将经费逐步分配给电子资源,建立图书馆电子资源平台,共242.7TB,外购14个数据库,自建1个建筑资源平台。电子阅览室增设200台电脑和电子图书阅读设备1台,编目系统更换为较先进的汇文编目系统。招聘人才十余人,加强与二级学院的沟通和交流,定期开展读书活动。相信内蒙古建筑职业技术学院图书馆在前期努力和成果的基础上,会继续提高,大力加强与二级学院的沟通,增强特色服务,逐步加强图书馆的教辅作用,提升图书馆的整体影响力。

注:以上数据截至2017年5月,均由被采访单位提供。

第四章 高职院校图书馆篇

内蒙古警察职业学院图书馆

一、图书馆基本情况

内蒙古警察职业学院是内蒙古自治区唯一的公安类专科层次的高等职业类院校,列入公安系列,面向全区公安系统培养专科学历的实用人才,学制三年,同时兼挂内蒙古公安厅训练总队牌子,承担全区公安系统在职培训、初任民警培训和继续教育任务。学院前身是1948年3月成立的内蒙古公安部直属训练科。1953年,组建为内蒙古公安干部学校;1954年,迁址呼和浩特市;1959年,改名为内蒙古政法干部学校;1980年,改建为内蒙古自治区公安干部学校、内蒙古自治区人民警察学校,两个学校一套机构;2001年4月,经自治区人民政府批准组建为内蒙古警察职业学院;2002年9月,内蒙古自治区法学校并入内蒙古警察职业学院;2008年,按照中央政法委、中组部、公安部、教育部等十一部委的文件精神,学院被列入全国公安院校招录培养体制改革试点公安院校。经过多年的发展建设,学院已步入正规普通高等教育的发展轨道。学院自建校伊始就重视图书馆的资源建设。

内蒙古警察职业学院图书馆位于呼和浩特市新城区兴安北路11号,馆舍总面积1400平方米,图书馆设有信息采编部、流通部两个部门。图书馆位于综合楼一楼,设有综合文献书库、专业文献书库、科技书库(资料室)、过刊室、阅览室。内蒙古警察职业学院设有专门供学生使用的电子阅览室,该阅览室的管理工作归学院信息中心负责。

图书馆共有在编人员 11 人，其中副高级职称 3 人，中级职称 1 人，初级职称 2 人。在编人员均为本科学历，其中 1 人为档案学专业。

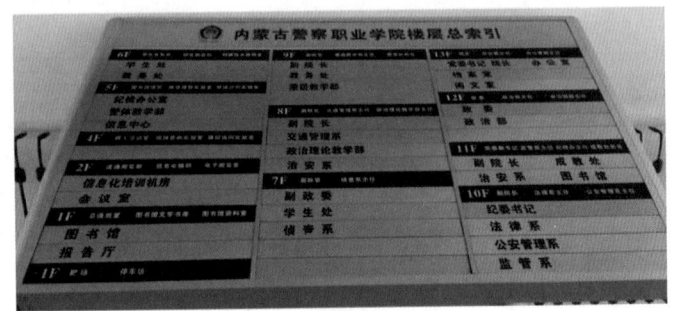

图 31　内蒙古警察职业学院楼层索引

二、图书馆馆藏建设情况

近年来，学院加大经费投入，新的文献资源不断补充，新的管理模式初见端倪。作为学校教学科研的文献信息保障中心，内蒙古警察职业学院图书馆藏书结构结合学院的专业设置以公安、法律类为重点，共有馆藏文献 18 万余册（件），其中中文书刊 151580 册、外文书刊 1444 册、善本 195 册、蒙古文书刊 1628 册、工具书 3070 册、电子图书 9000 册、期刊 180 余种、报纸 8 种。中文书刊已形成了适应本校公安、法律等学科专业教学、科研需要的藏书体系，最大限度地满足读者的阅读需要。

图书馆每年连续购买全部中国公安大学出版的图书，形成了专业化、体系化、完整化的公安类专业知识文库。内蒙古警察职业学院的主要专业分别设蒙、汉语两种语言授课班，因此蒙古文资料也是馆藏特色之一。而对蒙、汉文书分架排列则最大程度地方便了学生查找书目。图书馆成为莘莘学子博览群书、涉猎各科知识、获取各种信息的重要场所。作为传播知识的圣殿，孕育人才的第二课堂，内蒙古警察职业学院图书馆以追求现代信息服务环境为图书馆人的目标。

三、图书馆服务开展情况

图书馆采用各个书库全开架借阅模式,读者只需出示有效的身份证件并进行登记就可以借阅图书馆的任何书籍,力求最大化地方便读者。同时,根据学院的实际情况确定开馆时间:星期一到星期五 8:00—12:00,14:30—17:00,星期六、日休息。阅览室共有 100 个座位供读者使用。内蒙古警察职业学院实行高中模式的授课方式,统一安排晚自习,在全院共有学生 1500 人左右的情况下,年均图书借阅量约 200 多册。

为了使学生更加了解如何使用图书馆的资源,内蒙古警察职业学院图书馆在每年开学之初就会对全体新生进行入馆教育培训。图书馆工作人员会从图书馆基本情况、开放时间、馆藏分布、图书借阅规则、读者行为规范等方面做介绍,让

图 32 内蒙古警察职业学院图书馆书库

图 33 内蒙古警察职业学院图书馆阅览室

新生学会利用图书馆的必要知识和技能,为日后学生利用图书馆打下了坚实的基础。在每年的世界读书日来临之际,图书馆都会举办一系列与读书有关的活动来丰富学生的课外生活,提高他们的阅读兴趣和文化素养。曾连续多年举办"名人读书格言""书香

呼和浩特地区图书馆概况

与梦想齐飞,阅读与人生相伴"等活动,现在还增加了"30部必读国学经典"推荐活动。这些丰富多彩又充满意义的读书活动发挥了图书馆文化交流的职能,也促进了学生们的阅读兴趣,为他们增长知识、提高文化涵养提供了途径。

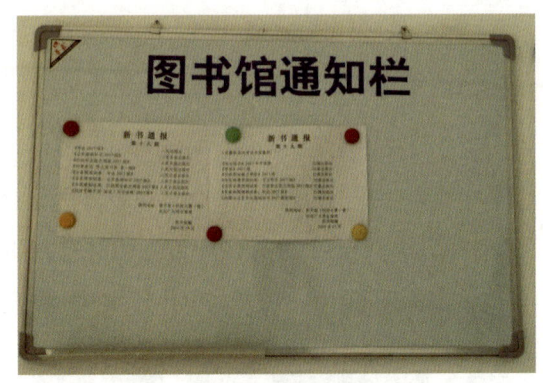

图 34 内蒙古警察职业学院图书馆新书通报

四、图书馆近十年的变化

回顾过去的十年,内蒙古警察职业学院图书馆随着学院建设的不断完备,各个方面都得到了显著提高。在馆舍建筑方面:从500平方米的馆舍迁到现在的新馆,条件的改善使图书馆能发挥的作用也在逐步提高,明亮整洁的图书馆为学生的学习阅读提供了一个良好的场所。在馆藏文献方面:馆藏文献增加近十余万种,且藏书结构不断专业化、体系化、完整化,为读者系统化的学习专业知识提供了极大的便利。在设备、设施建设方面:内蒙古警察职业学院为了进一步提高图书馆的现代化水平,于2016年投入经费40万元购买了2台歌德电子借阅机、汇文图书馆管理系统、门禁系统和检索机,同时更新了工作人员的计算机设备等。在此之前,内蒙古警察职业学院图书馆为手工卡片式管理。引入汇文图书馆管理系统后,实现了图书采访、编目、典藏、流通、书目查询、期刊管理等功能。相信在不久的将来,内蒙古警察职业学院图书馆将为全院师生提供更优质的服务。

注:以上数据截至2017年5月,均由被采访单位提供。

内蒙古体育职业学院图书馆

一、图书馆基本情况

1.历史沿革

内蒙古体育职业学院隶属于自治区体育局,其前身为建于1965年的内蒙古体育运动学校。2001年6月,经自治区人民政府批准组建成立,是自治区唯一的体育高等院校。学院办学形式为全日制高等职业教育,培养目标是培养有较高学历层次和较高素质的竞技体育人才、合格的中小学体育师资以及社会需要的有较高专业水平和特长的体育实用人才,还承担全区体育教练员、体育管理人员的继续教育培训任务。办学层次以大专层次的高等职业教育为主,兼办中专及中专预科班。学院占地面积12.4万平方米,校舍建筑面积3.6万平方米。建有教学楼、图书楼、综合办公楼、学生公寓楼、学生餐厅、体操馆、摔跤馆、武术散打馆、篮球馆、网球馆、乒乓球馆、塑胶田径场、网球场等配套设施,拥有生理实验室、新闻实验室、计算机网络中心、多媒体教室、语音室等先进的实践教学区。

内蒙古体育职业学院图书馆是隶属于学校教育处的科级单位,始建于1965年。2006年,在校园内建成一座新馆;2007年初开始使用至今。建校以来,经过几代图书馆员的辛勤努力,图书馆的藏书量、读者容纳量及规模都逐渐增大,文献资源种类也逐渐丰富且深受读者青睐,基本上达到教育部有关部门规定的合格标准。

图35　内蒙古体育职业学院图书馆外景

2.馆舍情况

内蒙古体育职业学院图书馆位于呼和浩特市新城区成吉思汗大街19号。2006年之前，内蒙古体育职业学院图书馆没有独立馆舍，暂设在校园内一座综合楼中，面积约为300平方米。后经过学院的规划和建设，于2006年在校园内建成一座新的图书馆楼，并于2007年初投入使用。但此楼不是图书馆的独立馆舍，而是与教学楼合用。一、二层为教学用楼，三、四层为学校图书馆。现在的内蒙古体育职业学院图书馆总面积约为1600平方米，阅览座位400个，可容纳15万册藏书。全馆分为两层，三楼设置为图书资料室、自习室；四楼设置为期刊、报纸阅览室。图书馆规模较小，分为3个部门，包括图书室、采编部和流通阅览室。尽管馆舍条件有限，但内蒙古体育职业学院图书馆的工作人员克服了客观困难，不忘初心，用最热情、最周到的工作态度服务读者，达到了图书馆预期的文献推广、文化阵地建设等目标。

图 36~37　内蒙古体育职业学院图书馆阅览室

3.人员结构

由于学校管理体制的特殊性,内蒙古体育职业学院图书馆由教务处管理,属于科级单位。因为图书馆的规模有限,目前图书馆仅有 3 名正式员工,一位馆长,两位馆员。其中中级职称 1 人,初级 2 人;本科学历 1 人,大专 2 人。

二、图书馆馆藏建设情况

截至目前,图书室及其阅览室共入藏纸质资料 10 万余册,纸质图书 85000 册,其中工具书 6065 册,纸质报纸十余种,纸质期刊 90 余种,影像资料 957 盒。在馆藏结构建设上,图书馆根据本校的专业特点收藏了属于自己的特色馆藏,如体育文献、社会科学文献、教学科学文献、《四库全书》系列文献、蒙古文文献等。另外购入了学校各学科专业教学和科研参考用书,供师生挑选借阅。由于经费、人员、馆舍条件有限等客观因素,截至采访之日,图书馆还未购置电子图书、电脑、歌德电子阅读器、读报机等资源及设备,尚未开设电子阅览室,因此文献馆藏以纸质图书为主。但内蒙古体育职业学院图书馆购置了中国知网、维普智立方、维普考试平台、维普论文检测平台界面等数据库及应用软

呼和浩特地区图书馆概况

件,师生可以利用个人电脑、手机等设备进入图书馆官网,免费使用这些数据库资源。目前,内蒙古体育职业学院图书馆每年的图书资源购置经费保持在3万元左右,由于在校师生数量较少,纸质图书的新增量基本可以满足在校读者的阅读需求。

三、图书馆服务开展情况

1.基本服务

内蒙古体育职业学院图书馆的基本服务主要集中于图书、期刊的借阅以及图书阅读的推广服务。目前,图书馆阅览室内设有一台自助检索机,学生可以通过检索机自助查找馆藏书目信息,通过自助选书、取书、刷卡等步骤,自助完成图书的借阅流程。为了更好地使读者了解图书馆的最新动态,图书馆在官网上进行了图书推荐和新书上架公示链接,方便在校读者第一时间了解图书馆的新书采购及推广情况。近几年,内蒙古体育职业学院图书馆每日入馆读者130余人次,图书流通量为3200册次/年,基本保障了学生在专业训练之余的阅读需求。此外,学生可以通过图书馆的网站,进入中国知网、维普智立方、维普考试平台、维普论文检测平台界面,查询、利用本馆数字资源。图书馆的开馆时间为:阅览室每星期一到星期五,8:30—11:45;14:30—17:00。晚间自习室开放时间为:星期一到星期五 18:00—21:30。

2.读者活动

虽然内蒙古体育职业学院图书馆的建设规模较小,但非常重视日常活动,定期、不定期地与二级学院及学校各部门合作,积极开展针对读者利用图书馆的各项宣传活动。例如,每年9月开学之际,内蒙古体育职业学院图书馆会与二级学院合作,开展新生的入馆教育工作,帮助新生了解本校图书馆的地理位置、馆藏情况、馆舍结构、借阅规则及流程等。以亲切的服务态度和丰富的藏书内容吸引新生利用图书馆,达到图书馆教学辅助和自学空间的作用。图书馆还将日常工作、活动情况发送到学院微信公众号中,方便读者了解图书馆的运行情况。

图书馆多次举办各种读书讨论会,组织演讲、读书感想交流等形式的活动,促进读者的相互交流,发挥图书馆信息交流和传播的作用。此外,图书馆在每年的世界读书日都会协同学校团委,组织在校中专、大专学生进行读书活动,在活动中图书馆准备小礼品来鼓励学生们发表自己的读书感想,把了解到的书中情感和知识传达给其他人,让知识得以交流。

四、图书馆近十年的变化

内蒙古体育职业学院图书馆在近十年中发生了很大的变化,馆舍从原有的300平方米扩展到1600平方米,增加了门禁、检索机等必要的服务设备。编目方式从传统的手工卡片式编目转换为电子编目系统,加快了图书采购上架的速度、编目数据的准确性以及读者查询图书的便捷性。图书馆的馆藏量从2万余册增加到10万余册。虽然图书馆条件有限,但在这十年中,图书馆并未消极怠工,而是以热情的工作态度为师生读者服务,与学校各部门积极合作,组织读者进行各种各样的阅读活动,发挥了图书馆应有的文化阵地功能。图书馆表示今后将进一步向学院申请专业人员、经费,争取为广大读者提供更优质的服务。通过购置电脑、电子图书、数据库、应用软件等电子资源,跟上现代图书馆的发展步伐。畅想未来,该图书馆把建设眼光转向数字化,准备日后把内蒙古体育职业学院图书馆建成一个有学术性、研究性的数字化图书馆。

注:以上数据截至2017年6月,均由被采访单位提供。

呼和浩特地区图书馆概况

第三节 呼和浩特地区高职院校图书馆现状分析

高等职业技术教育是我国高等教育的重要组成部分,主要分为高等职业技术学院和高等专科学校,旨在培养新时代专业职业技能型人才。根据教育部相关规定,从20世纪末起,非师范、非医学、非公安类专科层次全日制普通高等学校逐步规范校名为"高等专科学校","职业技术学院"作为高等职业院校的特有校名后缀。

一直以来,我国非常重视高等职业教育的发展,曾多次在会议报告中提及职业教学。在十九大报告中,习近平总书记指出:"完善职业教育和培训体系,深化产教融合、校企合作",由此各地召开了"贯彻十九大精神,推动职业教育精准改革"的会议。在2018年全国教育大会上,习近平总书记强调坚持中国特色社会主义教育发展道路,培养德智体美劳全面发展的社会主义建设者和接班人。李克强总理在讲话中提到了职业教育,他强调:"大力办好职业院校,坚持面向市场、服务发展、促进就业的办学方向,推进产教融合、校企合作,培养更多高技能人才。提高技术技能人才的社会地位和待遇。"由此可见,国家对职业教育的重视和对专业人才的期盼。

高等职业教育作为我国教育事业的重要组成部分,肩负着实施高等职业教育的任务,必须集中精力做好专业人才培养工作。

第四章 高职院校图书馆篇

图书馆作为学校的文献信息资源中心与学术性机构,担负着学校人才培养、应用研究、社会服务和文化传承与创新、提供信息资源服务的重要任务。为了规范我国高等职业院校图书馆的工作,国家颁布了《普通高等学校图书馆规程》(教高〔2015〕14号)文件,结合我国各地区社会经济发展状况和全国高职高专院校发展与建设的实际,专门制定了《〈普通高等学校图书馆规程〉高职高专院校实施指南》(以下简称《实施指南》)。各级教育行政主管部门以《实施指南》为依据,指导、监督、检查和评价高职高专院校图书馆发展与建设,此指南也成为高职高专院校图书馆发展与建设的对照标准。因此,本节以《实施指南》为依据,对呼和浩特地区公办职业类院校图书馆进行总结和对比,希望通过各类数据的平面对比,展现呼和浩特地区职业类院校图书馆的发展现状和进步方向。

《实施指南》指出,高等职业技术学院图书馆(以下简称高职院图书馆)应该紧紧围绕职业教育的办学定位,秉承先进理念,运用现代技术,丰富服务内容,拓展信息服务领域,创新服务模式,实现科学管理,构建切实有效的资源保障和服务体系。它的主要任务有:(1)建设满足学校人才培养、应用研究、社会服务和文化传承与创新需求,体现高等职业教育特点的文献信息资源中心,对文献信息资源进行组织、管理、保存、维护和推广。(2)建立健全学校文献信息服务体系,创新服务工作。拓展和深化文献信息服务内容,提高文献信息资源利用效益;加强与读者的互动交流,有效开展读者满意度测评,着力提高读者满意度。(3)开展多种形式的信息素质教育,培养读者的信息意识,提高读者有效获取、准确评价、合理利用信息的能力。(4)积极参与校园文化建设,应致力于营造校园文化氛围,开展文化素质教育,切实发挥

呼和浩特地区图书馆概况

文化育人和第二课堂的作用。(5)积极参与文献信息资源保障体系建设,开展多方合作,加强馆际交流与协作,实现资源共知、共建与共享。(6)结合本校馆藏特色、专业特点和科研成果,建设符合学校发展的特色资源。(7)积极开展学术研究和交流活动。研究图书馆学及相关领域的理论、技术与方法。(8)发挥资源和技术优势,对社会开放图书馆部分资源,为行业、区域经济和社会发展提供服务。因此高职院图书馆在运行过程中也应该满足上述功能。

目前,呼和浩特地区共有8所公办职业类院校,本书通过调研,实地走访了8所公办高职院图书馆,基本了解高职院图书馆的运行现状,在此做一总结。根据调查走访结果,呼和浩特地区高职院图书馆在近十年中,在馆舍建造、经费投入、馆藏数量、电子资源数量、电子设备引进、办公软件更新,以及在读者的服务延展等方面都有了十分明显的提升,基本摆脱了过去落后、陈旧的图书馆运行模式。但由于经费、人员、技术等主客观因素,很多方面据国家标准还有一定的差距,仍有很大的进步空间。具体情况如下:

一、办馆理念

图书馆的办馆理念必不可少,虽然《实施指南》中并未明确要求,但它是引领图书馆发展、进步的最根本保证,是整个业务、服务工作的精神所在,是图书馆工作中最核心的引领性内容。就像一个学校要有校训一样,图书馆也应该有一个办馆理念来指导它发展和进步。

目前,呼和浩特地区高职院图书馆办馆理念的制定还未引起足够的重视,对办馆理念的作用认识还不够深。从调查结果我们可以发现,呼和浩特地区高职院图书馆在文件或介绍中显示明确办馆理念的有两所,分别为内蒙古机电职业技术学院以及内蒙古建筑职业技术学院,占调查单位总数的25%,其他图书馆还没有树立明确的图书馆办馆理念(表3)。

表3 呼和浩特地区高职院图书馆办馆理念调查表

序号	单位	办馆理念
1	呼和浩特职业学院	无
2	内蒙古机电职业技术学院	有
3	内蒙古体育职业学院	无
4	内蒙古警察职业学院	无
5	内蒙古建筑职业技术学院	有
6	内蒙古商贸职业学院	无
7	内蒙古电子信息职业技术学院	无
8	内蒙古化工职业学院	无

大部分图书馆面对办馆理念这个问题时都表示迟疑,少数图书馆甚至表示办馆理念应该都大同小异,与其他馆相似即可,不必特别设置。那么办馆理念是否真的可以忽略呢?事实证明,办馆理念恰恰是图书馆工作的核心指导所在,明确的办馆理念可以帮助馆员凝聚力量,向着同一目标前进,它不仅代表了图书馆人的工作方向,也体现了在时代背景下图书馆的不断发展状况。它是一个图书馆全体成员的共同价值观的体现,具有传承性和引导性,但它并不是一成不变的,而是随着新时代社会的发展和人民的需求而改变。因此,各高职院图书馆应该重视办馆理念,并用理念指导日常工作。这样在日后的发展中,图书馆扩展出的新的服务模式才不会偏离本馆的核心目标,正可谓"不忘初心,继续前行"。

二、馆舍情况

馆舍是保障图书馆提供各项服务的基础,是承载文献和信息

呼和浩特地区图书馆概况

的根据地,与数字图书馆、虚拟图书馆不同,如果没有馆舍,传统图书馆的服务工作就无从谈起。就高等职业技术学院来说,图书馆馆舍对学生读者的意义非同小可,它不仅是学校的文化标志,也是学生们课余文化生活的重要场所。对于馆舍情况,我们主要调研了馆舍面积、馆舍布局、座位设置、绿化程度等方面。

1.在独立馆舍和馆舍面积方面。《实施指南》规定:"学校应按照国家有关标准,建造独立专用的图书馆馆舍。馆舍建筑应适应现代化管理的需要,满足图书馆开展业务工作的要求。生均建筑面积要达到教育部规定的相关标准。"

经过调研我们了解到,近十年内呼和浩特地区高职院图书馆面积大幅度提升,从表中可以看出高职院图书馆的建筑面积大部分都在10000平方米以上。内蒙古警察职业学院和内蒙古体育职业学院比较特殊,由于在校师生数量少,图书馆没有独立的馆舍,图书借阅室设置在其他建筑内部的几个房间里,供读者借书、自习,因此面积较小。虽然建筑面积较小,但内部设施齐全,目前可以满足读者借阅需求。

其他图书馆虽然建筑外观恢宏、内部空间宽敞,但这些馆舍并不完全属于图书馆,多数学校将图书馆建筑内的部分楼层和办公室分给了行政部门或二级学院。馆舍完全独立存在的高职院图书馆只有内蒙古电子信息职业技术学院,占调查单位总数的12.5%,其他图书馆的馆舍均与学校其他部门合用。

在经费和办公用楼紧缺的情况下,上述情况可以理解,但考虑到图书馆是学校一个独立的文化场所,应该具有自己独立的馆舍,作为师生的信息文化中心而独立存在,这样既能显示它的重要地位,又能确保它保持自身的特点和阅读氛围,帮助图书馆更好地发挥书香校园的作用。因此,在后期的图书馆改造或扩张计划中，学校应该考虑这些因素，尽量设立独立的图书馆建筑，争取为学生建设更舒适的阅读空间。

表4 呼和浩特地区高职院图书馆独立馆舍及面积统计表

序号	单位	馆舍情况	
		独立馆舍	面积(平方米)
1	呼和浩特职业学院	是(内含别的部门)	西校区:16000 东校区:46263
2	内蒙古机电职业技术学院	是(内含别的部门)	18000
3	内蒙古体育职业学院	否	1600
4	内蒙古警察职业学院	否	1400
5	内蒙古建筑职业技术学院	是(内含别的部门)	18807
6	内蒙古商贸职业学院	是(内含别的部门)	12000
7	内蒙古电子信息职业技术学院	是	23800
8	内蒙古化工职业学院	是(内含别的部门)	20009.7

2.在图书馆环境方面。《实施指南》有明确标准，"学校应做好图书馆馆舍修缮与设备维护工作，重视图书馆内部环境建设，不断优化服务空间。图书馆应具有防火、防盗、防水、防潮和防虫等安全防护功能和措施，配合学校做好照明、通风、防寒、防暑等保障工作"。"图书馆是学校文化建设的重要场所，是文化传承与创新、读者拓展知识、提升素质修养的主要基地。馆舍布局与装饰应具有人文气息，绿色环保和温馨大方，适应信息化时代读者入馆借阅、学习的新需求。"

好的阅读环境能够培养读者的阅读习惯，促进读者的阅读愿望，从心理上接纳图书馆作为学习、阅读和休闲放松的场地。在调查的高职院图书馆中，绝大多数馆舍的美化、绿化程度都不高。有5所图书馆内摆放了绿植(只要有盆花的都已计入)，分别为内蒙古机电职业技术学院、内蒙古电子信息职业技术学院、内蒙古警察职业学院、内蒙古建筑职业技术学院以及内蒙古化工职业学院,占调查总数的62.5%(表5)。虽然这个比例不低,但这些绿植的覆盖率不高,有的馆只有一盆,有的馆内是工作人员自己种植的,并不是馆内统一部署。因此,虽然馆内有盆栽,但绿化效果不理想,没有达到提高整个馆舍美观和舒适的程度。

表5 呼和浩特地区高职院图书馆绿化情况统计表

序号	单位	环境(绿化)
1	呼和浩特职业学院	无
2	内蒙古机电职业技术学院	有
3	内蒙古体育职业学院	无
4	内蒙古警察职业学院	有
5	内蒙古建筑职业技术学院	有
6	内蒙古商贸职业学院	无
7	内蒙古电子信息职业技术学院	有
8	内蒙古化工职业学院	有

3.在图书馆阅览座位设置方面。《实施指南》要求:"图书馆应提供数量充足的、人性化的阅览座位,阅览座位与学生比例应符合教学部相关规定。"由于在校人数不同,各高职院图书馆的阅览座位数量标准也不同,本节只对调研数据进行整合,并未深入计算各图书馆是否达标。除了阅览座位数量,图书馆还应注重阅览区域的舒适性。据调研发现,目前呼和浩特地区高职院图书馆的阅览空间设置比较单一,主要以自习室和书库为主。阅读区域以普通的学生桌椅为主,沙发、躺椅等休闲空间较少,有沙发等休闲区域的图书馆目前还没有,有普通桌椅休息区的图书馆仅有两所,分别为内蒙古电子信息职业技术学院以及内蒙古化工职

业学院,占总数的25%。高职院图书馆阅览区域总体的学习氛围较浓,但阅览区的舒适度不高(表6)。

表6 呼和浩特地区高职院图书馆阅览座位及休闲区域情况统计表

序号	单位	馆舍情况	
		阅览座位数量	休闲区域
1	呼和浩特职业学院	2060	无
2	内蒙古机电职业技术学院	1500	无
3	内蒙古体育职业学院	400	无
4	内蒙古警察职业学院	100	无
5	内蒙古建筑职业技术学院	985	无
6	内蒙古商贸职业学院	1500	无
7	内蒙古电子信息职业技术学院	1155	有
8	内蒙古化工职业学院	2131	有

在这方面,呼和浩特地区不少本科院校图书馆已经尝试改造,并取得了良好效果,高职院图书馆可以参考它们的设置方案,改造或新增阅览休息区域。如内蒙古财经大学,图书馆在进行新馆建设时就设计了阅览区域,馆内的休闲区放置有沙发、软皮座椅、桌子,可以让疲倦的读者休息一下,整体馆舍氛围自由、轻松;每张桌子旁边都配有电脑插孔、隔离板等装置,方便读者在休闲区域使用自己的电子设备,不必为找插口而大费周章。在大厅、走廊等公共空间还放置有自助打印机、自助复印机、预约占座机等设备,师生可以直接使用校园一卡通自助办理。在休闲区域开设了咖啡馆、文具出售店等,满足读者的各种需求。现在,

空间改造是图书馆界的大热话题,高职院图书馆在后期的改造、发展中,可以考虑重新划分空间,参考国内外优质图书馆空间,增加绿植、休闲区域及多功能学习空间等,提高图书馆的多功能性、亲切感和舒适性。

三、人员结构

工作人员是图书馆工作的基础。所有服务都需要人的参与才能顺利进行,咨询服务需要馆员的知识储备和专业技能,各色活动需要馆员的智慧和创造力,即使是计算机、网络服务也需要馆员定期进行维护,因此人是图书馆中非常重要的因素。本书对呼和浩特地区高职院图书馆的人员结构进行详细调研,了解人员数量、专业人员比例、学历层次、职称层次等方面的情况。由于呼和浩特属于西部地区,其待遇、编制、经济、环境等方面与国内一、二线城市相比有诸多不足,在招聘专业馆员及引进专家方面较为薄弱,因此图书馆专业人员比例与国家标准还有一定的差距。

1.在人员数量及专业人员比例方面。《实施指南》明确指出,"学校应根据图书馆馆舍分布、读者人数、资源数量、服务项目与开放时间、设备设施维护需求等因素为图书馆配备适当的工作人员。图书馆馆员由专业馆员和辅助馆员组成,专业馆员的数量应不低于工作人员总数的50%,专业馆员应具有本科及以上学历或中级及以上专业技术职务,并通过图书馆学专业教育或系统培训。辅助馆员可由专职或兼职人员担任,应具有高等教育专科及以上学历,上岗前应接受相应的岗位培训。按照馆舍面积和工作职责,在校生人数3000人以上没有分馆的,配备人员不低于3%,在校生人数少于3000人的应不少于8人定编工作人员。有分馆的图书馆适当增加工作人员。"在招聘要求方面,《实施指南》指出,"图书馆工作人员实行公开招聘、择优录取,学科与专业背景应满足图书馆建设和服务的需求、有计划地引进、聘任具有图书情报或其他专业背景的工作人员,图书情报专业人员数量不低于工作人员数量的20%。"

目前,呼和浩特地区高职院图书馆中,共有在职图书馆员146人,其中图书馆学专业本科及以上学历的专业馆员16人,占总数的11%,远远低于国家标准的20%。其中呼和浩特职业学院图书馆的专业人员已达到29%,成为唯一一所达标的单位(表7)。

表7 呼和浩特地区高职院图书馆人员构成情况

序号	单位	人员构成	
		数量	专业人员
1	呼和浩特职业学院	31	9
2	内蒙古机电职业技术学院	22	0
3	内蒙古体育职业学院	3	0
4	内蒙古警察职业学院	11	1(档案)
5	内蒙古建筑职业技术学院	21	0
6	内蒙古商贸职业学院	11	2
7	内蒙古电子信息职业技术学院	18	3
8	内蒙古化工职业学院	29	1

从近十年的总体变化来看,在高职院图书馆行业中,图书馆人员数量还是有所增长。由采访可知,人员配比整体呈现学历偏低、专业化程度偏低的现状,且每年都有大批人员退休。为了解决人员问题,各高职院图书馆每年都在努力争取新人。内蒙古包头师范学院建立了专门的图书馆学专业,相信会给图书馆的明天带来新的希望。

2.在学历层次分布方面。《实施指南》指出,"专业馆员应具有本科及以上学历或中级及以上专业技术职务,并通过图书馆学专业教育或系统培训。辅助馆员可由专职或兼职人员担任,应具有高等教育专科及以上学历,上岗前应接受相应的岗位培训。"

目前,呼和浩特地区高职院图书馆共146名工作人员,博士1人,占总比的0.68%;硕士17人,占总比的11.6%;本科95人,占总比的65.1%;本科以下33人,占总比的22.6%。总体看来,高职院图书馆本科学历人才比例较高,超过一半以上,高学历(硕士及以上)人才比例占总比的12.3%,还有待提高(表8)。

表8 呼和浩特地区高职院图书馆人员学历分布情况

序号	单位	学历构成				
		数量	博士	硕士	本科	本科以下
1	呼和浩特职业学院	31	0	4	23	4
2	内蒙古机电职业技术学院	22	0	2	6	14
3	内蒙古体育职业学院	3	0	0	1	2
4	内蒙古警察职业学院	11	0	0	11	0
5	内蒙古建筑职业技术学院	21	0	4	8	9
6	内蒙古商贸职业学院	11	0	3	7	1
7	内蒙古电子信息职业技术学院	18	0	3	12	3
8	内蒙古化工职业学院	29	1	1	27	0

3.在职称等级分布方面。《实施指南》指出,"图书馆专业馆员专业技术职务和年龄结构应科学合理。高级专业技术职务人员比例应不低于30%,中级以上专业技术职务人员比例应不低于70%;年龄结构应呈现合理梯度。"

目前,呼和浩特地区高职院图书馆的146名工作人员中,具有副高级职称及以上职称的47人,占总数的32.2%;中级职称

35人，占总比的24.0%；初级职称36人，占总比的24.7%。总体来看，各职称等级人员数量较平均，职称层次递进较稳定(表9)。

表9 呼和浩特地区高职院图书馆人员职称分布情况

序号	单位	数量	职称等级		
			副高级及以上职称	中级职称	初级职称
1	呼和浩特职业学院	31	12	7	6
2	内蒙古机电职业技术学院	22	11	9	0
3	内蒙古体育职业学院	3	0	1	2
4	内蒙古警察职业学院	11	3	1	2
5	内蒙古建筑职业技术学院	21	4	5	5
6	内蒙古商贸职业学院	11	7	2	1
7	内蒙古电子信息职业技术学院	18	3	3	12
8	内蒙古化工职业学院	29	5	7	8

4.在人员培训方面。《实施指南》指出，"学校应为图书馆工作人员提供在职培训和进修学习的机会。图书馆专业馆员的业务培训应纳入本校师资培训计划，定期对专业馆员进行考核。"

目前，在呼和浩特地区高职院图书馆中，进行定期或不定期馆员培训工作的有4所，占总比的50%(表10)。其中，大部分高职院图书馆人员在馆内的专业技术培训机会较多，外出学习、参观、吸收新鲜事物的机会较少。不少馆指出，由于学校经费有限，面对外出培训的机会图书馆只能望而却步。但也有图书馆另辟蹊径，在年度预算申请时，将图书馆的培训费用算在其项目经费中，通过图书馆内部的经费运转来合理使用。通过派送馆员出去学习，增加其业务能力，开阔眼界，达到将学到的创新点子用于图书馆发展的目的。另外，图书馆可以形成呼和浩特地区高职院

呼和浩特地区图书馆概况

图书馆联盟,将本馆馆员与其他馆进行交换学习,通过在其他馆短时间的工作来吸取联盟馆的优点,并应用到本馆的日常工作和未来建设中。俗话说,有作为才能有地位。只有通过增加图书馆的作为,制造影响力,才能让学校肯定图书馆的地位,从而吸引学校向图书馆投入更多经费。

表10 呼和浩特地区高职院图书馆馆员培训情况

序号	单位	是否有馆员培训
1	呼和浩特职业学院	有
2	内蒙古机电职业技术学院	有
3	内蒙古体育职业学院	无
4	内蒙古警察职业学院	无
5	内蒙古建筑职业技术学院	无
6	内蒙古商贸职业学院	有
7	内蒙古电子信息职业技术学院	无
8	内蒙古化工职业学院	有

四、馆藏情况

如果说馆舍是基础,人员是重要因素,那么馆藏就是一个图书馆最重要的内核所在,是一切服务的支撑。如果没有馆藏,没有文献和信息,图书馆该用什么来服务大众呢?因此,本书调研了呼和浩特地区高职院图书馆的经费、馆藏总量、特色馆藏、纸质资源总量、电子资源总量、数据库、电子设备等方面的数据。

1.图书馆经费。《实施指南》指出,"图书馆经费应列入学校经费预算,占学校教育事业经费比例应符合教育部基本办学条件中的有关规定。图书馆经费包括文献信息资源购置费、运行费和专项建设费等,运行费包括设备设施维护费和办公费等。"

第四章 高职院校图书馆篇

目前,呼和浩特地区各高职院图书馆的经费不等,根据调研情况,图书馆每年都有一定的经费支撑图书馆运行和购书,经费的多少和学校的规模、学生人数等有直接的联系。在这8所高职院图书馆中,每年经费超过100万元的图书馆有两所,占总比的25%(表11)。

表11 呼和浩特地区高职院图书馆经费调查表

序号	单位	经费(万元)
1	呼和浩特职业学院	150
2	内蒙古机电职业技术学院	50~60
3	内蒙古体育职业学院	3
4	内蒙古警察职业学院	不公开
5	内蒙古建筑职业技术学院	不固定
6	内蒙古商贸职业学院	40
7	内蒙古电子信息职业技术学院	100
8	内蒙古化工职业学院	50~70

从采访及上述数据中我们了解到,呼和浩特地区高职院图书馆的经费较之前有了很大的提高,学校越来越重视作为校园文化阵地的图书馆的作用。有了固定经费,图书馆除了维持日常的服务工作之外,还能够开拓思维开展其他的服务,如举办阅读活动等,还可以有计划地派送馆员参加会议、对外培训等工作。通过与同行交流、去优质馆参观学习等途径,用知识和眼界来武装馆员的头脑,以求创造出更优质的服务。

2.馆藏数量及纸质、电子资源比例。关于文献信息资源建设方面,《实施指南》指出,"图书馆应根据学校发展需要,制定学校文献信息资源发展规划,定期开展馆藏建设工作评价。在文献信息资源建设中应尊重知识产权,兼顾纸质、数字和其他载体资源

呼和浩特地区图书馆概况

的协调发展。"关于纸质资源的建设,《实施指南》指出,"图书馆应建设具有本馆特色的纸质馆藏体系。根据馆藏特点及读者需求采购纸质资源,兼顾重要文献、特色资源的完整性与连续性。年新增纸质资源总量应符合教育部相关文件的规定。"关于数字资源建设,"重视数字资源建设,其经费在文献信息资源购置总经费中的比例应逐步提高。根据馆藏特点及读者需求选购数字资源,充分考虑数字资源的实用价值,重视数字资源的许可证协议以及联合采购政策。"关于特色馆藏建设,"图书馆应根据学校发展需要,开展特色资源库和机构知识库等资源建设,收藏学术资源和教学成果等,逐步形成馆藏特色资源优势。"

在调查过程中发现,随着呼和浩特地区高职院图书馆的图书购置经费的显著提高,图书馆与时俱进,引进了不少高新技术阅读仪器,常见的有歌德电子书借阅机、读报机、检索机等,几乎每个高职院图书馆都配备着几台。经费的提升和电子时代的发展还体现在馆藏资源的增加、纸质资源和电子资源数量的配比上。目前,纸质资源在总量上还是远超电子资源,但在每年的购买比例上,已经开始逐步向电子资源倾斜,电子资源的购置费用与纸质资源购置费用基本齐平(表12)。

除了纸质、电子资源的定期采购,图书馆还保留一部分经费用于数据库的购买、维护和制作上。图书馆也有意识地设置自己的特色馆藏资源,有的馆还建立了特色数据库。目前,内蒙古化工职业学院及内蒙古建筑职业技术学院的两所图书馆,已经开始尝试自制视频数据库,将图书馆原有的视频资料或专业课视频资料进行整合,这是馆藏资源建设的新尝试,值得其他图书馆学习和借鉴。

第四章 高职院校图书馆篇

表 12 呼和浩特地区高职院图书馆馆藏情况

序号	单位	馆藏情况		
		纸质（万）	电子图书	特色资源
1	呼和浩特职业学院	80	31.7 万册	铁道、师范、建筑类等；中华民国文献、专业分馆
2	内蒙古机电职业技术学院	34	7119GB	机电、冶金等；中华民国文献、网络专业馆
3	内蒙古体育职业学院	8.5	——	体育
4	内蒙古警察职业学院	18	0.9 万册	警察、刑侦类；蒙古文资料
5	内蒙古建筑职业技术学院	61.4	101.05TB	建筑、自建建筑资料库
6	内蒙古商贸职业学院	34	46 万册	经济、工程、艺术类等
7	内蒙古电子信息职业技术学院	46	60 万册	电子信息类
8	内蒙古化工职业学院	50	30 万册	化工、机电类等；自建视频库

五、读者服务开展情况

本书所说读者服务主要是指基本服务（开馆时间、图书借阅、自习室开放等）、日常读者活动（新书推荐、读书月活动、信息素养教育、读者交流、满意度调查等）、特色服务（图书馆自己创建的有连续性的服务项目）等几个方面。就目前开展的情况来看，高职院图书馆的读者服务通常是在保证基本服务的基础上，定期、不定期地开展日常读者活动，如读书月活动等。但在特色服务方面，各馆还未有较成功的案例。

1.基本服务。《实施指南》指出，"图书馆应保障充足的服务时间。在学校教学时间内，开放服务每周应达到 90 小时（含）以上；国家法定节假日或假期应根据学校的具体情况，保证必要的开放时间；网络资源的服务应做到全天 24 小时开放。图书馆开放的文献信息资源应占馆藏资源总量的 90% 以上。图书馆应开展多种形式的读者借阅服务，改善借阅条件，提高馆藏利用率和服务效率。"

呼和浩特地区图书馆概况

目前,呼和浩特地区高职院图书馆的开馆时间(阅览室及自习室开放时间)基本能够达到国家标准,个别馆因为读者群和图书馆设置等特殊原因,未能达标。所有提供网络资源服务的图书馆,都能做到全天24小时开放的标准。(见表13)

表13 呼和浩特地区高职院图书馆开馆时间情况

序号	单位	开馆时间
1	呼和浩特职业学院	阅览室一周开放35小时 自习室一周开放91小时
2	内蒙古机电职业技术学院	阅览室一周开放70小时
3	内蒙古体育职业学院	阅览室一周开放28.75小时 晚间自习室一周开放17.5小时
4	内蒙古警察职业学院	阅览室一周开放32.5小时
5	内蒙古建筑职业技术学院	期刊室一周开放50.5小时 阅览室一周开放32.5小时
6	内蒙古商贸职业学院	自习室一周开放168小时 阅览室一周开放44小时
7	内蒙古电子信息职业技术学院	自习室一周开放168小时 阅览室一周开放64小时
8	内蒙古化工职业学院	自习室一周开放168小时 阅览室一周开放27.5小时 电子、期刊、社科阅览室一周开放63小时

2.读者服务。(1)图书流通情况。随着网络的便利性和电子技术的不断发展,片段式的信息资源充斥着师生的业余生活,不仅改变了读者的阅读习惯,也冲击着图书馆作为文化传播中心的地位。因此,图书馆应该行动起来,通过宣传、活动、讲座、图书推荐等形式,吸引读者,让他们深切体会阅读的重要性。从调查结果来看,一年借阅量超过万册的图书馆仅有4所,占调查总数的50%;借阅量在5000~10000册之间的图书馆有两所,占总比的

25%。当然借阅量与本校的学生人数、藏书量、开放时间等因素有关,不应该用借阅量直接评价读者对该图书馆的利用情况。因此,在这里我们只做数据展示,不做解释和分析(见表14)。

表14 呼和浩特地区高职院图书馆服务情况

序号	单位	流通情况(册/年)
1	呼和浩特职业学院	10000
2	内蒙古机电职业技术学院	5000
3	内蒙古体育职业学院	3200
4	内蒙古警察职业学院	200
5	内蒙古建筑职业技术学院	29000
6	内蒙古商贸职业学院	8200
7	内蒙古电子信息职业技术学院	10509
8	内蒙古化工职业学院	28000

(2)读者服务开展情况。要想吸引读者走进图书馆、利用图书馆资源,图书馆就必须采取行动,可以利用开展活动、图书馆宣传、主动推送等多种形式吸引读者。图书馆可以尝试扩大服务范围,不局限于提供纸质及电子文献资源,还要提供人力资源、空间资源等各方面的服务,充分发挥图书馆的校园文化建设作用。

目前,呼和浩特地区各高职院图书馆正在努力寻找各种途径吸引读者,包括定期开展读书月活动、提供社团服务、建立图书馆公众号、举办各色校园文化创意赛等,部分馆已获得较好的成效。如内蒙古化工职业学院图书馆,通过开展智慧树竞猜活动吸引读者,每一位答对题目的读者都可以获得一份小礼物,点燃了读者的参与热情。

从调查情况来看,在呼和浩特地区这8所高职院图书馆中,定期或不定期举办读书月活动的有7所,占总比的87.5%;与学校社团合作开展活动的有两所,占总比的25%;建立自己的图书馆公众号的有3所,占总比的37.5%,具体数据(表15)。

表15 呼和浩特地区高职院图书馆读书活动情况

序号	单位	读书活动
1	呼和浩特职业学院	社团、读书月
2	内蒙古机电职业技术学院	社团、读书月
3	内蒙古体育职业学院	读书月
4	内蒙古警察职业学院	读书月
5	内蒙古建筑职业技术学院	读书月、档案宣传
6	内蒙古商贸职业学院	无
7	内蒙古电子信息职业技术学院	读书月
8	内蒙古化工职业学院	摄影、读书月、其他活动

目前,呼和浩特地区高职院图书馆的读者服务工作主要以借还书、提供阅读空间、举办文化活动等常规性服务为主。由于经费不充足、服务理念的更新缓慢、缺少专业团队等因素,图书馆本应提供的嵌入教育教学、科学研究的专业性服务尚未开展。

3.与二级学院的合作及信息素质教育工作方面。《实施指南》指出,"图书馆应运用现代教育技术理论与方法,开展读者信息素质教育工作。加强新生入馆教育。将信息素质教育课程纳入学校课程体系。积极开展信息素质教育课程的教学方法与模式研究,提升学生的信息素养。图书馆可建立信息素质教育课程教研室或课程教学组。"

目前,呼和浩特地区高职院图书馆在与二级学院合作方面,大部分为合作举办活动,提供场地、资源等,如为社团提供活动场地、与学院合办宣讲会、读书会等。而在举办入馆教育、参与建设学校网络数字化、学生信息素养培训及提供科研教学支持等方面的合作还不是很多。以开设检索课和入馆教育为例,调查的8家图书馆中仅有内蒙古化工职业学院图书馆开设了检索课程,以图书馆的身份来进行培养读者信息素养的功能,占总比的12.5%,其他高职院图书馆尚未开始此项工作;入馆教育方面,有5所图书馆在开学之初为新生提供入馆教育,占总比的62.5%,其他3所图书馆尚未开设此项教育工作(表16)。

表16 呼和浩特地区高职院图书馆与二级院校合作情况

序号	单位	检索课程	入馆教育
1	呼和浩特职业学院	无	有
2	内蒙古机电职业技术学院	无	有
3	内蒙古体育职业学院	无	有
4	内蒙古警察职业学院	无	有
5	内蒙古建筑职业技术学院	无	无
6	内蒙古商贸职业学院	无	无
7	内蒙古电子信息职业技术学院	无	无
8	内蒙古化工职业学院	有	有

六、完成课题情况

作为学校的文化阵地,图书馆不仅要做好教学辅助的工作任务,还应该重视自身发展,提升自身的研究能力,这样才能更好地为教学科研提供专业服务。《实施指南》指出,"学校应鼓励图书馆工作人员在公开刊物上发表学术论文和研究成果,参加各级各类学术成果评奖和学术交流活动。注重发挥学术研究成果对业务工作的指导和帮助作用,注重对有应用价值的研究成果的推广应用。"

表17 呼和浩特地区高职院图书馆课题情况

序号	单位	课题情况
1	呼和浩特职业学院	有
2	内蒙古机电职业技术学院	有
3	内蒙古体育职业学院	无
4	内蒙古警察职业学院	无
5	内蒙古建筑职业技术学院	无
6	内蒙古商贸职业学院	无
7	内蒙古电子信息职业技术学院	无
8	内蒙古化工职业学院	无

目前，由于呼和浩特地区高职院图书馆专业培训频率低，高职院图书馆的科研能力受到了很大的限制，科研成果甚微。在调查的8所呼和浩特地区高职院图书馆中只有两所曾经申请过专业相关课题，占总比的25%（表17），但均尚未结题，分别是呼和浩特职业学院图书馆的《呼和浩特地区图书馆概况》课题及内蒙古机电职业技术学院的《呼市大学城高职院图书馆信息资源共建共享研究》课题，其余图书馆尚未尝试申请科研项目。在未来发展中，图书馆应重视人才培训及科研能力的提升，通过多参观、多学习、多鼓励的方式，帮助馆员自我成长，有目标、有计划地培养一支具有科研能力的团队，为呼和浩特地区高职院图书馆的整体发展献计献策，发挥力量。

七、总结

总体而言，呼和浩特地区高职院图书馆在近十年中各方面都有长足进步，图书馆在学校中扮演的角色变得不可或缺，地位也在逐步提高。上文通过对呼和浩特地区高职院图书馆的办馆理念、馆舍情况、人员结构、馆藏情况、读者服务、科研情况的对比研究,展现了图书馆现阶段的发展情况。在办馆理念方面,高职院图书馆还没有引起完全的重视,设置办馆理念的图书馆只有两所,图书馆理念还有待加强;在馆舍情况方面,图书馆拥有独立馆舍,且内部不含学校其他部门的只有3所,图书馆室内绿化覆盖程度不高,舒适感不足,内部设置休闲区域的图书馆较少;在人员结构方面,图书馆整体人数146人,在学历、职称方面人数较为均衡,但存在严重缺乏专业人员的问题,且馆员培训机会较少,需要日后重视提升馆员的专业素养;在馆藏方面,图书馆经费较之前有了很大的提升,馆藏资源量有了显著增长,纸质、电子资源投入比例逐渐缩小,图书馆开始购置多种数据库、自助设备、电子阅读器等,与时俱进,逐步提升图书馆的便捷性;在读者服务方面,主要以借还书、提供阅读空间、举办文化活动等常规性服务为主,嵌入教育教学、科学研究等专业性服务尚未开展,入馆教育和信息素养教育工作开展情况还不太理想;在科研方面,图书馆较少参与科研、申请课题,科研成果甚微,需要后期加强馆员能力培养,组建图书馆科研队伍。总之,图书馆在各个方面既有进步也有缺陷,未来还有很大的进步空间。

虽然由于经费、人员、培训、理念等方面的限制,上述部分数据与《实施指南》存在不小的差距,但我们也可以看出呼和浩特地区高职院图书馆在近几年中的进步。相信在不久的将来,通过高职图书馆各部门的通力合作和相互扶持,高职院图书馆会越办越好,更好地发挥文化阵地作用,提供更优质的服务。

第五章 专业图书馆篇

第一节 专业图书馆简介

一、专业图书馆的定义

专业图书馆(也称专门图书馆)是为专业人员服务,针对某专业内的相关图书资料进行收集、加工、管理、收藏,并供人阅览、参考的机构。一般按其从属机构的类别分为机关图书馆(包括立法机关和政府机关等)、研究机构图书馆、公司企业图书馆、事业单位图书馆、军事单位图书馆、大众传播图书馆、群众团体图书馆、医院图书馆、宗教图书馆等。专业图书馆与资料中心、情报中心性质相近,与公共图书馆相比,专业图书馆虽然在藏书量、馆藏文献种类、流通量以及服务对象等方面比较单一,但馆藏特色鲜明,专业领域图书资料丰富,能为特定需求人群提供更加深入、准确、全面的文献资料,因此在相应领域的科研工作中有着不可替代的重要作用。

二、专业图书馆的发展历程

19世纪末的美国,随着工商业的大发展,政府部门的规模和管辖权的扩大以及许多专业学会、协会的成立,最先出现了立法参考方面的专业图书馆,其次是工商财政机构的专业图书馆。

第五章 专业图书馆篇

1909年,美国成立专业图书馆协会。在第一次和第二次世界大战期间以及战后,由于对科学技术研究的需求迅速增加,研究机构在数量和规模上飞速增长,科技图书馆也有了更大的发展。

自20世纪50年代末以来,美国对专业图书馆的调查统计做了许多努力,但由于专业图书馆的定义不清、类型多样,许多小型专业图书馆未参与图书馆界的活动等原因,从而未能收集精确的统计资料。1983年,《专业图书馆和情报中心名录》(第8版)列出1.6万个专业图书馆,其中包括美国和加拿大附属于公共、高校图书馆的专业图书馆。1989年,《美国图书馆名录》(第42版)报道了美国近9950个和加拿大1231个专业图书馆,其中包括不附属于高等院校的法律、医学、政府和宗教等方面的图书馆。

法国、德国和英国等国家的专业图书馆大都是在20世纪上半叶建立的。1924年,英国专业图书馆和情报机构协会成立。随着各国工业化和科学技术研究的发展以及各国专业图书馆的大量建立,1976年国际图书馆协会和机构联合会将所设专业图书馆组升格为专业图书馆部(包括行政图书馆、艺术图书馆、生物医学图书馆、地理地图图书馆、科学技术图书馆和社会科学图书馆)。

中国于19世纪中叶开始出现教会图书馆(如上海徐家汇天主堂藏书楼),20世纪陆续出现了机关图书馆(如教育部图书馆)、社团图书馆(如上海总商会图书馆)、研究机构图书馆(如上海自然科学研究所图书馆)等。1949年后,专业图书馆是发展最快的图书馆类型,门类多,数量大,分布广,藏书专。据1983年不完全统计,仅中型以上的研究机构图书馆就超过4000所,其中较重要的有中国科学院文献情报中心、中国社会科学院文献情报中心、中国农业科学院图书馆、中国医学科学院图书馆、全国地质图书馆等。

现在,我国的专业图书馆得到了很好的发展,也形成了较有规模的全国性组织。早在1979年就已经建立了中国图书馆学会专业图书馆分会(原名:中央国家机关和科学研究系统图书馆学会)。该学会正式成立于1979年6月19日,是中国图书馆学会三大主要系统(公共、高校、专业)分支机构之一,属全国性、公益性的学术社团,经民政部核准登记。它以"图书情报机构开展知识服务"为工作主线,通过学术交流、专业培训、交流合作和组织发展等活动,积极推进图书情报机构知识服务能力建设,促进专业图书情报事业的繁荣发展。主要功能在于开展专业领域学术交流和学术研究活动,活跃学术思想,促进学科发展;开展图书情报继续教育工作,提升图书情报工作者知识服务能力;编辑、出版图书馆学、情报学各种载体的文献信息资料,促进专业信息的传播;维护会员和图书情报工作者的合法权益,反映他们的意见和呼声,促进学术道德建设和学风建设;介绍、评定和推广图书馆学、情报学科研成果,促进学术成果的转化;发现并举荐人才,表彰、奖励为专业图书情报事业做出贡献的图书情报科技工作者。

专业分会秘书处挂靠中国科学院文献情报中心,现有团体会员单位180个,主要来自于国务院部、委(局、办)、中央直属单位所属科研系统的图书信息机构。该学会拥有一大批具有各种专业背景的图书情报学专家、学者,是一支有较高学术水平和业务能力的学术社团。会员单位聚集了国内重要的专业性图书情报服务机构,这些机构都是行业系统内图书文献协作网络的龙头单位,发挥着各自系统图书情报工作发展的牵头协调作用。

三、专业图书馆的基本任务及特点

专业图书馆的基本任务是,作为所服务机构的主要资料来源,收集、组织、保管、利用并传播与该机构业务有关的各种资料,为所需者提供服务。专业图书馆的主要特点是:1.读者主要为所服务机构的工作人员,对象固定,人数一般不多,需求相对稳定。2.在文献收集方面,主要是为配合所服务机构业务的发展,收集该机构的出版物和该机构业务参考所需的最基本的、经常使用的和有潜在使用价值的文献。3.在文献整理方面,对普通资料实行粗分类和简单编目,对专门资料实行细分和详细著录。4.服务针对性强,提供主动服务。情报服务是其主要方面,一般提供两种基本的情报服务,一是参考和研究服务,包括答复简单的咨询问题,承担复杂的研究工作和文献查找,以及以书目、备忘录或报告等形式提供情报信息;二是通报服务,包括发送现期期刊,编制新书通报、专题文摘或题录,定题情报提供(SDI)等。专业图书馆的情报服务有3个级别:初级情报服务包括回答咨询问题、将用户指向适宜的情报源、提供简单的通报服务(如发送现期期刊);中级情报服务包括提供文献查找、编制书目、选择和传送研究资料、提供通报服务(如编制新书通报);高级情报服务包括将情报综合成书面形式、编制评论性书目、进行评价性的和全面的文献查找、提供更复杂的通报服务(如定题情报提供服务)。专业图书馆通常根据用户需求提供不同级别的服务,在机会和条件许可时提供高级情报服务。5.因一般设在所属机构的建筑物内,空间有限,需经常进行藏书剔旧,控制藏书量。6.图书馆员除具有图书馆专业知识外,还需要有所属机构的专门业务知识;人员通常数量有限,一般都是一专多能。

四、专业图书馆的社会属性

总结前人的研究结果,专业图书馆具有社会性、公益性、效益型、专业性等诸多社会属性。正因为有了这些社会属性,专业

呼和浩特地区图书馆概况

图书馆才得以良好发展,不断推动人类社会进步。

1.专业图书馆的社会性

专业图书馆收藏的图书资料涵盖了某一专业的发展历程,展示了人类在该领域内不断探索和科研的过程与阶段成果,可以说它收藏了人类精神财富和智慧的结晶,保存了人类的文化遗产,记录了人类文明的发展历程,同时担负着向科研人员传递科学情报的重任。通过提供全面、科学的信息资源,为人类社会的不断科研探索提供着创新的源泉。通过专业图书馆收藏的专业性文献,我们可以看到该专业的起源、历程和发展趋势,可以从这些文献资源中,总结该专业科学研究的发展历程及优质成果,给社会大众生活带来了翻天覆地的变化,推动着人类文明的巨大进步。

2.专业图书馆的效益性

所谓专业图书馆的效益性,也就是其事业取得的效果利益。效益除了我们所关注的经济效益外,还有社会效益、文化效益、服务效益、科技效益、教育效益等。专业图书馆的建设投入了大量的财力、人力和物力,当科研人员通过利用专业图书馆的资源,产生出更多、更先进的专业知识、信息和技术,使社会更加繁荣、更加文明时,专业图书馆的社会效益就得以实现。如医院图书馆,医学界研究人员通过利用医学专业图书馆的资源进行医药研究,在某一相关领域产生突破性的进展,不仅对该领域的发展有巨大的推动作用,更对人类社会的健康、疾病应对、治疗等方面有着重大意义。

3.专业图书馆的专业性

专业图书馆的专业性主要体现在其馆藏资源的专业性和馆内工作人员的专业性。专业图书馆在实现其他功能的同时,要突显其独有的专业特色。专业图书馆的专业性是随着专业图书馆的产生而产生的，没有专业特色的图书馆就不能称之为专业图书馆。专业图书馆的专业性反映了我国专业领域发展的需求，也反映了读者对专业文献的需求。

4.专业图书馆的公益性

专业图书馆无偿满足读者对专业文献资源和信息的需求，向读者提供及时、高效、便捷的知识信息服务。专业图书馆的服务宗旨就是为读者提供专业的文献和信息服务，促进全民族科学文化素质的提高，推动人类社会进步。专业图书馆免费为读者提供舒适安静的环境和现代化设备，通过提供最便捷、全面、经济、科学的信息资源，保证该领域科研工作的顺利开展，为社会的文明进步起到推动作用。

综上所述，专业图书馆是人类社会发展进程中非常重要且不可替代的文献资源机构。纵观呼和浩特地区，专业图书馆并不少见，各大医院图书馆、社科院图书馆、各级党校图书馆等都属于这个行列。他们有着自己的专业读者群体，提供更加专业化的信息服务。具有强大的专业科研团队，有能力创造对社会有价值的科研成果，是有别于其他类型图书馆的特殊图书馆，值得我们去深入了解其发展历程和现状。因此，课题组特地走访了呼和浩特地区4所具有代表意义的专业图书馆，包括内蒙古社会科学院图书馆、内蒙古自治区人民医院图书馆、内蒙古党校图书馆、呼和浩特市佛学图书馆。通过实地考察，向大众介绍呼和浩特地区这4所不同类型的专业图书馆，包括历史沿革、馆舍情况、人员结构、馆藏情况、服务开展情况、科研成果、所获荣誉以及近十年变化等诸多方面，并通过横纵向对比分析，总结呼和浩特地区专业图书馆的发展现状，以供参考。

呼和浩特地区图书馆概况

第二节 呼和浩特地区专业图书馆

内蒙古社会科学院图书馆

一、图书馆基本情况

内蒙古社会科学院是内蒙古自治区直属的综合性哲学社会科学研究机构,是自治区财政全额拨款的事业单位。内蒙古社会科学院图书馆的前身是1953年成立的内蒙古自治区语文研究会图书资料室,后因20世纪50年代末到70年代末上属机构的几度变更而数易其名。1979年2月,内蒙古社会科学院成立,原图书资料室扩建为图书馆。

图书馆位于呼和浩特市大学东街129号,总建筑面积2000多平方米,设有8个书刊阅览室(库),26个阅览座位。图书馆年运行经费近16万元,年接待读者约3000人次。

图书馆共有3楼,采用半藏半阅的传统服务模式,藏书部分对读者开放。一楼有4个书库,分别为外文书库、汉文古籍书库、蒙古文线装书库、汉文线装书库。二楼有4个书库(阅览室),分别为蒙汉综合阅览室、期刊阅览室、期刊书库、蒙古文书库。三楼为办公区、展览区和会议室。

图书馆设有采编部、流通部、报刊部和办公室。现有工作人员9人,其中研究馆员4人,副研究馆员3人,馆员1人,助理馆员 1 人;硕士 3 人,本科 6 人。

图 1　内蒙古社会科学院图书馆外观

二、图书馆馆藏资源建设情况

内蒙古社会科学院图书馆是自治区社科研究系统历史最长、藏书最多、特色最鲜明的文献信息机构。多年来围绕学院学科建设不断地完善藏书结构,形成了具有鲜明民族

图 2　蒙汉综合阅览室

特色、较为完整的藏书体系,成为支撑社会科学院科研工作的重要支柱。

呼和浩特地区图书馆概况

图书馆现有各类藏书26万多册（件），以蒙古学文献为特色。其中蒙古文古籍6280种，计3万余册，占全国各图书馆蒙古文古籍收藏种类的50%以上，且多为木刻原版或手抄本，如金泥写本《甘珠尔》，以及《丹珠尔》《阿勒坦汗传》《十善福经白史》《科尔沁王公世系谱》《鄂尔多斯王公世系谱》《蒙古黄金史》和尹湛纳希著作手稿及家谱等，具有极高的学术价值。此外，还收有满、藏等少数民族文字的手稿、档案、经卷等重要资料共500多册。这些文献的内容十分丰富，不仅包括社会科学诸学科，还兼容极具民族和地区特色的天文、历法、医药、绘画和建筑艺术等领域，在国内外学术界具有广泛的影响。图书馆藏有汉文古籍3000余部5万余册，其中明清版本比例较大。日、俄、英、德、法等外文原版图书约2万册，多为日本人关于近代蒙古地区的考察报告和调查资料。蒙、汉文普通版图书约16万册，期刊合订本约9000册，都是专业性和学术性很强的文献。图书馆年订购报刊100多种，所订期刊全部为核心期刊。

在馆藏资源的建设上，图书馆坚持系统完整、特色鲜明、精而不缺、全而不滥的藏书目标。在图书资料的征集方面，图书馆主要依靠购买兼接受捐赠和交换，不断地丰富和充实馆藏，平均每年新增图书300至500册。

三、特色文献

内蒙古社会科学院图书馆素以收藏有众多的珍贵蒙古文古籍而闻名于中外学术界，6000余种珍贵蒙古文及满、藏文历史文献成为本馆藏书的支柱，多年来一直吸引着国内外学术机构和相关学者前来阅读与研习。

1.《阿勒坦汗传》又称《宝汇集之书》，是存世孤本，作者和成书时间尚未定论，该书是有关北元历史最古老的蒙古文古籍。主要记述了北元时期蒙古土默特部领主阿勒坦汗(1507—1582)的生平业绩和西藏佛教再度传入蒙古地区的历史,是国内外蒙古学学者争相研究的主要文献。

2.金字《甘珠尔经》。该经是北元时期蒙古皇帝林丹汗召集左翼三万户贡噶·敖色尔、萨玛坦·僧格、衮登·固什等33位翻译大师于1628年至1629年间在席力图召翻译并用金泥书写而成的。原藏于席力图召,后由于明末战乱而颠沛辗转,又藏于今沈阳市黄寺(实胜寺),1957年该寺喇嘛卓特巴赠予内蒙古语言文学历史研究所收藏。原为113函,图书馆现存19函。该写本是蒙古文《甘珠尔经》的最早版本,也是蒙古文《大藏经》中最古老的文献,弥足珍贵。

3.《十善福白史》。该书是最早的蒙古文历史文献之一,是记载元世祖忽必烈政教并行制度的一部典章性史著,内容以元朝国家体制与法制为重点,可补《元典章》之不足,故史料价值极高。现国内外收藏的传抄本达十六七种之多,社科院图书馆藏有7种抄本。其中原藏于伊克昭盟乌审旗贵族后裔旺楚克拉布坦家的竹笔写本在字形、文字特点、书写用具和书写方法等方面均保持了16世纪的特点,应为现存所有版本中最古老和最好的一种,也是北元时期蒙古史学家的代表性写本。

4.《金轮千辐》。该书为蒙古编年史,又名《黄金家族之心喜》或《黄金家族世系谱》,由固什·答哩麻喇嘛著,乾隆四年(1739年)成书。该书共分6卷9章,是一部纯粹的系谱学史著作,是目前世界上最好的版本,也是18世纪蒙古族的代表性历史文献之一。

5.《成吉思汗祭祀经》。该书为孤本,明代写本,原藏于内蒙古达茂联合旗卡拉少荣之地的哈布图·合撒尔祭祀毡帐。它详细记录了北元时期举行成吉思汗四季大祭的制度、规模和程序,也记载了成吉思汗供养品的种类和来源,是研究成吉思汗祭祀文化和明末蒙古地区政治、经济、宗教、文化的第一手资料。

6.《必用之全义经》。该书是16世纪末西藏佛教格鲁派传入蒙古初期,由三世达赖喇嘛的经师锡埒图·固什·绰尔济用蒙古文撰写的有关佛教宇宙观和教义的第一部著作,是格鲁派教义在蒙古传播初期唯一完整的史学遗存,也是学术界公认的学习新型蒙古史的基础文献。该书写本较多,但社科院图书馆所收藏的写本最为古老,其字形、文句结构、书写法和一些蒙古文字母的标音点用法以及所用书写工具等,均保持了17世纪的特点,是北元时期蒙古史学文献的代表性写本。

7.阿拉克·苏勒定本《蒙古源流》。《蒙古源流》为记述元末至清初蒙古历史的重要文献,史学价值极高。该书的版本较多,影响广泛。该版本原藏于本书作者萨冈彻辰的家乡,其版本以"阿拉克·苏勒定"而闻名于世,比学术界经常提及的"库伦本"更接近原著。

8.《尹湛纳希家谱》。尹湛纳希是我国清代著名的蒙古族文学家,在蒙古族文学史上具有重要地位。该家谱记述了尹湛纳希家族自成吉思汗至尹湛纳希28代的世系,记载明确,详细可靠,是我国蒙古文献学中的珍品。

9.《红云泪》。这是近代蒙古族著名作家尹湛纳希的第一部长篇小说,也是蒙古族文学史上第一部以现实生活为题材的长篇小说。该书是尹湛纳希的亲笔手稿,原由尹湛纳希后裔保存,于1957年入图书馆藏,为世界孤本。它是研究尹湛纳希的代表性文献,在蒙古族文学史上具有重要地位。

四、图书馆服务开展情况

图书馆建馆之初,确立了以适应科研工作需要为宗旨,一切馆务工作必须服务于科学研究的服务目标。

图书馆根据现有条件,积极提供多样化的服务。各书刊阅览室(库)开放时间为星期一至星期五,8:30—12:00,14:30—17:30,周开放约33小时。提供的基本服务有书刊阅览、外借、文献复制、视听文献服务、教育培训、讲座等。同时,还积极开展古籍修复工作,2014年被文化部评为"全国古籍保护工作先进单位"。日常服务中,图书馆积极与各大高校联络,聘请知名蒙古文文献专家、学者开展蒙古文古籍知识讲座,介绍、宣传蒙古文古籍文献,讲授蒙古文古籍保护知识,解读蒙古族传统文化等。讲座对于高效保护古籍、提高蒙古文文献资源利用率及推动蒙古族文化方面产生了深远影响。

图3　馆藏蒙古文古籍

五、科研成果与所获荣誉

自1979年建院以来,图书馆工作人员在做好读者服务工作的同时,积极开展科研工作,先后主持或参加完成国家级课题18项,发表著作、论文、译文等350余部(篇)。代表性成果有:《蒙古文〈大藏经〉》《中国蒙古文古籍总目》《蒙古文〈甘珠尔·丹珠尔〉

目录》《蒙古古代书籍史》《蒙古族出版史》《内蒙古社会科学通览》《蒙古文文献与信息研究》《伊希丹津旺吉拉研究丛书》《民族图书馆学研究》等。

由于在古籍保护工作中取得优秀成果,内蒙古社会科学院图书馆于2014年被文化部评为"全国古籍保护工作先进单位"。

六、图书馆近十年的变化

内蒙古社会科学院图书馆建馆迄今已经60余年,作为自治区历史最长、特色最鲜明的专业图书馆,其建设和发展一直得到院领导和广大科研人员的大力支持。多年来,经过几代图书馆人的不懈努力,图书馆在馆舍环境、馆藏资源及服务模式方面均发生重大变化,为广大科研人员提供了可靠的文献资源保障。在馆舍环境方面,图书馆于2015年进行馆舍改造工程,历时一年,于2016年9月完工并正式对读者重新开放。改造后的图书馆内部庄重朴实,环境整洁明亮,环境条件的改善为读

图4 图书馆荣获全国古籍保护先进单位

者利用图书馆提供了更大便利。在信息化建设方面,图书编目、检索等工作都使用计算机管理。2013年,图书馆购置并安装了汇文图书馆管理系统,开启了馆藏资源从传统手工卡片式管理模式向微机化管理的崭新篇章。目前,图书馆正在紧张有序地进行图

书回溯建库工作。鉴于大多数馆藏资源较为珍贵,近年图书馆积极争取经费,加快馆藏资源数字化建设工作。2015年至今,已完成全部外文图书书目数字化工作,蒙古文古籍也已经全部扫描完毕,古籍书目数据库正在紧张有序地建设中。近年,随着社科院的快速发展及现代信息化技术的推动,图书馆更加注重馆藏资源的保护和开发利用,并不断完善管理制度,争取具备现代图书馆的各项服务功能,形成传统服务与数字服务相融合的现代化服务新格局,为国内外专家、学者、本院科研人员及其他读者提供更优质的文献信息服务。

注:以上数据截至2017年5月,均由被采访单位提供。

内蒙古自治区人民医院图书馆

一、图书馆基本情况

1. 历史沿革

1947年11月，当时的内蒙古自治区政府所在地乌兰浩特建立了内蒙古医院，医院图书馆也同时成立。图书馆藏书有1000多册，主要是来自已撤销的内蒙古医学院的藏书，图书馆成立时没有专职管理人员。1951年3月，内蒙古自治区人民政府从乌兰浩特迁到张家口，从内蒙古医院抽调了部分人员在张家口设立内蒙古自治区人民政府直属机关卫生所，内蒙古医院仍留在乌兰浩特。1952年9月，直属机关卫生所随内蒙古自治区人民政府迁到绥远省归绥市。

1949年绥远省和平解放前，绥远省人民政府在丰镇建立了绥远省人民医院；1950年1月，与原绥远省立医院合并，在归绥市建立了绥远省人民医院。新组建的绥远省人民医院图书资料室，藏书有几千册，基本上都是接收自原绥远省立医院的藏书。

1954年，绥远省并入内蒙古自治区，内蒙古自治区人民政府直属机关卫生所与绥远省人民医院随之合并为内蒙古人民医院。原设在乌兰浩特的内蒙古医院迁到海拉尔，改名为"呼伦贝尔盟医院"。合并后的内蒙古人民医院图书馆负责人是焦贺华，管理人员2人，藏书近万册，主要来源于原绥远省人民医院的藏书。1955年，内蒙古人民医院改名为"内蒙古自治区医院"。1958年，内蒙古妇产科医院并入内蒙古自治区医院，其几千册图书资料也并入图书馆，使内蒙古自治区医院图书馆的藏书进一步增加。

1966年底，内蒙古自治区医院新址建设并投入使用，医院图书馆馆舍面积进一步扩大，工作人员增至8人，年购置图书经费增加到10万元，图书资料有了较大的增长。

1989年，馆舍面积由原来的500平方米扩大到2113平方米，管理人员由几人增加到十几人。到1996年底，图书馆实行规范化管理，设有采编部、流通部、阅览室、多媒体信息服务部和信息技术部。2015年5月，内蒙古自治区医院图书馆搬入医院新门诊大楼。

2.馆舍人员情况

内蒙古自治区人民医院位于呼和浩特市昭乌达路20号，图书馆位于医院新门诊大楼14层。建筑面积2103.4平方米，使用面积1528.5平方米。设有采编部、期刊流通部、多媒体信息服务部和信息技术部。其中期刊阅览室面积252平方米，配备阅览桌14张，可同时容纳84人阅览学习。电子阅览室面积134.2平方米，配备电脑30台，打印机、复印机、传真机各一台。

内蒙古自治区人民医院图书馆目前共有工作人员12人，其中正高级职称2人，副高级职称4人，中级职称6人；研究生1人。图书馆非常注重工作人员的学习和培训，通过馆内及馆外培训、参加相关会议、交流参观等多种形式提高馆员的业务能力和综合素质。

图5 内蒙古自治区人民医院全貌

二、图书馆馆藏建设情况

内蒙古自治区人民医院图书馆是医学类专业图书馆，藏书以医学书籍为主，兼顾通俗和科普读物，服务对象主要是人民医院的工作人员、前来进修的医学生和实习生。因为学科的时效性，图书馆订购了大量中外文期刊和中外文医学数据库，方便广大医务工作者及时查找相关资料、了解行业最新信息。

1. 纸质资源建设情况

截至2016年底，内蒙古自治区人民医院图书馆共有纸质藏书7万余册，其中中文图书32764册，外文图书3840册，中文期刊合订本20342册，外文期刊合订本17187册。订阅期刊726种，其中中文期刊716种，外文期刊10种，中文报纸14种。每年纸质图书购书经费达20万元。

图书馆还藏有多年以来收集的线装书、古籍和一些珍贵的地方文献，如绥远省人民政府的文件等，因为古籍需要专业人员的修复和整理，所以目前只做保存，不提供使用。

2. 数据库建设情况

内蒙古自治区人民医院图书馆共有中、外文医学数据库4个，其中中文数据库3个，分别是中国知网、万方医学网、大医医学搜索数据库。外文数据库2个，分别是万方医学网和医知网。

（1）中文数据库：中国知网数据库和万方医学网数据库。服务方式为本地镜像及互联网版直接检索，其内容包

图6 图书馆期刊阅览室

括期刊数据库,博士、硕士论文数据库,会议论文数据库,报纸全文数据库等。

大医医学搜索数据库把国内常见数据库进行整合,目前是试用阶段。大医医学搜索数据库(试用)包括330万种中文电子图书,其中医学图书有20多万种、中文期刊论文9400万篇、外文期刊论文33700万篇、40000集独家视频以及报纸、文档、论文、标准、专利、课程等。大医医学搜索数据库另一特色是:掌上大医,它是一种移动客户端。通过掌上大医App下载、安装后,将手机作为移动终端对大医医学搜索的资源进行阅读。

(2)外文数据库:使用万方医学数据库和医知网数据库(试用),万方数据库目前收录了3778种国外医学期刊,全文以电子邮件原文传递方式获得。其中SCI收录的有2449种,MEDLINE收录的有3152种,SCIE收录的有2566种。

图7 电子阅览室

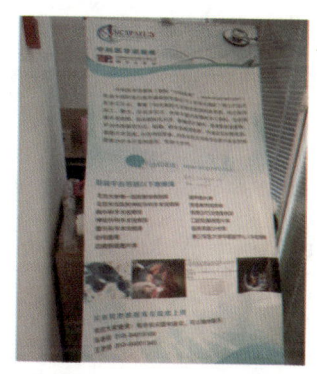
图8 医学数据库宣传展板

医知网是一个专业的医学外文期刊整合数据库,提供医学外文文献的检索、全文传递及医学文献深度分析服务,也是国内唯一一家医学引文数据库。数据库目前收录31240种外文生物医学期刊,并整合了PudMed、Elsevier、Springer、Wiley、OVID、EBSCO等数据库的医学期刊资源。采用邮箱传递全文的方式,一般2小时内完成传递,最快传递速度可达10分钟且保证传递成功率在95%以上。

三、图书馆服务开展情况

1.基本服务

为了提供最新的医学信息,内蒙古自治区人民医院图书馆服务的主要形式为期刊阅览服务和电子资源服务。期刊阅览室面积252平方米,配备阅览桌14张,可同时容纳84人阅览学习。2016年,共接待读者1200余人次,并配备打印机、复印机、传真机供读者使用。图书馆开馆时间为:星期一到星期五8:00—12:00,14:30—20:30。

电子阅览室使用面积134.2平方米,配备计算机30台。图书馆电子阅览室具有丰富的医学信息资源,读者可以通过网络检索文献,注册账号,进行阅读和下载。2016年,全年电子阅览室接待读者共396人。各数据库2016年使用情况如下(表1~表4):

表1 中国知网使用情况统计表

时间段	登录次数	检索次数	浏览次数	下载次数	总使用次数
2016	49606	2782620	110895	143218	3086339

表2 万方医学使用情况统计表

中文期刊	全文下载次数	26601
学位论文	全文下载次数	3808
会议论文	全文下载次数	720
文献传递	全文下载次数	73
封面目录	下载次数	9
医学图书	阅读次数	3
总计	资源使用次数	31214

表 3　大医医学搜索使用情况统计表

年份	注册人数	访问量
2016	31904	221

表 4　医知网数字资源使用情况统计表

年份	申请次数	成功次数	成功率
2016	2113	2020	96%

2.读者活动

除了传统的借阅和电子资源服务,内蒙古自治区人民医院图书馆这几年还开展了丰富多彩的读者活动。2017年,对图书馆进行馆舍改造,创建了创客空间,温馨舒适、自由开放的创客空间为图书馆的读者活动提供了良好的场地支持,更加有利于图书馆邀请国内外知名的医学专家和本院的医生进行讲座和交流。另外,图书馆经常进行知识推送进科室活动,邀请数据库培训师对读者开展数据库利用的讲解和讲座,下发讲座通知后接受科室的预约,频率达一星期一次。

图书馆还会不定期举行相关主题活动,如"读书会友"活动,通过舒适的环境和轻松的方式向大家推荐自己读过的好书及读书的感悟等。形式多样的读者活动不仅可以学习知识,还可以放松

图 9　"读书会友"活动

身心,在丰富广大医务工作者的业余生活的同时,极大地提高了图书馆的活跃度。

四、图书馆近十年的变化

内蒙古自治区人民医院图书馆几经变迁和整改,经过岁月的洗礼,紧随时代的变迁,一步步迈入现代化,进入大数据时代。近十年里,图书馆不仅实现了自动化管理,网络全覆盖,资源进一步优化和丰富,也越来越多地向服务多元化转型,创建了图书馆创客空间,举办讲座和交流会,建立图书馆读者服务群,下科室宣传和推广图书馆的服务和使用等。服务的便捷和人性化,使图书馆越来越深入人心。

注:以上数据截至2017年6月,均由被采访单位提供。

第五章 专业图书馆篇

内蒙古党校图书馆

一、图书馆基本情况

1. 历史沿革

1948年11月,内蒙古党校图书馆随内蒙古党校成立于自治区首府乌兰浩特,起初叫作"图书室",隶属学校组教处。1952年,迁址呼和浩特,与绥远省党校图书室(建立于1949年5月)合并。1959年6月,更名为"内蒙古党校图书资料室",并升格为处级单位,直属校党委领导。1968年8月至1973年1月,内蒙古党校被撤销期间,图书馆的书库被封存。1978年以后,图书馆进入了迅速发展时期。1985年11月,建成总面积5257平方米的独立图书馆楼。2000年开始,逐步向现代化、多功能图书馆转变,文献采购、编目、检索、流通工作初步实现自动化。2008年底,内蒙古党校迁入新址,图书馆设在综合楼一楼。

2. 馆舍情况

图书馆设有采编部、流通部、阅览部、信息部,馆舍面积近3000平方米,设汉文图书借阅室、蒙古文图书借阅室、报刊阅览室和工具书阅览室。2013年,对图书藏阅空间重新设计,把汉文图书阅览室打造成集阅读、上网、休闲于一体的舒适学习空间。

3. 人员结构

图书馆现有工作人员15人,其中正处级干部1人,副高级职称6人,中级职称3人,初级职称5人;硕士6人,本科9人;图书馆专业2人,计算机专业3人,其他专业10人;男性3人,女性12人。相对合理的人员结构为图书馆的发展奠定了良好的基础。

在人才培养方面,一是强化内部管理。要求各岗位工作人员与时俱进地学习图书馆行业理论和先进技术,结合新开展的服务修订工作规程,完善科室工作制度,在工作中提升自我。二是全方位培养锻炼年轻馆员。发挥老同志传帮带作用,加强馆内业务培训,组织外出参观考察,鼓励积极参加学校各类学术活动,以数据库建设等项目工作为依托通过系统参与、钻研业务全面提升馆员素质和工作实效。三是加强对外交流与合作。图书馆积极加强与中央党校图书馆、各省党校图书馆、内蒙古图书馆、内蒙古党史办、内蒙古社科院、区内外多个高校图书馆及相关业务单位的交流学习,获得多方面指导与帮助。

图10 图书馆外貌

二、图书馆馆藏建设情况

图书馆馆藏文献总量45万余册,数据库11种,开放阅览室4个;拥有现代化设备(包括服务器、计算机、自助设备,打印机等)50多台。走过70年的发展历程,积累形成了以马克思主义及其中国化的理论成果为核心,以哲学社会科学为主体,以党的文献和党史党建、民族理论和民族政策及地方文献为重点,以蒙古文文献、内部资料为优势,具有党校特色、民族特色和内蒙古地区特色的印刷型文献和数字化文献相结合的文献保障服务体系。

1.纸质资源

图书馆目前馆藏文献45万余册,其中图书25万余册(包括3.6万余册蒙古文图书,一千余册古籍);订购期刊400余种,报纸20余种,共计约20万册(件)。

近年来,图书馆工作得到校委会的高度重视和学校各部门的鼎力支持,一是增加购书经费。近三年的年均购书经费从原来的不足3万元增加到15万元。二是争取财政专款补充馆藏。2014年,经分管校长争取,学校申请到专项资金240万元,用于购买蒙汉文纸质图书、补充更新软硬件设施及拓展图书馆新业务等工作。

图书馆为加强纸质资源建设,加大书刊采选力度,向校领导、教研部老师广泛征求采集意见,向先进省市党校、学校沟通学习采集经验,反复筛选,用心选择水准高、质量好、针对性强的书刊。

图11　汉文图书阅览室

图12　汉文图书阅览室

2014年,图书馆全面启动图书回溯建库工程。将1985年前的15万余册图书书目信息全部录入数据库,同时完成整架、排序工作，并将回溯建库工程中整理到的数千册1949年以前的珍本图书归入古籍库中。这是一项规模浩大的工程，不仅摸清了馆藏资源，也全面实现纸质资源的自动化管理。

2.数字资源

图书馆现有数据库11种，其中外采数据库7种，为中国知网（包括中国知网党政、社科、经济类10个子库）；人大复印资料全文数据库；国家哲学社会科学学术期刊数据库；超星云周知识服务平台、超星电子图书；国研网数据库；思想理论电子图书库；自建数据库4种。

图13　报刊阅览室

近几年，图书馆在数字资源建设方面做了许多新的尝试，并取得良好效果。一是注重数字图书馆资源与技术的优化供给。跟踪教研需求调整购买数字资源，充分考虑资源类型和技术优势的协调补充，力求发挥最大效益，实现最新技术功能，为研学和重点学科建设提供信息保障。二是协调完成全区党校图书馆数字资源共享。不仅实现了十二盟市及部分贫困旗县党校对该党校所有数字资源的免费共享，而且组织全区盟市旗县党校、大型企业党校申报"国家哲学社会科学数据库"免费使用权，并全面开通，为盟市旗县党校提供有力的数字信息资源支持。三是不断加强数据库的自建工作。在中央党校图书馆统一部署和大力指导下，在校党委的大力支持和分管校长带领下，举全校之力，认真贯彻落实中央党校"十三五数字资源建设规划"要求，初步建成内蒙古自治区区情与地方志全文数据库、中共内蒙古党史数据库、内蒙古党校文库和内蒙古自治区发展决策咨询数据库4个数字文库。2018年底，建成内蒙古改革开放40年经济建设专题数据库和蒙古文中共内蒙古党史党建数据库。

"数字图书馆"网页可在线提供馆藏书目和报刊信息查询、各数据库资源的浏览和下载、新书通报和读者推荐新书等服务。2017年底，图书馆开发了数字资源校外访问系统，兼容电脑和手机等不同平台，方便教研人员随时随地查阅数字资源，图书馆服务校院中心工作的能力进一步加强。

3.珍贵馆藏古籍资源

为进一步加强珍贵馆藏资源的保护和利用，重点开展以下工作。一是古籍的分类整理。按照"经、史、子、集"的分类办法，完成了古籍的分类整理。二是珍贵古籍的申报。在内蒙古图书馆和古籍专家何远景的帮助下，图书馆一种特别珍贵古籍荣幸入选国务院公布的第五批国家珍贵古籍名录。三是完成古籍普查任务。2015年，按照全国党校系统古籍工作会议要求，完成中央党校图书馆部署的古籍普查任务，将所有古籍编目，录入数据库。四是珍贵馆藏数字化。2015年，对馆藏珍贵蒙汉文古籍和文献进行数字化加工，此项工作获得中央党校图书馆的重视和帮助，共扫描加工珍贵文献900余册。2016年，图书馆开发古籍文献数据库，数字化后的珍贵古籍可通过触屏一体机展示给读者或供学术研究。

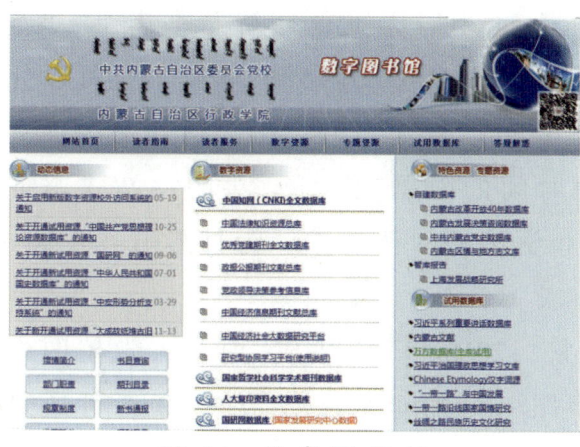

图14　数字图书馆

呼和浩特地区图书馆概况

三、图书馆服务开展情况

1. 基本服务

（1）借阅服务。图书馆开馆时间为星期一到星期五 9:00—11:30, 14:30—17:00, 对读者开放的阅览室有汉文图书借阅室、蒙古文图书借阅室、报刊阅览室和工具书阅览室，配有阅览桌椅 60 多席，全馆每年图书流通量在 2000 册左右。汉文图书借阅室全部放置近 3 年新采图书并实行开架阅览，还为读者免费提供茶水和咖啡。

2013 年，学校一卡通工程为图书馆配置了蒙、汉两款业务软件，图书馆业务和读者服务工作全面实现自动化管理，教职工和学员可凭校园"一卡通"借阅图书。

（2）"彩云服务"。2016 年，加入内蒙古图书馆创新项目"彩云服务"平台，读者可以直接在内蒙古新华书店借阅所需图书，"我阅读，你买单，我的图书馆我做主"的新服务理念满足了学校教学、科研和咨询工作的多元化需求。通过引进"彩云服务"平台，实现了图书自助借还和基于无线射频技术的图书自动化管理。

（3）"益友书屋"。2017 年，图书馆协助学校与内蒙古新华出版集团共同建设了全国首家 24 小时无人值守智慧书店——"益友书屋"。书屋共有精品图书 3000 多种、万余册，读者不仅可以凭借校园"一卡通"借阅图书，还可以按需订购。无人值守书屋最大程度地弥补了图书馆开馆时间的限制，借、阅、买的一站式服务模式极大地方便了教职工和学员的阅读需求，为打造书香校园、文化校园起到了积极作用。

（4）"微信公众号"服务。2016 年底，建成"内蒙古党校图书馆"微信公众号，对接数字图书馆的全部服务功能，读者可通过手机查询馆藏书目、续借图书、访问数字资源等。图书馆利用微信平台进一步深化学科服务层次,围绕国家和自治区热点问题及校院研究重点,精选推送具有较高学术水平的文章、发布智库报告、荐读好书,多学科、多角度为教研人员提供信息资源。

(5)"学科馆员"服务。为探索服务新模式,不断增强服务活力,图书馆于2017年开展学科馆员服务,对接学校多项重点研究项目,尝试从被动服务向嵌入式主动服务转变。通过学科馆员与教学科研一线人员的密切联系,不仅方便教研人员快捷地获取研究资料,同时极大地提升了馆员队伍的学术素养。

(6)新技术推广服务。2015年开始,图书馆努力加快转型发展步伐,积极开展新技术推广服务,馆员定期到教研部推广图书馆新技术、新功能,举办信息素养提升讲座,向教职工介绍微信图书馆、馆外访问系统、知网个人数字图书馆、知网研究研学平台、超星移动图书馆等应用平台的使用方法,不仅满足了教研人员的需求,同时增强了图书馆学科服务工作的活力。

2.读者活动

自2014年以来,图书馆积极开展校园文化活动,为书香校园建设发挥助推作用。一是"世界读书日"活动。图书馆联合校机关党委和青年沙龙持续在每年"世界读书日"期间举办系列活动,如"女性论坛""辩论赛""图书漂流""手机摄影展""主题书展""阅读分享""读书、荐书、品书"等主题丰富、形式多样的文化活动;二是开展"走进图书馆"课程。2014年,图书馆配合社会管理与文化教研部完成"领导学习能力及其提升——走进图书馆"12个班次的现场教学,重新唤醒学员心中的读书梦,课程开设后,走进图书馆读书的学员数量明显增多。三是开启"校史寻珍"系列人物专访。向老一辈"党校人"采集历史资料,为学校留下珍贵的口述史资料。

四、科研成果

图书馆工作人员在全力完成各项业务工作的同时积极开展科研工作。近5年内,主持内蒙古民委课题一项,主持校级青年课题4项,参与课题近10项,年均发表论文10余篇。

五、所获荣誉

2016年,图书馆获得了中央党校颁发的"数据库建设优秀组织奖",承建的内蒙古发展决策咨询数据库、中共内蒙古党史数据库荣获"数字资源建设优秀成果奖"。

2018年,图书馆微信公众号荣获自治区网信办颁发的"全区网上重大主题宣传最佳组织奖"。

六、图书馆近十年的变化

图书馆在校委的重视和分管校长的领导下,在校内各部门的支持帮助下,认真贯彻落实全区党校工作会议和全国党校系统图书馆工作会议精神,以服务校院教学、科研、咨询工作为中心,努力加强和改进图书馆业务工作,馆员队伍不断加强,软硬件设施得到改善,馆藏资源更加优化,服务水平和质量不断提升。全馆同志励精图治、扎实工作,在服务校院教学、科研、咨询主业和校园文化建设上发挥着积极作用。

队伍建设方面,馆员知识结构更加合理,服务意识显著增强。自2013年,图书馆3年考录6名年轻馆员(图书馆学专业2名,计算机专业3名,蒙汉兼通2名),为图书馆开展新的技术业务提供了有力保障。

经费投入方面,近几年学校不断加大对图书馆的经费投入。年均购书经费从原来的不足3万元增加到15万元。同时,经分管校长积极争取财政专款,文献信息资源欠账问题、软硬件设施和古籍馆藏条件均得以改善。

资源建设方面,文献信息保障能力进一步加强。纸质资源的数量和质量不断提升,在满足一般学科需求的基础上,充分考虑重点学科和读者个性化需求。数字资源结构更加优化,订购模式由独立采购向共建共享转变。自建数据库项目从无到有,从起初的摸索阶段逐渐走向常规化、制度化。数字图书馆网站数据容量扩充到4T。

古籍保护方面,古籍书库防护装置得到改善,古籍资源经分类整理录入数据库可供在线检索,珍贵馆藏经数字化加工得以展示给读者。

读者服务方面,服务内容由零散信息服务向知识管理服务转变,服务方式由传统型服务向个性化服务转变。图书馆业务全面实现自动化管理及 PC 端、移动 App 端网络化书目检索和文献信息资源共享。"彩云服务"、微信公众号、歌德电子书、知网个人数字图书馆等平台的应用拓宽了师生的阅读空间,满足了读者多元化需求。形式多样的读者文化活动丰富了广大教师、学员的校园文化生活。

注:以上数据截至 2019 年 1 月,均由被采访单位提供。

呼和浩特地区图书馆概况

呼和浩特市佛学图书馆

一、图书馆基本情况

1.历史沿革

呼和浩特市佛学图书馆位于呼和浩特千手千眼观音院(前身居士林)内,坐落于呼和浩特市北郊公园北侧,兴松街东口,与新建的体育场和成吉思汗大街毗邻,交通非常方便。千手千眼观音院有着重要的历史文化及丰富的旅游资源,不仅是佛学人士读书的好去处,也是呼和浩特市旅游事业发展的一个特色景点。

图15 呼和浩特市佛学图书馆外景

千手千眼观音院始建于1995年,占地面积5000平方米,是呼和浩特地区汉传佛教观音道场之一。寺庙建筑特色鲜明,寺内各类殿堂十余座,殿宇轩昂,佛像庄严。20多年来,在内蒙古各级党委、政府的支持下,该寺院在建设、管理、法务活动方面均取得可喜的成就。在此基础上,为了方便众生读取佛学典籍,1995年寺庙专门设立了专科图书馆——呼和浩特市佛学图书馆,从此成为学佛、修佛之人必去的场所。

2.馆舍及人员情况

图书馆位于千手千眼观音庙外墙处,从观音庙正门进入,穿过后院即可到达。由于图书馆与寺庙后院相连,偶有小野猫经过,充满宁静与祥和的氛围。整个图书馆加起来大约30平方米,有两间小屋,一间为阅览室,另一间为书库,座席十余个,周边放满了与佛教相关的书籍、报刊。整个图书馆干净、明亮,面积虽小,却是一个能让人安心读书之地。

寺庙将各院进行分组管理,图书馆作为寺庙的一部分也被划分为一个组,由组长负责。图书馆的工作人员有十余人,均由佛学信徒、义工居士及志愿者担任,自发进行图书馆管理服务。他们在自己看书学佛的过程中,帮助管理图书馆的日常业务,每日在岗人数不定。图书馆每日都开馆,日均接待读者十几人,大多为本寺院僧人、前来拜佛的信徒及学佛之人。

二、图书馆馆藏建设情况

佛学图书馆藏书主要集中在佛经、讲义、佛学基础知识、佛学杂志等类型的文献,报纸一月一期,还有寺庙自印的学佛材料、法师讲经的资料等。图书馆佛学书籍来源一般为寺庙购买、寺院赠送及居士赠书,购书经费由寺庙自筹。较有特色的藏书为千手千眼观音庙自己主办的佛学报刊《华雨缤纷》,藏有全套。《华雨缤纷》创刊于2005年9月,创办人为寺院主持上明下仰大和尚。他为了让更多的人了解佛法、认识佛教、走入佛门、觉悟人生、奉献人生而创办此刊。如今,《华雨缤纷》已成为指导与联系区内外佛子、信众的纽带,也成为千手千眼观音院与社会大众沟通的桥梁。大众通过《华雨缤纷》得到修学上的指导,也了解了寺院内的活动。通过编创人员的努力,也使不少人通过《华雨缤纷》了解佛法、认识佛教,这也是图书馆借阅较为频繁的报刊之一。

三、图书馆服务开展情况

由于图书馆规模较小,因此目前只进行基本服务,如提供在馆自学、图书借阅等。读者可以进入呼和浩特市佛学图书馆免费看书、看报,若要将书借回家中研读,则需要交付100元押金,待还书后押金全数退回。图书馆开馆时间与寺庙相同,每日上午9:00—11:30,下午2:30—5:00。据图书馆志愿者介绍,平日里来图书馆借阅的多为寺庙的僧人、信徒等,但在每年的初一、初八、十五、二十三寺院举行法会时期,读者数量会激增。寺院内的来往信徒和佛学人士会到图书馆进行参观、借阅和赠书,届时图书馆的佛学图书借阅量会达到一个高峰。

目前,呼和浩特市佛学图书馆还未自主开展相关读书活动,但在寺庙的日常佛事活动期间,会配合进行书刊借阅服务。

四、图书馆近十年变化

从呼和浩特市佛学图书馆建立至今,图书馆在馆藏量、图书种类、图书流通量等诸多方面都有了稳步增长,现已逐步进入正轨,在信徒范围内传播较广,影响力也日渐扩大。作为呼和浩特市为数不多的佛教专科图书馆,呼和浩特市佛学图书馆给人以朴素、静心、虔诚的感受,是信教人士学佛、修行的不二场所。这样一座独特的专业图书馆,给呼和浩特这座文化名城带来了不一样的色彩。

注:以上数据截至2017年6月,均由被采访单位提供。

第三节 呼和浩特地区专业图书馆现状分析

1974年,国际标准化组织颁布的 ISO2784-1974(E)"国际图书馆统计标准"中"图书馆的分类"一章将图书馆划分为:国家图书馆、高等院校图书馆、其他主要的非专门图书馆、学校图书馆、专门图书馆和公共图书馆六大类。其中专业图书馆、高校图书馆、公共图书馆是图书馆的三大主要类型。

专业图书馆的工作主要以特定领域的图书资料为资源基础,以科研人员为主要服务对象,所藏文献按照本单位专业研究领域的需求,并努力使之达到完善的程度。它服务于科研、生产,在科研工作中起到不可或缺的作用,其主要职能是为科研、试验、生产等提供本行业或相关行业信息,具有显著的专业性优势。

专业图书馆具有规模小、专业性强的特点,是我国图书馆事业发展的中坚力量,在科学研究、经济建设和行业发展等方面发挥着重要作用。

课题组采访了呼和浩特地区比较有代表性的4所专业图书馆,包括内蒙古社会科学院图书馆、内蒙古自治区人民医院图书馆、内蒙古党校图书馆和呼和浩特市佛学图书馆,并以此为基础分析了呼和浩特地区专业图书馆发展的基本现状和运行模式。

一、馆舍与人员构成

从馆舍情况来看,除了佛学图书馆建馆时间较短,馆址未做改动之外,其他3所图书馆均是历史悠久,经历过馆舍搬迁或改造,馆舍面积也都得到了相应的提升,环境更加宽敞明亮、自由开阔,能够带给读者一种娴静舒适的阅读氛围。但是图书馆空间布局仍然以自习室和阅览室为主,整体舒适性不高,阅读桌椅以普通的学生桌椅为主,少有沙发和休闲阅览区。在空间上,只有内蒙古自治区人民医院图书馆设置了以分享、交流为主的创客空间。大部分的图书馆没有自己独立的馆舍,具有独立馆舍只有内蒙古社会科学院图书馆,占调查单位总数的25%,这也基本符合专业图书馆规模小的特点。

表5 呼和浩特地区专业图书馆馆舍情况统计

序号	单位	馆舍情况		
		成立时间(年)	独立馆舍	面积(平方米)
1	内蒙古社会科学院图书馆	1953	是	2000
2	内蒙古人民医院图书馆	1947	否	2103.4
3	内蒙古党校图书馆	1948	否	3000
4	呼和浩特市佛学图书馆	1995	否	30

在人员构成方面,在呼和浩特地区4所专业图书馆中呼和浩特市佛学图书馆没有专门的图书馆工作人员,由佛学信徒及志愿者自发进行图书馆管理服务,没有固定的人数。据其他3所图书馆资料统计,共有从业人员36人,其中高级职称19人,占总人数的52.7%;研究生学历10人,占总人数的27.7%;图情背景的专业人员2人,占总人数的5.5%。

其中,内蒙古社会科学院的人员职称级别最高,该馆人员长期从事一线服务、开展学术研究,成果丰富,年龄结构偏高。内蒙古党校图书馆的人员配备最为均衡,既有图书馆、计算机等图

第五章 专业图书馆篇

馆相关专业人员，也有与党校教学、科研密切相关的专业人员，年龄分布也较均衡。内蒙古自治区人民医院图书馆具有较强的服务意识，愿意接受新事物和新变化，年龄结构偏高。总体来看，在专业图书馆行业中，馆内人员具有较强的科研能力和专业能力（职称级别），拥有较高的学历背景，但整体缺乏图书馆相关专业人员，且年龄结构偏大。基本符合专业图书馆专业性强的特点。

表6 呼和浩特地区专业图书馆人员构成情况

序号	单位	人员构成			
		总人数	图情背景	研究生	高级职称
1	内蒙古社会科学院图书馆	9	0	3	7
2	内蒙古自治区人民医院图书馆	12	0	1	6
3	内蒙古党校图书馆	15	2	6	6
4	呼和浩特市佛学图书馆	不定	不定	不定	不定

二、资源建设情况

在馆藏资源建设方面，总体上看，4所专业图书馆都符合专业图书馆馆藏资源在精不在全的特点，藏书特色鲜明，能够满足自身发展和提供本单位研究和阅读学习的需要。数字资源方面，除佛学图书馆外，其他图书馆都有自己购买或者可供使用的针对性的数据库，内蒙古党校图书馆还根据自己的特色资源自建本馆的数据库。具体情况如下：

内蒙古社会科学院图书馆以收藏有众多珍贵蒙古文古籍而闻名于中外学术界，6000余种珍贵蒙古文及满、藏文历史文献是社科院图书馆藏书的支柱。由社科院购买的数字资源供全院科研人员共同使用。内蒙古自治区人民医院图书馆是为医院医疗、教

呼和浩特地区图书馆概况

学和科研服务的医学专业图书馆,收藏了以医学为主的专业期刊、图书和数据库。

内蒙古党校图书馆藏文献以马克思主义及其中国化成果为核心,以哲学社会科学为主体,以党的文献及党史党建、民族理论和民族政策及地方文献为重点,形成了具有党校特色、民族特色和内蒙古地区特色的馆藏资源。同时,党校图书馆根据自己的特色馆藏和珍贵古籍,自建了4个特藏数据库。

呼和浩特市佛学图书馆藏书主要为佛经、讲义、佛学基础知识、佛学杂志等类型的文献。书籍来源一般为寺院赠送或居士赠书。其中比较系统的藏书为千手千眼观音庙自己主办的佛学报刊《华雨缤纷》。

表7 呼和浩特地区专业图书馆馆藏情况表

序号	单位	馆藏情况				
		经费(万元)	纸质藏书(万)	报、刊(种)	数据库(个)	特色资源
1	内蒙古社会科学院图书馆	16	26	100余	—	蒙古文古籍
2	内蒙古自治区人民医院图书馆	20(纸质)	7余	740	4	医学
3	内蒙古党校图书馆	15(纸质)	25	420余	11	党政、古籍
4	呼和浩特市佛学图书馆	自筹,金额不定	未统计	1	0	佛教

三、服务情况

专业图书馆的服务主要有借还书、提供阅读空间、提供专题情报等,服务对象主要是本单位的工作人员,医院图书馆还包括前来学习和实习的医学院的学生,党校图书馆包括前来党校进修

第五章 专业图书馆篇

的领导干部,佛学图书馆有前来参佛的信徒等。专业图书馆的服务对象较稳定,内容针对性强。

内蒙古社会科学院图书馆的服务基本围绕本馆的珍贵古籍进行,除了基本的借阅服务外,还积极开展古籍修复工作,聘请知名蒙古文文献专家学者开展蒙古文古籍知识讲座,介绍、宣传蒙古文古籍文献,讲授蒙古文古籍保护知识,解读蒙古族传统文化等。

内蒙古自治区人民医院图书馆于2017建立了自己的创客空间,图书馆积极与相关单位、数据商联络,聘请知名医学专家学者开展医学文献讲座;积极联络医院各科室,开展相关主题活动,包括图书介绍、分享等。

内蒙古党校图书馆从2003年起,自办和联合校内其他部门举办了主题丰富、形式多样的文化活动,包括"世界阅读日"系列活动、开展"走进图书馆"课程、开启"校史寻珍"系列人物专访等。

呼和浩特市佛学图书馆主要提供书籍的阅读和外借服务,每到寺院举行法会时期,寺院内的来往信徒和佛学人士增多,图书馆的佛学图书借阅量会达到一个高峰。

表8 呼和浩特地区专业图书馆读者活动情况

序号	单位	读者活动
1	内蒙古社会科学院图书馆	讲座
2	内蒙古自治区人民医院图书馆	讲座、主题活动
3	内蒙古党校图书馆	主题活动、系列课程、人物专访
4	呼和浩特市佛学图书馆	无

目前,呼和浩特地区专业图书馆正在努力扩展自己的服务方式以吸引读者了解图书馆、走近图书馆。同时,围绕自己的特色和专长为读者做相应科普和趣味活动,发挥了图书馆的积极性和主动性,为读者创造了更好的阅读条件,更舒适的阅读环境,收到了很好的效果,获得了广大读者的喜爱。

四、结语

呼和浩特地区专业图书馆以其专业化和特色化的鲜明特征,融合时代的变迁、技术的进步,为广大读者、科研人员提供精准、专业的服务,具有得天独厚的专业优势,发挥着无可替代的作用。在近十年中,各专业图书馆紧跟时代潮流,尝试更多元、更人性化的服务,不断进步,虽然仍存在着人员不足、服务单一等问题,但随着专业图书馆事业的发展及各专业馆的不断努力,专业图书馆一定会越来越好,为广大专业科研人员提供更优质的服务。

第六章 呼和浩特地区图书馆改革篇

第六章 呼和浩特地区图书馆改革篇

第一节 图书馆的变革之路

在前几章,我们已经将呼和浩特地区各类型图书馆进行了比较全面的介绍和总结,并且按照类型进行了对比分析,通过横向、纵向的比较展现图书馆的发展现状。呼和浩特地区的图书馆事业在近十年中,在馆舍面积、人员数量、设备更新、馆藏量、电子资源量等方面都有很大的发展和长足的进步,并且从现有的发展状态可以预测未来呼和浩特地区的图书馆事业一定会有很大的飞跃和突破。但与现代图书馆比较而言,呼和浩特地区图书馆在理念的先进性、设备的智能性、人员的专业性、服务的多样性及空间的合理利用等方面还有许多可以提高之处,必须借鉴国内外优秀图书馆的创新发展成果,吸取宝贵经验,早日摸索出一条适合呼和浩特地区图书馆的变革之路。

一、图书馆变革的实质

图书馆变革是什么?中山大学图书馆馆长程焕文教授曾说:"资源建设是基础而不是目的,图书馆的目的是服务,为服务对象去服务。"由此可见,资源、技术、管理等方面的变革是为了提升服务质量,提供更好的服务。因此,图书馆的变革实质上就是服务的变革,核心在于服务理念的转变。准确地说,是在服务理念的指导下进行的图书馆具体服务的变革。要以人为本,比如说服务更加人性化、更加贴心,在细节方面多下功夫;要以用定藏;要化被动为主动,如主动推送信息、参与融入读者的学习生活、深入挖掘知识、提供科研教育信息资源等;要开阔服务范围,不局限于纸质资源和电子资源,还要提供人力资源、空间资源及其他资源等。

图书馆变革主要体现在资源、空间以及服务模式等方面。在每个大的变革中,都存在着很多具体不同的变革方法。在实施过程中需要馆员素养以及技术等软硬件的支持(见图1)。

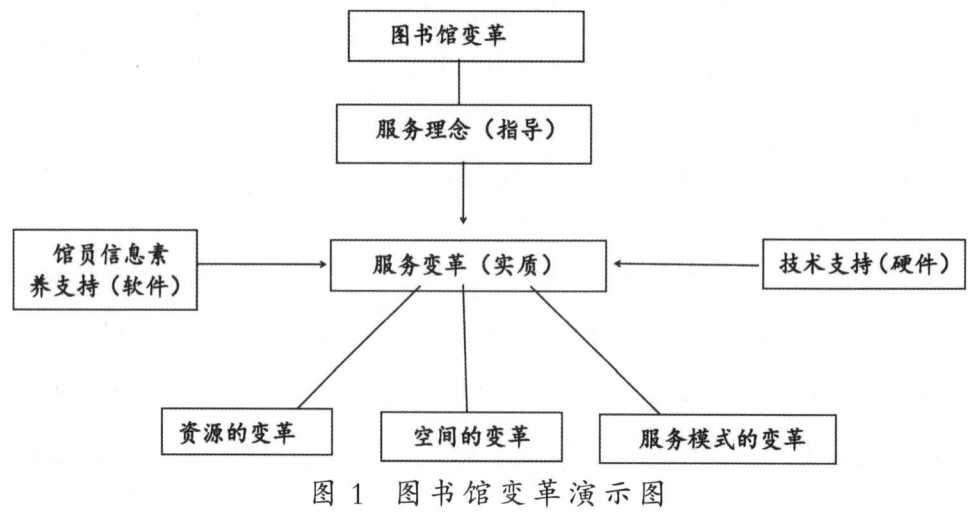

图1 图书馆变革演示图

二、图书馆变革的具体表现

1. 文献资源的变革

图书馆的文献资源是开启一切服务的基础,是图书馆最重要的存在要素。由于世界信息资源载体发生的巨大变化,读者对于文献资源的类型、内容等的要求也发生了很大的改变。文献资源的数字化、信息技术的变迁、信息资源的结构变化、读者行为的变化等都对图书馆的资源结构产生了冲击。为了迎合社会和读者的需求,提升服务质量,图书馆需要进行相应的变革。

自从网络出现,读者利用图书馆的整体趋势在减弱,纸质文献的借阅利用率降低,且现在已不满足于只是获取信息,还需要信息交流、传递。因此,图书馆可以从以下几个方面进行改变:(1)在馆藏资源建设方面,图书馆需要加快数字化进程,使馆内原有的纸质资源更加便于检索、查找,增加资源的受众面积以及使用速度。目前,许多图书馆已经开始文献的数字化工作,国内一些数字图书馆已经相当成熟。在这个虚拟空间里,读者可以获取与在实地空间内一样的服务,更可以在足不出户的情况下轻松享受个性化定制、私人书架、爱书推荐、段落标注等多项实地图书馆无法实现的工作。(2)改变文献资源结构,电子资源资金投入逐步增加。但注意不能完全倾向于电子化,中山大学程焕文教授认为:"纸质资源才是图书馆的根本。"作为公共图书馆,要按照读者的需要和借阅习惯进行纸、电资源的平衡;作为学校图书馆,要按照本校各学院开设专业的实际情况,平衡电子资源与纸质资源的比例。除此之外,图书馆,特别是高校图书馆应该注重对专业学科的课程软件及视频资料的采购,如专业课程网课、专业技能培训视频、各种资格证考试题库等,方便学生读者的实际使用,减省购买纸质资料的费用。(3)在资源内容上分层,文献资源专业化。图书馆可以为科研团体或个人建立专门的研究资料室,如果有条件也可以建立研究办公室,方便有科研课题的读者在图书馆内进行科研工作。此外,图书馆可以与科研团体及个人进行合作,帮助他们购买与科研项目相关度较高的参考书,广泛收集与该科研相关的信息资料,协助读者进行科研工作。高校图

呼和浩特地区图书馆概况

书馆可以针对教师、学生实际的借阅情况进行书籍层次分配,不能完全复制粘贴其他馆的经验,要贴合本馆情况,考虑以用定藏。(4)采用新型的资源获取技术,包括使用多媒体存取、远程网络传输、智能化检索、跨库无缝链接等方式,更快速、更全面地抓取读者所需的信息资源。现在,大数据技术已经落地于我们身边各处,人们对知识的搜索和文献查找行为都可以被大数据技术分析,图书馆应该努力地接触这些技术,吸收这些技术作为研究读者信息需求行为的工具,通过利用这些技术分析读者的潜在需求,以便主动地提供信息资源。(5)更新推送资源的方式。使用包括微信公众号、微信阅读群、电子图书阅读群、微博、QQ群等现代方式迎合读者的交流、阅览习惯。使用户从信息的接受者转变为信息的制造者、传播者。例如,很多图书馆推出了微信公众号,利用微信平台进行图书馆介绍、图书推荐、图书查询、活动公布、文化知识推送等多种形式的服务,读者能够直观、快速地了解图书馆的最新动态,从而选择自己需要的文献或活动类型。对读者来说是一种便捷、智能的享受,对图书馆来说是一种信息推送、服务传递的绝好途径。目前,呼和浩特地区的图书馆有微信公众号的不在少数,但真正利用这个平台发布全面信息的屈指可数,有了好的平台但没有完全利用,是图书馆对于平台的极大浪费。因此,在今后的发展中,图书馆应掌握好微信公众号维护技术,开动脑筋,多多开发可发送的信息服务,做到不被现代技术淹没,而让现代智能技术成为图书馆发展的武器。(6)通过现代技术,将馆内资源推送到偏远地区的读者中去。如内蒙古自治区图书馆的"数字文化走进蒙古包"工程,这项服务结合自治区特殊的人文地理环境,针对生活在农村牧区、无法获取网络数字信息服务的基层农牧民,为解决公共数字文化服务"末梢梗阻"而实

第六章 呼和浩特地区图书馆改革篇

施的一项服务创新工程。工程充分利用互联网、无线Wi-Fi网络,通过智能手机、平板电脑、笔记本电脑等移动服务终端,为基层农牧民提供不受时空制约的24小时全天候蒙汉双语公共数字文化服务,有效破解了基层尤其是偏远农牧区共享文化资源受限的难题,打通农村牧区公共文化服务的"最后一公里",在全国率先实现了数字文化服务"人人通"。这一技术的运用推广将成为内蒙古远离城镇的近800万基层农牧民获取网络信息和网络知识的途径。

2.空间的变革

从目前国内的图书馆变革研究成果和案例来看,图书馆空间的变革已成为热点议题,任何图书馆的发展变革几乎都离不开对于空间的重新划分,甚至可以说空间的变革是图书馆变革最明显的表现。现在,传统的封闭、分隔式物理空间分布已不能满足当今读者想要相互交流的信息需求,读者需要更加人性化、更加舒适、更加美观、更易于沟通的阅读环境。除了装潢风格、阅览区舒适度及绿植等方面的转变,物理空间变革还体现在空间的重新划分,缩小藏书空间、扩大阅览空间,出现了动静分区及新型多媒体区域、休闲区域。多数图书馆还在细节处做文章,增加了自助服务,如自助打印、服务业务以及馆内区域导航系统,使图书馆的服务更加人性化、更加便捷。从呼和浩特地区图书馆的调查情况来看,不少图书馆,尤其是公共馆和本科院校图书馆已经进行了空间的改造工程,如内蒙古自治区图书馆、内蒙古财经大学图书馆等都在空间改革后获得了很好的读者反馈。

在空间的改造和重新划分方面,国内许多高校图书馆经过空间改造已经获得了很好的效果。在中国高职图书馆发展论坛上,我们了解到以下几个馆的成果案例,供呼和浩特地区各类型图书馆参考。

(1)广西经贸职业技术学院的创阅书廊。广西经贸职业技术学院原有的图书馆馆舍较小,馆舍主楼已经无法再进行空间的扩展和改变。因此该图书馆把目光投向户外,将原有的户外走廊改造为由玻璃打造的创阅书廊。在这个后建的长廊里,图书馆提供24小时的开放空间,通过智能控电自习座位系统进行桌灯控制,只有当读者坐在座位上刷一下读书卡,桌灯才会打开,有效防止电能的浪费。到了夏天,为了防止书廊内气温过高,图书馆采用雾化降温与智能浇灌系统进行物理降温,给师生一个凉爽的自习环境。在这个书廊中图书馆主要进行教师、学生捐赠图书的漂流活动,图书馆在此过程中提供免费的漂流书签、漂流小记,师生们可以在书签上写感受或赠言,夹在书里进行交流。图书馆还在书籍扉页印上图书漂流专用章,以此保证图书漂流的顺利回流。此举得到了较好的成效,目前,这个创阅书廊已经成为该校的信息交互空间与社团的聚合地。该馆的空间改造案例有很多可取之处,对馆舍陈旧无法翻新或资金有限无法做全馆大规模扩建的图书馆来说,是一个非常好的参考,它在馆外开拓了一小片土地进行改造,不仅解决了图书馆座位紧缺的问题,还为陈旧的图书馆带来了新鲜活力。

(2)台湾美和科技大学的空间改造项目。图书馆原始的结构和传统馆差不多,也是一个个书库隔开的,后来进行空间改造的时候拆除了原有墙壁,变成敞开式的大空间图书馆,每个区域之间不再有明显的划分墙或障碍物,整个空间更加开阔、自由。在构建大空间的同时,图书馆设置了如多语学习区等小的学习空间,这些空间相对独立、私密,读者位于其中更易于投入学习。这样的空间大改造彻底改变了图书馆传统的格局,也在很大程度上

第六章 呼和浩特地区图书馆改革篇

扩展了图书馆服务的范围,从前只负责书库的图书馆员有了更多的时间进行读者培训、信息服务指导或应对读者咨询,也鼓励了图书馆员充实自身学识,更好地为读者服务。

除此之外,还将图书馆运行过程中发现的乱架问题进行剖析,积极开动思维发明了还书阁——就是在每排书架的边上多加了一格空架子,学生从书架上拿下来的书只能放到这个格子里,不允许随意插入原有书架中,缓解了乱架的情况。上书书车——其实就是3层小书架底座有4个活动车轮,馆员将书在上面排好顺序后一次性推去上书,因为他们的图书都安装了RFID定位功能,所以一旦放错架子就会有报警声响起。通过发明、使用这样的新型装置,提高了图书馆的运转速度和图书上架准确率。由这个案例我们可以发现,图书馆的空间改造不仅会改善阅读环境,更重要的是通过空间的改造能够使图书馆工作人员更加放松,每天都能有好的心情去完成服务工作,也能激励馆员面对舒适、美观的工作环境,更加努力发挥自己的学识才干。

(3)三明医学科技职业学院图书馆的废旧空间改造项目。为了扩充图书馆的阅览空间,图书馆将目标转向馆外,将学校早已废旧的实训车间以及空置的宿舍楼作为新的基地,通过多方商讨和规划,将学校家园1号、2号宿舍楼改造成图书馆藏书空间,将实训车间改造为现代、明亮的创客空间。创客空间以北欧极简风格装修,白色的墙体,粉色的房顶,再配上大扇玻璃窗,正是现代年轻人喜欢的风格。此举大大提高了学校空间的利用率,吸引了年轻读者,开辟了新的阅读服务,达到了学校处处有图书馆的愿景。从这个案例我们可以看到,图书馆的服务不一定非要在主馆舍中进行,想要拓展图书馆的服务,可以将各处作为分馆基地,不一定要做多么豪华的装潢,只要几个书架、一些新书以及

呼和浩特地区图书馆概况

分馆服务,图书馆的便捷性就会大大提升,让读者感受到处处都有图书馆、处处都有书籍围绕,让阅读变成习惯,这样图书馆的教育及文化传播目的就很容易达到了。

另外,除了空间改造,图书馆在自助服务及服务细节方面也应该注意改善。通过增加读者需要的自助式设备、在线咨询、自助用电用水、智能导航等,增强图书馆人性化的服务模式。在呼和浩特地区,理念较为先进的图书馆已经开始注重这方面的问题。如内蒙古财经大学图书馆,馆内设有休闲区,内部放置沙发、软皮座椅,可以让疲倦的读者休息一下,特别自由、轻松。每张桌子旁边都配有电脑插孔、隔离板等装置,方便读者在休闲区域使用自己的电子设备,不必为了找插口而大费周章(很多馆只有在固定区域有可使用的插孔,因此经常出现学生抢插座或电子设备在别处充电遗失的现象)。在大厅、走廊等公共空间还放置有自助打印机、自助复印机、预约占座机等设备,师生可以直接使用校园一卡通自助办理。在休闲区域,还开设了咖啡馆、文具出售店等场所,满足读者的各种需求。这些贴心的细节,体现了图书馆的人文性,在满足便捷性的同时温暖了读者的心。作为服务单位,图书馆想要提升服务质量的最关键因素就是从细节出发,真正了解读者的需求。例如,检索是否需要纸笔记录图书架位号,饮水机应该设置在哪些地方更方便读者使用,是否有残疾人专用道,咨询台高度是否适合大多人的身高比例等。这些看似琐碎的小问题实则会在很大程度上影响读者对图书馆的使用体验,一旦体验感不好,就会影响图书馆的整体印象。

3.服务形式的变革

服务形式的变革是面向读者提供最直接的感观体验。图书馆日常工作的核心内容就是服务于读者的各种信息需求,服务形式的变革是读者在使用图书馆时最能感受到的人文方面的变化。那么服务形式的变革究竟要怎么做,我们该从哪里着手开始服务变革呢?下面我们就来讨论这个问题。

首先,图书馆的服务是理论指导实践,只有确定一个根本的服务理念才能正确地指导接下来开展的各种服务。任何创新服务都应该紧紧围绕本馆的服务理念进行。因此,图书馆服务形式的变革首先要从服务理念的变革开始。智慧型的、新的服务理念要以人性化为基准,借助智能技术做支撑,发挥馆员的主观能动性,为读者提供更加个性化、定制化的咨询服务。利用大数据和现代科技力量,深入挖掘内部数据,为科研人员、教师提供更深层次、更精准的信息资源及知识。

其次,要努力提升馆员的信息素养和专业能力。服务的提供者是图书馆,而代表图书馆行动的却是图书馆馆员,他们直接接触读者,因此,馆员的素质和能力直接决定了读者对于图书馆服务的体验。图书馆在注重硬件提升的同时也一定要注意培养馆员的整体素质,可以通过定期培训、实地考察、相互交流经验等方式,培养出一支素质高、能力强、服务好、专业化的馆员团队。用科学、严谨、贴心的服务面向广大读者。在呼和浩特地区,图书馆员的培训还没有受到较高的重视,和其他类型图书馆相比,公共图书馆的培训频率较高,但对于图书馆的专业培训还是不够。目前,做得最好的应该是内蒙古自治区图书馆,该馆定期、不定期地安排年轻馆员外出学习,还会派出骨干专家到国外相应单位进行交流、学习。通过培养新馆员、支持老馆员的途径双向提高馆员专业性,将交流和考察带回的新思路、新发现运用到图书馆自身的发展和科研中来,由此服务质量获得飞速提高,值得呼和浩特地区其他图书馆借鉴、学习。

呼和浩特地区图书馆概况

再次，要化被动为主动，提供嵌入式学科馆员服务。将学科馆员合理地融入科研、教学岗位。通过在线合作或者实地嵌入式合作，使公共图书馆充分发挥社会信息保障作用，高校图书馆起到学校教学支撑作用。现在部分学校和科研院所已经将读者和院系的打分和意见作为发放图书馆绩效的指标，如中国科学院图书馆。据中国科学院图书馆初景利教授讲座中提到的，中国科学院图书馆早在六七年前就开始转变图书馆的服务模式，从以往被动的提供服务转变为主动到院系、科研团队中去提供文献服务。因此，嵌入式服务是现在图书馆改革的一个必然趋势，在北京、上海等一线城市，这种服务模式已成为图书馆员的日常业务，但在呼和浩特地区，由于图书馆员的专业素养不高、经费不足、数据库续订更新不及时、考核模式陈旧等主客观因素，这项嵌入式服务还未得到广泛开展。图书馆必须在软硬件上做好准备，提升能力早日开展这项常规服务。

图书馆可以尝试与文化企业进行合作，制造出不一样的火花。最常见的是与书店合作的创新服务项目，例如，（1）2014年5月，新华书店与内蒙古图书馆合作，开始启动"彩云服务"，读者只要办理了内蒙古图书馆的借书证就可以到新华书店"借书"，不需要支付任何费用，还书时直接还到内蒙古图书馆即可。这一举措奇迹般地将图书馆的新书流通率提高到100%，对图书馆和书店来说是双赢的局面。2016年，内蒙古图书馆因此项服务获得了由美国图书馆协会颁发的"国际图书馆创新项目主席大奖"，并在全国范围内的广泛推广。据悉，目前我国已有超过80%的省级公共图书馆实现了这项服务。（2）呼和浩特市图书馆开启的"鸿雁悦读计划"。这个计划由城区计划和城乡联动计划两个部分组成，是一种线上线下相结合、图书馆书店一体化、选书购书人性化、借还图书便捷化的现代借阅模式。读者持本人身份证，在全市各公共馆图书馆或新华书店各网点均可办理"鸿雁"读书卡，也可以在自助办卡机办卡。持有"鸿雁"读书卡的读者，可以在全市5家公共图书馆、5个市民服务中心，以及已纳入总分馆体系的乡镇（街道）文化站、村（社区）图书馆借阅图书。同时也可在内蒙古新华书店的12家市区分店，5家呼市周边以及旗县分店借阅图书。(3)南京职业技术学院与新华书店合作的"约吧"书店。在分工方面，南京职业技术学院图书馆只提供场地，书吧的内部装潢及图书的供给都由新华书店自己承担，店内设有咖啡、饮品及休闲区域。在运营的过程中，图书馆将书店的一角打造成学生的创意区域，陈列了大量学生的原创文学作品，如文化衫、书签、笔记本等。学生参与设计及购买的热情很高，通过长期努力，现在已经拥有了具有本校特色的文创品牌。此外，图书馆组织读者进行书友会、交流会、讲座等活动，使"约吧"书店深入人心。现在呼和浩特市地区很多图书馆都开始和书店进行合作，形成了图书馆里有书店、书店里可借书的创新服务模式，以此大大提高了读者借阅的便捷性。目前，新华书店已经入驻内蒙古大学南校区、内蒙古工业大学金川校区、内蒙古党校、呼和浩特职业学院等，以及内蒙古自治区发改委、内蒙古武警部队、内蒙古检察院、呼和浩特总工会等机关单位，都获得较好的效果。

最后，加强图书馆的宣传力度，定期举行多样的图书推荐活动，开展全方位的读者互动模式。例如，在抖音和朋友圈很火的网红图书馆——天津滨海新区图书馆，以其独特的建筑形态和装修风格爆红，经过媒体的宣传和网友的推荐刚一开馆就成了全国各地民众争先体验的场所。去网红图书馆已经成了一件值得炫耀的事。除了要在外表上吸引读者，图书馆也要在服务和活动上进行创新,用内涵来吸引读者走进图书馆。尤其是经费不足的小型图书馆,即使无法改变图书馆的外形和装潢,但可以依靠自身的创造力去赢得读者的心。很多学校已经初步尝试,并获得很好的效果。例如,吉林交通职业技术学院的"八点读书"活动。该校图书馆老旧、破败,可以说软硬件都不占优势,但通过馆员集思广益,创办了一项特别的读者服务——"八点读书"。"八点读书"涉及了采编部、流通部、办公室等多个部门,有的部门专门负责选书,有的部门专门负责编辑,有的部门专门负责配图,几个部门各司其职、通力合作、流水作业,坚持在每晚8点准时在图书馆公众号中编辑推送图书信息,内容包括作者简介、书籍简介及在馆位置。除此之外,吉林交通职业技术学院图书馆还将单一的图书推送活动发展为"书—专题—展览"三步一体化推广模式。每周根据推送的图书进行相应专题活动,并在后期进行相应的展览活动。例如,每日一本以"爱"为主题的诗歌合辑,累计推送一周后进行"诗歌朗诵会"专题活动,一个月后进行一场以"爱"为主题的手工展览。通过各种各样有趣的活动让读者感受到"读书使生活有意思,生命有意义"。

三、总结

印度著名图书馆学家阮冈纳赞对图书馆提过经典的5个定律,"书是为了用的,每个读者有其书,每本书有其读者,节省读者的时间,图书馆是一个生长着的有机体"。他在1931年撰写的这5个定律几乎涵盖了图书馆应该完成的最核心的内容。"书是为了用的"——书籍不能只是在图书馆保存着,对其最好的保护方法就是物尽其用,任何装帧、艺术、纸张等外部价值都不及书中记载的文字价值珍贵。例如古籍,我们不应该只是一味地保存和看护,而是要开发古籍的内容,通过数字化、再版等各种手段,让古籍中记载的文化内容被全世界人民研究及传承,这才能真正发挥它的价值。"每个读者有其书"——没有不爱读书的人,只有没找到适合自己的书籍,不知读书乐趣的人。而图书馆的责任就是帮助这些读者找到自己需要的、喜欢的、感兴趣的图书。为读者推送适合他们的图书,从而完成全民读书、书香世界的愿景。"每本书有其读者"——每本图书在出版后都必定有它的存在价值,它的价值在需要它的人手中才能发挥应有的作用。因此,为每本书找到它的"知音"是非常重要的,图书馆担负着这样的职责,如今随着科技的进步,这项工作相较于从前更容易实现。图书馆可以通过大数据等高科技的支持,在书和读者之间建立联系,使书籍知识和读者需求进行匹配,从而帮助图书找到需要它的读者。"节省读者的时间"——这一点在当今比之前任何一个阶段都更加明显,都更为难得。由于网络速度的提升,人们愿意等待的时间越来越短,因此每个行业都必须争分夺秒。就图书馆而言,高科技不是威胁,而是求之不得的发展工具。现代图书馆要充分利用各种智能技术、建立数字图书馆、大数据云计算应用等手段来提高查找数据的速度及准确性,最大程度地节省读者时间,让读者的阅读生活更加便捷。"图书馆是一个生长着的有机体"——图书馆在经历了经济、文化的发展以及读者的需求变化后,不能一成不变,墨守陈规,它是不断生长、不断变化的有机体,在外界环境变化后就应做出相应的变化,跟上时代的脚步。现在,图书馆通过尝试引进高科技、智能设备,提升硬件能力,通过更新服务理念和人员素质,提升软件实力,经过多个方面的变革,匹配当今社会生活的进度,为读者提供最优质、最贴合需求的各项服务。经过长期的理论和实践的研究,目前,图书馆已经逐步找到变革的方向,确定了变革的核心目标,通过对"以人为本"的把握，在文献资源、空间、服务形式等方面进行了变革，取得了不错的成效。

在呼和浩特地区，各类型的图书馆也在努力，虽然还未达到真正的智能化水平，但也按照各馆现有的能力勇敢前进。不管速度快慢，图书馆总是在向前迈进。我们相信经过努力，呼和浩特地区图书馆在未来的发展中一定会越来越好，通过借助智能技术和馆员的内在智慧，图书馆将会更加智能化、人性化，逐步转化为新形式的社会文化阵地，为首府的文化事业添砖加瓦。

除了上述几方面的变革，图书馆的发展道路也会随着图书馆学家们不断的理论探索，更加光明。早在几年前，智慧社会的理论开始发起，随着人工智能与其他科技的加速融合创新与聚变发展，智慧社会将作为继农业社会、工业社会、信息社会之后的一种更为高级的社会形态而加速到来。在我国，智慧社会的概念也开始被关注，十九大报告中提到了"智慧社会"，并提出了我国继小康社会、社会主义现代化国家之后的第三个"百年目标"就是建设具有中国特色的社会主义智慧社会。

随着智慧社会的到来，所有产业都向着智慧型发展，智慧图书馆的概念也开始流行。现在，智慧图书馆的概念和摸索已经成为图书馆界新的热点问题。在下一节，我们将向大家详细介绍关于智慧图书馆的起源、概念以及呼和浩特地区图书馆发展的优劣势等内容，相信通过下一节的介绍，大家对智慧图书馆会有更深的了解，并能将最新的理念运用到图书馆的未来发展中。

第二节 未来发展方向——智慧图书馆

一、智慧图书馆的起源与概念

1.起源

20世纪中叶以来,围绕着实体图书馆将会消亡的言论,图书馆界也在努力尝试转型升级,继复合图书馆和数字图书馆之后,又提出了智慧图书馆的概念。2001年,澳大利亚昆士兰州图书馆确立了通过建立"智慧图书馆网络"来建设智慧社区的未来发展政策。同年,美国图书馆协会开始发行智慧图书馆通讯。2003年,芬兰奥卢大学图书馆艾托拉指出,"智慧图书馆"是一个不受空间限制且可被感知的移动图书馆。同时,该图书馆开始尝试提供智慧图书馆服务,并在国际会议上交流其经验。2004年之前,加拿大首都渥太华的许多图书馆和博物馆以及多所大学和公共图书馆就已经成立了以"智慧图书馆"命名的图书馆联盟,其原理就是利用同一个搜索引擎为读者提供一站式的便捷服务。2004年,米勒等学者在国际会议上发表了有关智慧图书馆的研究报告,题为《智慧图书馆:强调科学计算的图书馆的 SQE 最佳实践》。世界图书馆学界关于智慧图书馆的研究从要求其技术成熟逐步趋向于管理和服务的完善,体现出智慧图书馆最本质的追求——技术先进化、管理系统化、服务完美化。

我国关于智慧图书馆的发展理论起步相对较晚,它是在"智

呼和浩特地区图书馆概况

慧城市"的基础上逐步产生和发展起来的。随着时代的发展和信息技术的提高,我国图书馆界对于智慧图书馆的理论研究越来越多,并且从逐步深入研究发展到研究与实践并举。例如,上海市图书馆率先开展了手机图书馆服务;台北市图书馆利用无线射频识别(RFID:Radio Frequency Identification)建成无人服务的智慧图书馆。

目前,全世界的智慧图书馆都处在起步阶段,所以无论是关于智慧图书馆的理论研究还是具体实践都有待进一步深化。我国关于智慧图书馆的研究多集中在技术层面的理论研究,包括云计算、物联网以及RFID等。但是真正意义上的智慧图书馆不仅是指拥有先进的信息技术,而是在信息技术的支撑下被感知的、便捷的读者服务,是一种使图书馆能够可持续发展的新形态。

2.概念

印度著名图书馆学家阮冈纳赞在《图书馆学五定律》中提出,"书是为了用的,每个读者有其书,每本书有其读者,节省读者的时间,图书馆是一个生长着的有机体"。从一开始图书馆学界就致力于发现一种图书馆形态使图书馆能够可持续发展。智慧图书馆就是这样一种图书馆,但是迄今为止,关于智慧图书馆的概念还没有统一的定义。大家普遍认为智慧图书馆是一种以物联网技术为支撑、管理现代化、服务人性化的绿色图书馆。关于对智慧图书馆的定义,以下几种具有代表性:

(1)华侨大学严栋认为,智慧图书馆就是通过新的信息技术提高用户和图书馆系统信息交互的明确性、灵活性和响应速度,实现智慧化服务和管理的图书馆模式。

(2)北京邮电大学董小霞等人提出,智慧图书馆应该是感知智慧化、数字图书馆和服务智慧化的综合。

（3）上海社会科学院信息研究所王世伟则把智慧图书馆描述成"书书相连""书人相连""人人相连""任何时间可以""任何地点可以""任何方式可用"的图书馆。

（4）谢蓉和刘炜认为,"SOLOMO"正成为智慧图书馆的核心要素,图书馆服务更具个性化、人性化和社交化的特点。

（5）陈进认为,智慧图书馆是一个完全自助、随时随地、有声有色、触手可及、灵活感知、泛在智能的图书馆。

在此我们可以笼统的定义,智慧图书馆是指在物联网环境下,以云计算技术为基础,以智慧化设备为手段,为用户提供智慧化服务的一种更高层次的全新的图书馆形态。

二、呼和浩特地区智慧图书馆发展的障碍与困难

1. 意识淡薄

智慧图书馆作为一种新兴的图书馆形态,并不为人所熟知,仍处于尝试阶段。呼和浩特地区的公共图书馆虽然也在努力推广阅读的重要性,但是相比较其他一些城市而言,人们对去图书馆还没有很强的意识。在现有图书馆能够满足读者需求的情况下,建设智慧图书馆耗费大量的财力、人力、物力必然会受到许多阻碍。

2. 资金短缺

呼和浩特市属于我国西部地区,面对智慧图书馆建设的热潮,呼和浩特地区图书馆要发展建设成为智慧图书馆依然任重道远。想要建成一所智慧图书馆,必须要有足够的人力、物力,这就需要大量的资金投入。物联网技术的引进以及对整体馆舍进行重建改造,改造费用巨大且会浪费图书馆现有的一些资源。智慧图书馆的优势在于它能感知用户的需求,并通过一系列技术手段给读者满意的使用体验,这就需要图书馆有一整套完整完善的软件

呼和浩特地区图书馆概况

配套设施,会产生软件开发费和定期的维护费用。此外,能够熟练使用这些高尖端设备的人员以及图书馆员的培训,无一不需要图书馆有充足的资金。因此,智慧图书馆的建成首先需要资金方面的保障。

3.技术不成熟

首先,物联网既是新一代信息技术的重要组成部分,也是信息化的重要阶段,但是物联网作为新兴产业还不成熟,其自身还有诸多问题没有解决。现阶段制约传统的数字图书馆向智慧图书馆转型的主要问题在于感知能力缺失,使得图书馆无法产生"智慧"的功能。目前,呼和浩特地区对于物联网的认知及使用停留在初级阶段,因此以物联网为支撑的智慧图书馆必然会受其影响。

其次,智慧图书馆存储数量巨大的文献信息资源、用户信息以及时时刻刻产生的数据信息,并且要对这些信息流整合分类标记,为读者提供个性化定制,这就要求图书馆拥有海量的数据信息存储空间和对海量数据信息处理的计算能力。但以当前的技术手段,呼和浩特地区的图书馆基本无法达到这一要求。

再次,智慧图书馆需要对全馆的温度、湿度、亮度及时做出反应。就目前呼和浩特地区图书馆的发展而言还停留在结构化数据分析处理阶段,同时也没有相应的高智能化的管理系统,不能像理论中那样感知读者,以读者的习惯为读者提供更多效便捷的服务。

最后,由于智慧图书馆依赖于强大的技术支持,但许多技术,如RFID技术、云计算技术、通信支撑和端口传输等,其核心领域还没有被开发研究,没有进行产业化,受这些技术方面的限制,智慧图书馆的建成还需要很长的时间才能够实现。

即使在以上几个条件都成熟的情况下,呼和浩特地区图书馆能够熟练掌握这些技术并运用到实际的图书馆建设中,依然需要很多年的时间去学习。

4.人才不足

呼和浩特地区图书馆的人员结构大部分呈现老龄化严重状态,有的图书馆人才断层严重。再加上图书馆中专业人员短缺,使图书馆基本停留在日常的文献借阅阶段,公共图书馆和高校图书馆的情况要好一些。但是如果要建设智慧型图书馆,那么就需要更加高尖精人才的加入,需要加大对优秀人才的引进,尤其是图书馆专业、计算机专业、物联网专业方面的人才。

5.其他问题

由于智慧图书馆还处在初级阶段,相关理论还不够完善,多停留在起源、构建、发展等宏观理念上,对于如何建设等现实问题讨论较少。如何使图书馆员能够在智慧图书馆建成的时候更好地融入,需要馆员能够积极地转变角色,理解智慧图书馆的服务理念,提高业务技能。还有标准问题、设施问题、版权问题、安全问题等,这些客观问题也是呼和浩特地区图书馆建设智慧图书馆发展过程中必须要考虑的。

三、呼和浩特地区发展智慧图书馆的优势

如果一个图书馆既能重视信息技术又能重视读者服务,既能使文献资源智能管理又能与读者加强互动,使图书馆实现人人相连、物物相连、人物相连,那么我们可以称之为智慧图书馆。

1.优秀成果的借鉴

智慧图书馆最大的优势就是技术的先进性,可以说技术是智慧图书馆的基础保障。物联网是新一代信息技术的重要组成部分,也是"信息化"时代的重要发展阶段,其英文名称是:"Internet of things"。顾名思义,物联网就是物物相连的互联网。这里有两层意思:其一,物联网的核心和基础仍然是互联网,是在互联网基础上的延伸和扩展的网络;其二,其用户端延伸和扩展到任何物品与物品之间,进行信息交换和通信,也就是物物相息。物联网通过智能感知、识别技术与普适计算等通信感知技术,广泛应用于网络的融合中,也因此被称为继计算机、互联网之后世界信息产业发展的第三次浪潮。智慧图书馆的物联网技术就是利用射频技术(RFID)将随处安置的芯片信息记录,实现物物相连、人人相连和人物相连,记录图书馆的一切活动。那么,在引进物联网技术的时候,是否要对馆舍内的设备进行剔旧?如果剔旧是否会造成资源浪费?如果不剔旧,如何使两套设备完美的结合,不产生"排异"呢?这个问题可以积极参考各个发达地区图书馆是怎么做的,并且哪种解决方式会更好,既能节约资源又能使物联网技术最大程度地发挥它的作用。因此,在呼和浩特地区发展智慧图书馆最大的优势就在于可以总结发达地区在建设智慧图书馆过程中的各种问题,并针对这些问题做出改进,以便在自己建设智慧型图书馆的过程中避免此类问题的发生。

2.相关技术部门的支持

云计算(cloud computing)是基于互联网的相关服务的增加、使用和交付模式,通常涉及通过互联网来提供动态易扩展且经常是虚拟化的资源。"云"是网络、互联网的一种比喻说法。过去在图书馆中往往用"云"来表示电信网,后来也用来表示互联网和底层基础设施。因此,云计算甚至可以让人体验每秒10万亿次的运算能力,拥有这么强大的计算能力可以模拟核爆炸、预测气候变化和市场发展趋势。用户通过电脑、笔记本、手机等方式接入数据中心,按自己的需求进行运算。2016年,《智慧呼和浩特建设实施方案》(呼政发〔2016〕11号)确定了"一个中心、两个基础、五大平台、一批应用"的总体工作思路,浪潮被选为国家级云计算中心——呼和浩特政务云计算数据中心运营服务商。呼和浩特市政务云计算数据中心作为智慧城市建设重要基础工程,已正式投入使用。除此之外,由呼和浩特职业学院牵头,内蒙古各大高校的计算机学院共同组成的一个大数据学院也已经在建设当中。相信云计算中心和大数据学院的成立必然成为呼和浩特地区智慧图书馆建设的强大助力。智慧图书馆利用云计算可以处理海量的文献信息资源,更好地实现资源的共建共享,同时为智慧图书馆管理系统提供更为快速便捷的技术支持。

鉴于呼和浩特地区一些图书馆发展缓慢,如果各级政府能够在发展智慧图书馆的时候加大支持力度,那么是否可以跳过数字图书馆阶段,直接进入智慧图书馆的建设阶段?这就好比把一座摇摇欲坠的危楼推倒了重新盖一座摩天大楼。当然这是笔者一种理想的假设。

四、结语

智慧图书馆作为图书馆发展的高级形态,呼和浩特地区图书馆也必然会逐步向其发展。也许在发展过程中会遇到诸多问题,面对很多质疑,但可以肯定的是随着技术的完善、管理的到位、服务的深入以及人们的熟知和认可度的提升,智慧图书馆必然会成为未来图书馆界的发展模式,更好地实现图书馆的作用。

呼和浩特地区图书馆概况

第三节 参考案例——广州图书馆

上一节介绍了未来图书馆的发展走向——智慧图书馆,并深度剖析了智慧图书馆的起源、定义以及呼地区图书馆发展的优劣势等。在这一节,我们将向大家介绍一个已经有智慧图书馆雏形的优秀案例——广州图书馆,以供参考。

一、馆舍简介

广州图书馆新馆是广州市重点建设项目、文化惠民工程之一。2004年立项,2006年奠基,2012年12月28日起试开放,2013年6月23日起全面开放。坐落于广州市的新城市中心、有"城市客厅"美誉的花城广场,位于城市新中轴线和古老珠江交汇处,面向当今中国第一高塔——广州塔,与周边的广东省博物馆、广州大剧院、广州市第二少年宫形成文化共同体,成为广州市的文化窗口。开放时间为:9:00—21:00,星期三闭馆;国家法定假日开放时间为:9:00—16:00。

图书馆占地面积2.1万平方米,总建筑面积9.8万平方米,地下两层(负二层为停车场),地上北楼十层(十层为办公室),南楼八层,是世界上规模最大的城市图书馆之一;总投资13.14亿元。以"美丽书籍"为设计理念,依托城市新中轴线景观,采取东西走向、南北塔楼、独特的"之"字优雅体造型,突出层叠的建筑肌理,寓意书籍的重叠和历史文化的沉积,同时融入骑楼等文化元素,体现了岭南建筑艺术特色。2011年,入选"新广州好"百景。以"连接世界智慧,丰富阅读生活"为愿景,"建设以人为中心、一流的国际大都市图书馆"为总目标,定位为区域内的体系建设推手、城市文化地标、终身学习中心、泛在知识门户、公共交流平台、多元文化窗口等六大功能,秉持"理性、开放、平等、包容"的理念,致力于成为促进阅读、交流与分享,激发理性、灵感与想象力,倡导社会和谐包容的公众共享空间。

二、资源情况

广州图书馆现馆藏文献843.3万册(件),阅览座位4000个,公用计算机705台,有线网络节点4000个,无线网络全覆盖。2017年,日均接待公众访问2.5万人次、注册读者994人次、外借文献3.6万册次、举办活动8场,创造了我国公共图书馆的服务纪录,跻身世界公共图书馆前列。

图2 广州图书馆正门

图书馆实现藏、借、阅、咨一体化;全面应用无线射频识别技术(RFID)、文献自动分拣系统、自助服务设备,实现高效精确的典藏管理与便捷服务;设置综合服务区、大众服务区、对象服务区、主题服务区、交流服务区、藏书区等功能区域。

三、分层介绍

1.北楼:主要为成人阅览区,共12层,地下2层,地上10层。

-2层:停车场。-1层:展览厅,1、2号报告厅,交流培训室,餐厅。

图3 北楼楼层介绍

图4 北楼-1报告厅

图5 北楼-1层展览厅

图6 北楼-1层餐厅

1层：视障人士服务区、休闲生活馆·旅游（旅游相关图书入此）、生活休闲馆·食在广州（饮食相关图书入此）、外馆通借通还图书区。在大厅内，放置有捐书台、总服务台、各楼层介绍、自助借还书机、图书消毒区等。

图7~8 北楼1层大厅

图9 图书消毒区 　　　　　图10 休闲生活馆·外部

图 11~12 休闲生活馆内部

休闲生活馆内部设有总服务台、自助借还书区、检索区、电子阅览区、沙发休闲区、图书区、自习区等,全部开放、互通。全楼免费Wi-Fi,随时随地、自由享受图书馆资源。不同区域没有明显隔断,都用沙发、桌椅、绿植自然过渡。图书馆包容性强,可以在里面休息、看书、上网等。

图 13 自习区

图 14 视障人士服务区·盲文书架

2层：普通视听资料区、中外文报刊区、考试资料区。

图15 普通视听资料区、考试资料区

图16 中外文报刊区

该区域将音响资料及考试资料的DVD版本和图书放置在试听区周边的书架上，方便读者使用。

图17 电子报刊区

图18 纸质期刊区

图19 音乐试听推荐区

图20 自习区

3层：中国小说区。

小说区配有休闲区、服务台、检索机、自助借还书机，值得注意的是每台检索机旁边都配有纸笔，方便读者检索后记录使用。

图21 检索机

图22 阅览室内部

4层:非中国小说区。

本层存放的是除中国之外的各国小说,空间布局同3层。

5层:社会科学图书一区、廉政专题书刊区(格局同3层)。

6层:社会科学图书二区(格局同3层)。

7层:科学技术图书区、综合性图书区、中外文工具书区。

8层:多元文化馆、创客空间(东侧)、创意设计馆(西侧)。

(1)多元文化馆

图23~24 多元文化馆展示区(中国传统经典图书)

图25 多元文化馆·各国特色展品、图书展示

图26 多元文化馆自习区

在多元文化馆展览着多个国家的特色物品及相关书籍,使读者体会到来自不同国家的风土人情。

(2)创客空间

图 27 创客空间入口

图 28 创客空间休闲区

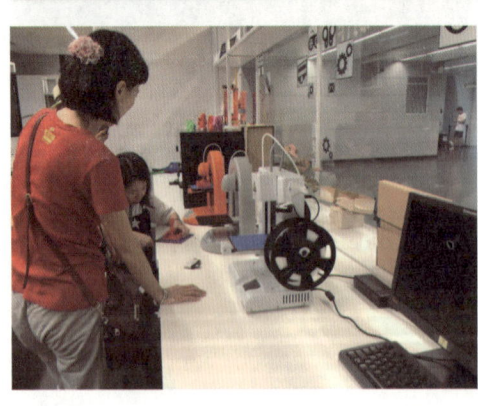

图 29~32 创客空间 3D 免费打印室

第六章 呼和浩特地区图书馆改革篇

该区域提供免费的培训学习,需要提前报名,课程结束后可以预约后免费使用 3D 打印室制作作品。创客空间提供免费设计软件,预约后即可使用。

(3)创意设计馆

该区域展览了设计大赛获奖的部分作品以及有关艺术创作的各国书籍,充满了设计感和艺术活力。

图 33~36 创意设计馆展出的设计作品

图 37~38 创意设计馆展出的各国艺术类图书

图 39~40 创意艺术馆自习、休闲区

9 层:广州人文馆、家谱查询中心。

(1)广州人文馆

收藏的是《阅读广州——"广州文库"入选书目(1978—2016)》,该馆古色古香,展出的书籍内容体现了广州的文化名人和历史文化变迁,是非常有特色的本地馆藏。

图 41 广州人文馆入口

第六章 呼和浩特地区图书馆改革篇

图 42~43 人文馆内部

（2）家谱查询中心

在此区域读者可以在工作人员的帮助下，进行家谱查询，可以通过电子版和纸质版共同查询，有许多港、澳、台以及外籍华人前来查询。至此，北楼-2 至 9 楼介绍完毕。

图 44~45 家谱查询中心

图46 正在查询家谱的市民

2.南楼：主要为儿童阅览区，共10层。地下2层，地上8层。

-2层：停车场。

-1层：展览厅，1、2号报告厅，交流培训室，餐厅。

1层：阅读体验区、自助办证区、自助存物区、失物招领处。该区域包括古典休闲阅读区和普通书籍阅读体验区，帮助读者学会如何阅读、如何使用图书馆。

图47 阅读体验区入口

图48 古典休闲阅读区

图49~50 在古典休闲阅读区了解古典图书的读者

2层：亲子绘本阅览馆。

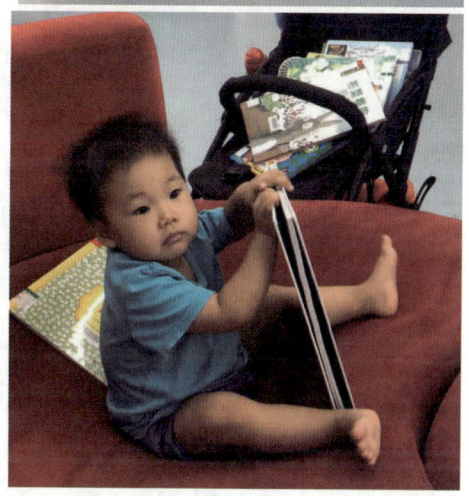

图51~54 在此体验阅读乐趣的家长和孩子

呼和浩特地区图书馆概况

3层：中小学生文学艺术图书区。

图55~58 中小学生文学艺术图书区及在此空间阅读的学生读者

4层：中学生综合书刊区。

该区域藏有中学生所需的除艺术以外的图书。

第六章 呼和浩特地区图书馆改革篇

5层：电子阅览室（信息技能学习区）。

图59 中学生综合书刊区内景

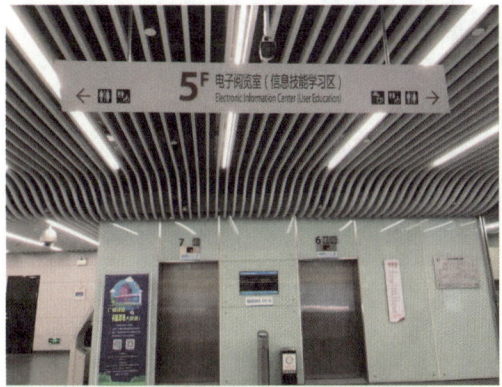

图60~64 电子阅览室内景

该区域分为未成年人上网区和成年人上网区,有不同的上网制度。

6层:语言学习馆、多媒体鉴赏区。

这两个区域分别提供语言学习类书刊、多媒体资源的借阅、数字资源的使用服务以及普通影视多媒体鉴赏服务。此外,多媒体鉴赏区还可以预约私人影院,约两三好友一起观赏。

图65 多媒体鉴赏区·一位读者正在看电影

图66~67 私人影院走廊及内部格局

图68~69 语言学习区影像资料

7层：信息咨询中心、研究写作室。

该区域普通读者不可申请使用，有课题项目的读者，可以通过课题立项书预约研究协作室。图书馆将提供一间独立办公室协助读者研究，办公室内设有办公座椅、电脑、书柜等必需品，帮助读者在安静、独立的环境下安心创作。

图70~71 研究写作室走廊、门禁

8层:广州大典研究中心,石景宜、石汉基先生赠书陈列室。该区域未通电梯,因此未能参观。

四、总结——值得呼和浩特地区图书馆借鉴之处

1.该图书馆空间布局合理、舒适,将儿童和成人的区域做了柔性分割,由1楼、5楼走廊互通。每个主题区域都呈现既独立又贯通的排列空间,两个不同主题空间由休闲区、检索区、自助借还区等形式过渡,并未通过传统的门、墙等物理形式分割。从视觉上来看,整个馆敞亮、舒服。

2.指示标志明显。在馆内的任何角落都有上标和地标,帮助指示该区域的收藏内容,指示标清晰、明了,即使第一次入馆的读者也可以快速找到所需区域。另外,馆内使用了RFID技术,读者检索图书后,即可获得明确的图书在馆信息,如在A馆B楼C区D排书架。每个书架下方的地面上也贴有明确的数字标识,读者找书非常方便。

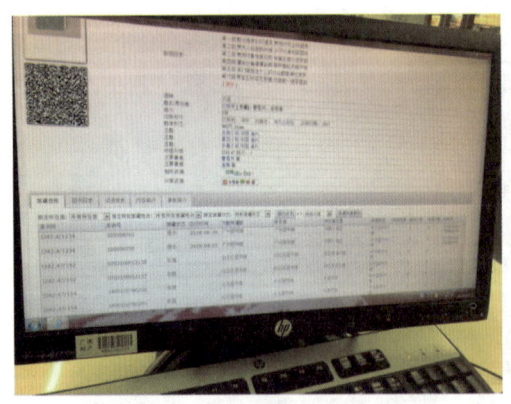

图72 检索页面

图73 区域地标

图74 书架地标

3.资源完全开放,包容性强。不管是否是本市市民,只要携带身份证、护照或其他身份证件,均可在门口轻松办理临时借阅证(为期1个月,限借1本书),可以享受图书馆内的所有资源,部分创意区域,如3D打印室、私人影院等需要提前预约。在馆内,读者可以完全放松地进行阅览、借书、上网(无线Wi-Fi全覆盖)、下载电子资源、看电影、休息甚至睡觉都可以。

4.每位读者都能找到适合自己的空间和资源。在图书馆中不管你是哪个年龄段、哪种知识结构都可以找到自己所需要的空间和文献资源。图书馆不论馆藏结构还是空间设计都十分贴近读者的需求,是一所真正意义上的城市图书馆。

以上为广州图书馆的基本情况及各层的藏书结构,从馆舍区域的设计和空间的划分,我们都可以感受到图书馆内自由但不乱、服务自助但不烦琐。一应俱全的电子智能设备解放了图书馆员的原始工作,将图书馆员的智慧和能力充分发挥在与读者的深入咨询及交流中。这样的图书馆让读者和馆员都活跃起来,馆内充满了思想的灵动和信息的交流,专业化的馆舍设计给予图书馆充分的空间去实现智慧型改革,这是一次电子智能、空间改造与图书馆人智慧的碰撞,值得呼和浩特地区图书馆深思。

参观时间:2018年6月

呼和浩特地区图书馆概况

后　　记

《呼和浩特地区图书馆概况》是 2016 年度内蒙古自治区高等学校科学研究项目成果之一。该课题自立项到完成经历了近 3 年时间,现得以编辑出版,得益于众多相关部门和人员的大力支持。内蒙古大学图书馆乌林希拉、内蒙古自治区图书馆常作然(常作然研究馆员还为本书撰写了序)、内蒙古自治区图书馆斯琴毕力格、内蒙古党校图书馆林孙厉等图书馆前辈在课题选题、申请、立项、体例、编辑等方面给予一定指导并提出许多宝贵建议。呼和浩特职业学院易晶副院长为专著题字。呼和浩特职业学院图书馆原馆长郭东明、现任馆长贾跃琴、副馆长罗罡等馆领导在课题内容指导、外出调研、协调学院相关部门等方面给予了大力支持。学院科研、财务、国资等部门领导和工作人员也在多方面提供帮助。调研过程中,被采访图书馆同仁热情接待、提供翔实材料。课题组成员在整个过程中团结合作,不怕吃苦,不计个人得失,克服各种困难。远方出版社在时间紧迫的情况下,为我们出版图书,使课题得以如期圆满完成。所有的鼓励、帮助都成为我们尽最大努力完成专著的不竭动力。在此,我们一并表示由衷的感谢。

需要说明的是,由于课题组成员初次从事课题研究工作,而且是兼职进行研究,因此在调研采访、内容撰写、数据核实、图片配置等方面存在一些缺陷。加之我们缺乏经验、水平有限,不足不妥之处在所难免。敬请读者批评指正,以便在日后的研究中不断改进提高。

郝亭娥

2019 年 1 月

呼和浩特地区图书馆概况

参 考 文 献

图书类(按日期)

[1]张树华.北京各类型图书馆[M].北京:北京燕山出版社,1993.

[2]程亚男.图书馆工作概论[M].北京:北京图书馆出版社,2000.

[3]菲利普吉尔领导的工作小组代表公共图书馆专业委员会.公共图书馆服务发展指南[M].上海:上海科学技术文献出版社,2005.

[4]乌林西拉.内蒙古图书馆事业史[M].呼和浩特:内蒙古大学出版社,2008.

[5]包头市图书馆,包头市图书馆学会.图书馆概览[M].呼和浩特:内蒙古大学出版社,2008.

[6]吴建中.转型与超越:无所不在的图书馆[M].上海:上海大学出版社,2012.

[7]王筱雯.走进图书馆——辽宁公共图书馆概览[M].北京:国家图书馆出版社,2016.

[8]中国图书馆学会,国家图书馆.中国图书馆年鉴2015[M].北京:国家图书馆出版社,2016.

[9]中国图书馆学会,国家图书馆.中国图书馆年鉴2017[M].北京:国家图书馆出版社,2018.

学位论文类

[1] 梁淑芳.我国专业图书馆科普功能实现研究——以中国地质图书馆为例[D].北京:中国地质大学,2014:1-63.

网络资源类

[1] 中华人民共和国文化和旅游部.文化和旅游部办公厅关于公示第六次全国县级以上公共图书馆评估定级结果的公告[EB/OL].http://zwgk.mct.gov.cn/auto255/201805/t20180522_832893.html keywords=%E5%9B%BE%E4%B9%A6%E9%A6%86%E8%AF%84%E4%BC%B0,2018.5.14.

[2] 百度百科"专门图书馆"词条[EB/OL].https://m.baidu.com/sf_bk/item/%E4%B8%93%E9%97%A8%E5%9B%BE%E4%B9%A6%E9%A6%86/980468 fr=aladdin&ms=1&rid=8743686712730922452,2018.12.1.

[3] 中华人民共和国国家统计局.各级各类学校校数情况[EB/OL].http://data.stats.gov.cn/easyquery.htm cn=C01,2018.12.1.

[4] 百度文库"国务院关于大力发展职业技术教育的决定(国发〔1991〕55号)"词条[EB/OL].https://wenku.baidu.com/view/0190bc156c175f0e7cd13724.html,2018.12.1.

[5] 道客巴巴"普通高等学校图书馆规程(修订).教高〔2002〕3号"词条[EB/OL].http://www.doc88.com/p-3042249226226.html,2018.12.1.

期刊类(按引用先后)

[1] 程焕文.百年沧桑 世纪华章——20世纪中国图书馆事业回顾与展望[J].图书馆建设,2004,(06):1-8.

[2] 索娅.内蒙古图书馆事业百年历史回顾[J].图书与情报,2009,(02):106-110.

[3] 王丽萍.美国高校图书馆的转型与创新——基于在美国的访学感受与体验[J].图书与情报,2014,(03):92-96.

[4] 黄孝群.转型变革期高校图书馆馆员能力建设策略[J].图书情报工作,2014,(09):51-56.

[5] 王瑞英.地方高校图书馆人才队伍建设的思考[J].现代情报,2008,(03):130-134.

[6] 杨春.对52所高校新(扩)建图书馆的调查分析[J].河北科技图苑,2005,(06):54-56.

[7] 肖晓明.对图书馆开馆时间的思考[J].农业图书情报学刊,2004,(12):75-77.

[8] 樊玉敬,唐开,田傲然.高校图书馆的建筑面积指标[J].大学图书馆学报,2002,(06):77-80.

[9] 刘满闪.关于高校图书馆馆舍建筑的探讨[J].河北科技图苑,2006,(04):23-25.

[10] 贾东琴.国内外高校图书馆组织结构现状分析[J].图书馆建设,2015,(03):37-42.

[11] 杨秀玲.简述高校图书馆形态演进及发展历程[J].才智,2015,(02):167-167.

[12] 于维娟,沙淑欣.建国60年高校图书馆发展历程回顾[J].新世纪图书馆,2010,(05):46-48.

[13] 张琴.浅谈高校图书馆员培训的必要性和措施[J].科技

情报开发与经济,2007,(11):65-66.

[14] 朝鲁,梁秀基.我国高等院校师生比研究[J].内蒙古师大学报(哲学社会科学版),1997,(04):108-113.

[15] 张丽丽,陈长奇,张继华.新中国高校图书馆发展现状及其启示[J].合作经济与科技,2014,(16):104-105.

[16] 张婷.一般高校图书馆人力资源构成及发展浅析[J].网络财富,2008,(13):69-70.

[17] 唐虹.知识服务环境下高校图书馆的组织结构变革[J].大学图书情报学刊,2012,(04):13-16.

[18] 陈良.地方高校图书馆转型变革的探索与思考[J].教育教学论坛,2015,(21):151-152.

[19] 杨艳华.论支撑高校学科建设的馆藏文献资源发展与变革趋势[J].河南图书馆学刊,2010,30(04):41-43.

[20] 肖碧云.论教育变革中高校图书馆的藏书结构[J].湘潭大学学报(社会科学版),2000,24(03):156-157.

[21] 王坚毅.变革中的高校图书馆文献资源建设[J].情报理论与实践,2009,32(04):85-88.

[22] 吴琦磊,江凌,张静.知识交流共同体——下一代高校图书馆功能设计与空间布局研究[J].情报探索,2018,(02):51-54.

[23] 朱荀.高校图书馆空间建设与图书馆服务创新研究[J].山东图书馆学刊,2017,(05):71-76.

[24] 李师龙.高校图书馆空间变革研究[J].图书馆界,2017,(04):67-69.

[25] 梁爱东.高校图书馆信息服务工作的变革[J].图书馆学刊,2005,(01):5-7.

[26] 王卫军.移动互联网络时代高校图书馆的服务业务变革

[J].图书与情报,2014,(04):17-21.

[27] 刘英.略论国外高职教育模式[J].漯河职业技术学院学报(综合版),2002,(01):4-7,11.

[28] 彭宣红.美国高职教育模式特征及其启示[J].岳阳职业技术学院学报,2008,(04):5-8.

[29] 赵明安.近代职业教育的兴起缘由、体系构成和管理演进——我国现代职业教育体系建设的历史经纬与演进路径(一)[J].武汉船舶职业技术学院学报,2014,(03):8-11.

[30] 赵明安.20世纪我国职业教育发展模式的转型与体系构建(1949-2000)——我国现代职业教育体系建设的历史经纬与演进路径(二)[J].武汉船舶职业技术学院学报,2014,(04):2-7.

[31] 胡宇梁.对高职院校图书馆现状与发展问题的若干认识[J].图书馆论坛,2005,(05):88-90.

[32] 李玉民.专业图书馆的优势与服务方式研究[J].科技视界,2018,(17):227-230.

[33] 魏东原.专业图书馆转型探索[J].图书馆论坛,2012,32(06):167-169.

[34] 初景利.图书馆的未来与范式转变——IFLA2011年大会侧记[J].图书馆论坛,2011,(06):68-72.

[35] 章珞佳.国内图书馆转型发展研究综述[J].知识管理论坛,2015,(02):14-18.

[36] 时彦艳.从数字图书馆到智慧图书馆的构建[J].计算机与现代化,2013,(06):192-194.

[37] 刘煦赞.我国智慧图书馆研究述评与思考[J].图书馆理论与实践,2015,(05):32-36.

[38] 叶素萍,李东,张志广.我国智慧图书馆研究现状及发展

趋势[J].合作经济与科技,2015,(06):184-185.

[39] 武龙龙,杨小菊.我国智慧图书馆构建面临的问题及解决策略[J].新世纪图书馆,2013,(05):34-36.

[40] 王世伟.未来图书馆的新模式——智慧图书馆[J].图书馆建设,2011,(12):1-5.

[41] 黄辉.试论智慧图书馆发展中的制约因素及改进策略[J].新世纪图书馆,2014,(08):12-15.

[42] 汤晓珊.浅谈智慧图书馆[J].农业图书情报学科,2015,(08):90-93.

[43] 谢芳.论高校智慧图书馆的功能与构建[J].图书馆学研究,2014,(06):15-21.

[44] 王黎娟.国内智慧图书馆研究综述[J].河南图书馆学刊,2014,(07):90-93.

[45] 尹丽棠.智慧图书馆的概念、特征、构成及平台建设[J].佛山科学技术学院学报(社会科学版),2014,(04):82-86.

[46] Mellow,G.O.,Heelan,C.Minding the Dream:The Process and Practice of the American Community College [J].Community College Review,2009,36(4):347-351.